JUDENHASS
UNDERGROUND

AF216909

Gefördert von der Amadeu Antonio Stiftung

Die Deutsche Nationalbibliothek verzeichnet diese Publikation in der Deutschen Nationalbibliografie; detaillierte Daten sind im Internet über https://portal.dnb.de/ abrufbar.

© 2023 Hentrich & Hentrich Verlag Berlin Leipzig
Inh. Dr. Nora Pester
Capa-Haus
Jahnallee 61
04177 Leipzig
info@hentrichhentrich.de
http://www.hentrichhentrich.de

Lektorat: Philipp Hartmann
Umschlag: gegenfeuer
Gestaltung: Michaela Weber
Druck: Winterwork, Borsdorf

1. Auflage 2023
Alle Rechte vorbehalten
Printed in Germany
ISBN 978-3-95565-615-7

JUDENHASS UNDERGROUND

Antisemitismus in emanzipatorischen
Subkulturen und Bewegungen

Herausgegeben von Nicholas Potter und Stefan Lauer

HENTRICH & HENTRICH

Inhalt

Intro   7

Theorie   21

Israelhass und Antisemitismus   22
Nikolas Lelle und Tom Uhlig

Linker Antisemitismus   32
Jan Riebe

BDS   45
Stefan Lauer

Antisemitismus und Intersektionalität   61
Riv Elinson

Juden und Klasse   72
Ruben Gerczikow und Monty Ott

Praxis   83

Kulturbetrieb   84
Konstantin Nowotny

Antirassistische und antiimperialistische Gruppen   100
Anastasia Tikhomirova

Klimabewegung   111
Nicholas Potter

Queere Community   123
Stefan Lauer

Feministische Bündnisse   136
Merle Stöver

Clubkultur 144
Nicholas Potter

Hiphop 158
Lilly Wolter

Punk 169
Annica Peter

Hardcore 180
Maximilian Kirstein und Timo Büchner

Dialog 189

documenta, Kunstfreiheit und die Kulturszene:
Laura Cazés und Leon Kahane 190

Pinkwashing, Homonationalismus und
queerer Antisemitismus: *Hengameh Yaghoobifarah
und Rosa Jellinek* 201

Klimabewegung, Iranproteste und
antirassistische Bündnisse: *Luisa Neubauer
und Shahrzad Eden Osterer* 215

BDS, Clubkultur und #DJsForPalestine:
Yaron Trax und Lutz Leichsenring 225

Hiphop, Querfront und postmigrantische Allianzen:
Ben Salomo und Massimo Perinelli 233

Über die Autor*innen 245

Intro

Zionism is not compatible with Judaism
The hijacked faith. The state is misrepresenting
Israel equals misplacement and ethnic cleansing
I know I'm on a list, for being more verbal
Curse every Zionist since Theodor Herzl
Balfour was not a wise man. Shame on Rothschild
Between them the monster they created has gone wild.
*– **Lowkey***

Antisemitismus boomt. Mal wieder. Auch in Subkulturen und Bewegungen, die ein emanzipatorisches Selbstbild kultivieren. Punk oder Techno, Hiphop oder Hardcore, Klimabewegung oder queere Community: Diverse Szenen im mehr oder weniger linken Spektrum haben nicht nur Schwierigkeiten, ihn beim Namen zu nennen. Leute, die sich sonst auf der „richtigen Seite" der Geschichte wähnen, können oder wollen Antisemitismus oft beim besten Willen nicht erkennen. Mehr noch: Gerade mithilfe von Antisemitismus stilisieren sie sich als „die Guten" – durch Songtexte gegen geldgierige Globalisten und die mächtigen Rothschilds, durch Boykottkampagnen gegen den „Kindermörder Israel". Judenhass geht auch underground. Das macht ihn nicht weniger gefährlich.

Antisemiten sind allerdings immer die anderen: die Faschisten, die Geflüchteten, die Islamisten. Viele Linke glauben, sie könnten per se nicht antisemitisch sein, der ganzen Tradition des linken Judenhasses zum Trotz. Der Vorwurf des Antisemitismus wird vehementer bekämpft als der Antisemitismus selbst. So schlecht ist der Ruf der Judenhasser seit den Gaskammern der Nationalsozialist*innen. Antisemitismus wird allzu oft als Gespenst der Vergangenheit gesehen, als abgeschlossenes Kapitel der Weltgeschichte. Er wird erst ernst genommen, wenn er in Vernichtungsfantasien mündet.

Aber Antisemitismus fängt nicht bei Auschwitz an. Und er hört mit der Kapitulation am 8. Mai 1945 nicht auf. Ronen Steinkes Buch *Terror gegen Juden* endet mit einer Chronik antisemitischer Vorfälle in Deutschland nach dem Ende des Zweiten Weltkriegs. Der erste Eintrag stammt aus Juli/August 1945: „Im bayerischen Diespeck werden auf dem jüdischen Friedhof mehrere Grabsteine umgeworfen." Antisemitismus ist, wie der britisch-jüdische Schriftsteller Howard Jacobson in seinem preisgekrönten Roman *The Finkler Question* schreibt, eine Rolltreppe, die nie stillstand und auf die jeder nach Belieben aufsteigen kann. Wo diese Rolltreppe letztlich hinführt, ist hinlänglich bekannt.

Knapp 80 Jahre nach dem Holocaust, den wir im Folgenden als Shoah (hebräisch für „Katastrophe") bezeichnen werden, grassiert weiterhin der Judenhass. Doch auch wenn das Wort „Judenhass" im Titel dieses Bandes steht, ist Antisemitismus so viel mehr als bloße Ablehnung von Jüdinnen*Juden. Er ist der Hass auf alles, was Antisemit*innen als „jüdisch" verstehen. Er steht für den Hass auf Demokratie, Gleichwertigkeit, auf die Moderne und ihre Errungenschaften. Der moderne Antisemitismus ist vor allem Produkt der bürgerlichen Gesellschaft: Der Berliner Antisemitismusbeauftragte Samuel Salzborn nennt ihn deshalb die „negative Leitidee der Moderne". Er gehört genauso zum rechten Rand wie zur gesellschaftlichen Mitte. Antisemitismus ist die Leitideologie ganzer Staaten. Und leider ist er auch Teil von emanzipatorischen Subkulturen und Bewegungen.

Antisemitismus vereint: Antirassist*innen landen bei Verschwörungspredigern, Möchtegern-Antifas bei türkischen Rechten, Queers marschieren neben Islamisten. Das sind nicht unbedingt Widersprüche, denn ein Milieu kann emanzipatorisch für den eigenen Befreiungskampf sein, ohne konsequent gegen jede Unterdrückung zu kämpfen. Gleichzeitig kann der Antisemitismus an sich auch emanzipierend sein – von der Moderne, der Weltverschwörung, dem „jüdischen Kapital", den Strippenziehern hinter den Kulissen, der „Staatsräson". Von all dem bietet der Antisemitismus Befreiung: Emanzipation als Widerstand gegen Macht.

Aber was ist Antisemitismus überhaupt? Und was unterscheidet ihn vom Rassismus? Die Nazis imaginierten die Juden als „Rasse", verabschiedeten die „Nürnberger Rassengesetze". Aber

Antisemitismus ist mehr als nur antijüdischer Rassismus. Denn Rassismus hierarchisiert Menschengruppen, um sie auszubeuten. Das kann eine brutale, mörderische Form annehmen, wie Kolonialismus und Sklaverei schmerzhaft zeigen. Und nicht selten diente er der Kapitalakkumulation: pragmatischer, profitorientierter Menschenhass. Oder er kann sich durch Alltagsdiskriminierung oder Mikroaggressionen manifestieren. Aber zentral für Rassisten ist die vermeintliche Minderwertigkeit der rassifizierten Gruppen.

Bei Antisemitismus ist das anders. Er schreibt „den Juden"* eine Übermacht zu: Sie seien betrügerisch, rachsüchtig, blutgierig, hinterlistig. Sie zögen die Fäden, kontrollierten die Medien, planten die Welteroberung – oder hätten sie längst erreicht. Ein Schlüsseltext des modernen Antisemitismus ist *Die Protokolle der Weisen von Zion*: ein antisemitisches Hetzpamphlet, zunächst 1903 auf Russisch erschienen, später Pflichtlektüre im Nationalsozialismus und bis heute ein Standardwerk für Islamisten. Die angeblichen *Protokolle* geben vor, die geheimen Pläne jüdischer Weltverschwörer zu enthüllen. Das ist brandgefährlich. Denn Antisemiten fühlen sich bedroht: Sie wollen „die Juden" nicht ausbeuten, sondern auslöschen. Und diese Auslöschung ist alles andere als pragmatisch, sie ist ideologisch. Der Historiker Saul Friedländer spricht deshalb vom „Erlösungsantisemitismus" der Nazis. Denn auch sie glaubten, auf der richtigen Seite zu stehen. Ihr Credo: Die Welt wäre ohne Juden eine bessere.

Aber Antisemitismus entstand nicht erst mit den Nazis oder mit den *Protokollen*: Tilman Tarach zeigt in seinem Buch *Teuflische Allmacht* den bis heute prägenden Antijudaismus des Christentums auf. Das erste belegte antijüdische Pogrom findet im Jahr 388 in Callinicium statt, dem heutigen Raqqa in Syrien. Der örtliche Bischof hatte seine Gemeinde angestachelt, die Synagoge der

---

* In diesem Text differenzieren wir zwischen dem ungegenderten Begriff „Jude/ Juden" als imaginärem Konstrukt und Projektionsfläche des Antisemitismus und tatsächlichen „Jüdinnen*Juden", um die Bandbreite jüdischer Identitäten zu benennen.

Stadt anzuzünden. Acht Jahre zuvor war das Christentum zur Staatsreligion im Römischen Reich geworden.

Judenhass entwickelt sich weiter, über Aufklärung und Nationalsozialismus bis hin zu Verschwörungsideologien im Internet. Aber es gibt Narrative, die wiederkehren. Sie bedienen sich altbekannter Mythen: Kindermörder, Brunnenvergifter, Weltverschwörer. Heute werden sie neu verpackt, als Kritik gegen Israel, Zionisten oder die „Ostküstenelite". Aus der Ritualmordlegende werden bei QAnon blutsaufende Promis und Politiker*innen, die angeblich aus den Untergrundlaboren von George Soros und den Rothschilds mit der Wunderdroge Adrenochrom versorgt werden, hergestellt aus entführten Kindern. Ein antisemitisches Repertoire aus Klischees und Bildsprache zieht sich wie ein roter Faden durch diverse Epochen. So waren antisemitische Karikaturen mit Hakennasen und spitzen Zähnen, die auch im NS-Blatt *Der Stürmer* hätte erscheinen können, im Sommer 2022 auf der renommiertesten Kunstmesse der Bundesrepublik, der documenta, zu sehen.

Antisemitismus ist, wie Theodor W. Adorno es in *Minima Moralia* formulierte, das Gerücht über die Juden. Im Verschwörungswahn traut man ihnen alles zu: Chemtrails, Impfdiktatur, „Großer Austausch" oder Great Reset. Anetta Kahane, Gründerin der Amadeu Antonio Stiftung, nennt Antisemitismus deshalb das Betriebssystem von Verschwörungsideologien. Und das ist ein attraktives Angebot für viele Nichtjuden, denn durch Antisemitismus dürfen sie Opfer eines hinterlistigen Plans, einer geheimen Verschwörung sein. Entlastung durch Judenhass. Es ist ein vereinfachtes Narrativ, aber eines, das verfängt: Auf komplexe Probleme folgen simple Lösungen – und an allem Bösen in der Welt sei der Jude schuld. Der Weg zu Vernichtungsfantasien ist dann nicht mehr weit.

Antisemitismus kann notfalls ganz ohne Juden funktionieren. Vermeintlich mächtige nichtjüdische Personen werden zu Juden erklärt, ob Bill Gates oder Angela Merkel. „Existierte der Jude nicht, der Antisemit würde ihn erfinden", schreibt Jean-Paul

Sartre schon 1944. Oder Argumente, die in der Geschichte immer wieder benutzt wurden, um die Verfolgung und Diskriminierung von Jüdinnen*Juden zu legitimieren, werden ohne Juden neu verpackt, ohne dass sich ihre eigentliche Funktion ändert: Der Antisemitismus wird strukturell, ob durch Wall Street, Globalisten oder das „eine Prozent".

Es gibt verschiedene Versuche, Antisemitismus zu definieren. An sich keine leichte Aufgabe, denn die Erscheinungsformen des Antisemitismus entwickeln sich durch die Jahre und Epochen immer weiter. Eine nützliche und weit verbreitete Arbeitsdefinition kommt von der International Holocaust Remembrance Alliance, kurz IHRA. Beschlossen 2016 von Vertreter*innen von über 30 Ländern und inzwischen von 39 Staaten und zahlreichen Regierungsorganisationen und NGOs übernommen, ist die Arbeitsdefinition im Kern eine einfache: „Antisemitismus ist eine bestimmte Wahrnehmung von Jüdinnen und Juden, die sich als Hass gegenüber Jüdinnen und Juden ausdrücken kann. Der Antisemitismus richtet sich in Wort oder Tat gegen jüdische oder nichtjüdische Einzelpersonen und/oder deren Eigentum sowie gegen jüdische Gemeindeinstitutionen oder religiöse Einrichtungen." Dazu liefert die IHRA elf Beispiele von Antisemitismus, von klassischen antisemitischen Motiven über Holocaustleugnung bis hin zu „Vergleichen der aktuellen israelischen Politik mit der Politik der Nationalsozialisten".

Heute richtet sich Antisemitismus häufig gegen Israel und „die Zionisten". Deshalb drehen sich mehrere IHRA-Beispiele um diese virulente Form des modernen Judenhasses. Denn gemeint ist dasselbe: Israel sei ein Kindermörder, Brunnenvergifter, Frauenvergewaltiger, der die Medien mit seiner mächtigen Lobby beeinflusse. Die Zionisten seien die Speerspitze des globalen Imperialismus, würden die Menschheit knechten, die Welt beherrschen. Dieser Hass ist nicht durch den Nahostkonflikt**

** Wir verwenden den Begriff „Nahostkonflikt" in Bezug auf Israel und Palästina, obwohl es nicht der einzige Nahostkonflikt ist. Der Konflikt ist äl-

ausgelöst, vielmehr dient Israel als bloße Projektionsfläche für Antisemit*innen. Auf einem Wahlplakat der Neonazi-Partei Die Rechte steht: „Israel ist unser Unglück" – eine Anspielung auf die Worte Heinrich von Treitschkes und spätere NS-Maxime „Die Juden sind unser Unglück". Für die Kader vom „III. Weg" ist Israel ein zionistischer „Terrorstaat", der boykottiert gehört.

Auch bis in die sogenannte Mitte der Gesellschaft hinein ist israelbezogener Antisemitismus ein Problem. Die Ergebnisse der Mitte-Studien der Friedrich-Ebert-Stiftung, die seit Jahren rechtsextreme und demokratiegefährdende Einstellungen in Deutschland untersuchen, machen das deutlich. So stimmen in der Studie 2020/21 31 Prozent der Deutschen dem folgenden Satz ganz oder teilweise zu: „Bei der Politik, die Israel macht, kann ich gut verstehen, dass man etwas gegen Juden hat." 45 Prozent der Befragten waren ganz oder teilweise der Meinung, Israel mache mit den Palästinenser*innen „im Prinzip auch nichts anderes als das, was die Nazis im Dritten Reich mit den Juden gemacht haben". In der Leipziger Autoritarismus-Studie von 2020 halten sogar 70 Prozent der Befragten die israelische Politik für „genauso schlimm wie die Politik der Nazis im Zweiten Weltkrieg".

Die Linke ist hier keine Ausnahme: Dort wird Israel teilweise zum Feindbild schlechthin erklärt, zum Inbegriff des Bösen. Das Land wird zum Alleinschuldigen aller Konflikte im Nahen Osten, wenn nicht in der ganzen Welt – Israel, ein Pariastaat. Die Ablehnung des jüdischen Staates hat sogar einen eigenen Begriff verdient, der für andere Länder kaum vorstellbar wäre: „Israelkritik". Der französisch-jüdische Historiker Léon Poliakov nannte Israel deshalb den „Juden unter den Staaten".

Der linke Hass auf Israel ist auch auf einen plumpen Antiimperialismus zurückzuführen, auf eine Teilung der Welt in West und Ost, oder neuerdings: in den Globalen Norden und Süden.

---

ter als der Staat Israel selbst und beschränkt sich nicht nur auf Israelis und Palästinenser*innen, auch die benachbarten Länder und der Iran spielen eine maßgebliche Rolle.

Nach dieser Logik gibt es nur zwei Lager, Unterdrücker und Unterdrückte, den bösen kapitalistischen Imperialismus und die guten Kolonialisierten. Heute feiern Antiimperialist*innen gerne mal die Hamas, die Taliban oder den Iran: Hauptsache, gegen den westlichen Imperialismus. Der jüdische Staat wiederum – ganz egal, um welche konkrete Regierung oder welchen Aspekt der vielschichtigen Gesellschaft es geht – ist und bleibt der Endgegner.

Auch die postkoloniale Theorie hat Antisemitismus in emanzipatorischen Subkulturen und Bewegungen befeuert: Die Aufarbeitung des Kolonialismus ist zweifelsohne wichtig und wird im deutschen Kontext stark vernachlässigt. Aber die Erinnerungskultur an die Shoah, die selbst von unten hart erkämpft werden musste, ist nicht schuld an dieser Leerstelle. Und sie bedeutet nicht, dass der Kolonialismus nicht aufgearbeitet werden muss. Beides ist parallel möglich. Gleichzeitig kann eine postkoloniale Perspektive allein die Welt nicht erklären. Im Fall Israels führt sie zu einer Verzerrung der Realität: Aus einem Fluchtort für Shoah-Überlebende wird ein rassistischer Kolonialstaat. Die dekolonialen, ja die antikolonialen Elemente des Zionismus, der auch eine emanzipatorische Befreiungsbewegung für Jüdinnen*Juden weltweit war bzw. ist, um Diskriminierung, Gewalt und Massenmord zu entfliehen, werden dabei ausgeblendet. Ganz zu schweigen von der Vertreibung von rund 900 000 Jüdinnen*Juden aus arabischen Ländern und dem Iran, die seit 1948 Zuflucht in Israel gefunden haben.

In emanzipatorischen Subkulturen und Bewegungen hat vor allem BDS Antisemitismus salonfähig gemacht. Durch „Boykott, Desinvestitionen und Sanktionen" will die antiisraelische Kampagne den jüdischen Staat wirtschaftlich, wissenschaftlich und kulturell isolieren. Israel wird mit Buzzwords wie Apartheid, ethnische Säuberung, Völkermord, Siedlerkolonialismus oder gar Faschismus belegt und dämonisiert. Promis wie Roger Waters, Lowkey oder Alice Walker geben der Kampagne Glanz. Nicht alle BDS-Anhänger*innen sind per se Antisemiten. Ohnehin gilt es, Antisemitismus als Phänomen zu betrachten und sich nicht auf einzelne Akteur*innen zu fokussieren. Es ist weniger wichtig, wer etwas macht, entscheidend ist, was passiert. Und Agenda und Ideologie der BDS-Kampagne sind antisemitisch. Der Hass entlädt sich oft nicht vor israelischen, sondern vor jüdischen Einrichtungen. Vor Synagogen, Schulen oder Kunstzentren. In der Praxis bedeutet das: Jüdinnen*Juden fühlen sich häufig nicht sicher, werden von Räumen oder Bewegungen ausgeschlossen, gar bedroht. Auch wenn es einige Jüdinnen*Juden gibt, die sich bei BDS engagieren.

BDS will nahezu jedes Anliegen für Israelhass kapern, ob CSD, Klimademos oder Mahnwachen für die Opfer rechtsterroristischer Anschläge. Jeder Anlass passt. „Free Palestine" sei ein feministisches Thema, stehe für queere Befreiung, bedeute Klimagerechtigkeit oder Klassenkampf. Eine Überidentifizierung, die aber letztendlich zu einer Dämonisierung des einzigen jüdischen Staates der Welt führt. Vor allem in den sozialen Medien gelingt es BDS, Israelhass durch virale Posts zu verbreiten. Durch verkürzte Instagram-Slides, Hashtagkampagnen oder schlicht Desinformation wird in unterschiedlichen Subkulturen und Bewegungen Stimmung gegen Israel gemacht.

Die Politik dieser oder jener israelischen Regierung zu kritisieren, ist nicht zwangsläufig antisemitisch. Es ist notwendig. Und es gehört zu einer Demokratie. In einem politisch-militärischen Konflikt ist auch nicht jeder Akt der Aggression gegen Israel unbedingt antisemitisch. In der Westbank, seit dem Sechstagekrieg 1967 von Israel besetzt, herrscht etwa eine Zwei-Klassen-Justiz: Für Israelis sind Zivilgerichte zuständig, für Palästinenser*innen Militärgerichte. Das 2022 gewählte Gruselkabinett von Benjamin Netanjahu bildet die rechteste Regierung in der Geschichte des Landes. Dazu zählen rassistische Siedler und bekennende Homohasser. Und das hat hunderttausende Israelis auf die Straße mobilisiert, die als Reaktion auf geplante Justizreformen eine breite Protestbewegung formiert haben. Die Aussichten sind aktuell düster. Und die israelische Demokratie steht vor einer harten Probe, wie noch nie zuvor in ihrer Geschichte.

Aus linker, emanzipatorischer Sicht ist eine Kritik an Politik und Entwicklung des Landes dringender denn je. Denn das Leid der Palästinenser*innen ist real. Eine emanzipatorische Position zum Nahostkonflikt muss auch heißen, ihre Situation zu verbessern – nicht nur in der Westbank und Gaza, sondern auch in den Nachbarländern wie im Libanon, Syrien oder Ägypten, wo Palästinenser*innen teilweise seit Generationen in Geflüchtetenlagern leben, weitgehend ohne Rechte und ohne Perspektive, sich in die dortigen Gesellschaften zu integrieren. Diese Kritik geht auch ohne Antisemitismus, ohne dem jüdischen Staat seine Daseinsberechtigung abzusprechen, ohne Israel mit dem NS-Staat gleichzusetzen, ohne Juden weltweit für die Politik Israels verantwortlich zu machen, ohne dämonisierende Doppelstandards, die mit der Realität wenig zu tun haben.

Doch in *Judenhass Underground* geht es nicht um den Nahostkonflikt. Uns geht es um den Konflikt um den Konflikt. Vor allem dann, wenn er antisemitisch wird.

Antisemitismus tritt selbstredend nicht nur in emanzipatorischen Bewegungen und Subkulturen auf. Die Stichwörter liefern die sogenannte Hochkultur und die Akademie. Nachdem der Bundestag 2019 der BDS-Bewegung Antisemitismus attestiert und eine öffentliche Finanzierung von Veranstaltungen der Kampagne unterbunden hatte, gründete sich im Dezember 2020 prompt die Initiative GG 5.3 Weltoffenheit. Darin schlossen sich einige der namhaftesten Kulturinstitutionen des Landes zusammen und lehnten in einer Erklärung BDS explizit ab, um im nächsten Atemzug zu beklagen, dass die „missbräuchliche Verwendung des Antisemitismusvorwurfs wichtige Stimmen" beiseite dränge und „kritische Positionen" verzerrt darstelle. Zeitgleich findet der „Historikerstreit 2.0" statt: In den Feuilletons des Landes wird debattiert, ob die deutsche Erinnerungskultur nun provinziell sei oder nicht, und ob sie einer Aufarbeitung der Kolonialgeschichte im Weg stehe.

Auch in emanzipatorischen Subkulturen ist es nicht anders: In der Clubkultur wächst der Einfluss von BDS, antiisraelische Boykottkampagnen wie #DJsForPalestine gehen viral. Im Punk gehören vereinfachte Oben-Unten-Dichotomien, eine verkürzte Kapitalismuskritik und ein antisemitisch aufgeladener Antiamerikanismus zum guten Ton. In der Hardcore-Szene vergleichen vegane Bands Schlachthöfe mit Vernichtungslagern, andere rufen zur Intifada gegen Israel auf. Im Hiphop, einst eine Reaktion auf Diskriminierung, Rassismus und Polizeigewalt, gelten antisemitische Provokationen heute einigen als Stilmittel, „Rothschild-Theorie", 9/11-Verschwörung und Anschlagsfantasien inklusive.

Auf der Straße wird der antisemitische Tenor immer lauter: Anhänger*innen von antirassistischen Gruppen wie Migrantifa oder Palästina Spricht fordern „Intifada bis zum Sieg" oder skandieren Vernichtungsparolen gegen Israel. In Teilen der Klimabewegung wird die Shoah instrumentalisiert, um Aufmerksamkeit auf die Klimakrise zu lenken. Manche „Fridays for Future"-Aktivist*innen feiern palästinensischen Terror gegen Israel und rufen zum Boykott des jüdischen Staates auf. In feministischen Bündnissen wird die PFLP-Terroristin Leila Khaled teilweise als Ikone gefeiert. In der queeren Community wird Israel „Pinkwashing" unterstellt, wenn das Land sich für LGBTQ*-Rechte einsetzt. Pride-Demos werden immer wieder von BDS gekapert: „Free Palestine" sei ein queeres Anliegen. „No Pride in Apartheid", heißt es auf Transparenten.

In all diesen Subkulturen und Bewegungen sucht man eine Sensibilisierung zu Antisemitismus vergeblich. Selbstkritik? Fehlanzeige.

Die russisch-deutsch-jüdische Schriftstellerin Lena Gorelik bemerkt noch vor der documenta 2021 im Sammelband *Über jeden Verdacht erhaben? Antisemitismus in Kunst und Kultur*: „Man fragt sich, was schlimmer ist: der beabsichtigte oder der unbeabsichtigte Antisemitismus? Der, mit dem man gespielt hat, weil man überprüfen wollte, wo die Grenzen liegen, ob sie sich verschoben haben, jetzt zuletzt, in den vergangenen Jahren? Oder der, den man selbst nicht bemerkt, weil die Stereotype so sehr zum eigenen Weltverständnis gehören, dass man sie gar nicht mehr infrage stellt?"

Bei allen anderen Formen von gruppenbezogener Menschenfeindlichkeit herrscht in emanzipatorischen Subkulturen und

Bewegungen Konsens: Die Betroffenen haben die Definitionsmacht darüber, was sie für rassistisch, queerfeindlich, sexistisch halten. Vor allem im Kontext von Antirassismus werden Alltagsdiskriminierung, Mikroaggressionen, transgenerationelle Traumata oder strukturelle Benachteiligung zu Recht ernst genommen. Das gilt aber offenbar nicht für eine der meistverfolgten Gruppen der Menschheitsgeschichte, für Jüdinnen*Juden. Viel zu oft herrscht eine Hierarchie von Betroffenheit. Ganz weit unten: Antisemitismus. Das veranlasste den britisch-jüdischen Komiker David Baddiel, sein 2021 erschienenes Buch *Jews Don't Count* zu nennen – Juden zählen nicht.

Dabei geht es nicht darum, Rassismus und Antisemitismus gegeneinander auszuspielen. Es geht nicht um eine identitätspolitische Unterdrückungsolympiade. Vielmehr muss der Kampf gegen Rassismus und Antisemitismus zusammengedacht werden – trotz aller Unterschiede und wegen aller Gemeinsamkeiten.

Die Kritik an Antisemitismus trifft in sonst emanzipatorischen Subkulturen und Bewegungen oft auf Abwehr: Antisemitismusvorwürfe würden „zur Waffe", um vermeintliche Gegner*innen „mundtot" zu machen – die sogenannte Antisemitismuskeule, die vom „echten Antisemitismus" ablenke. Oder sie seien Teil einer hinterlistigen zionistischen Kampagne Israels. Menschen, die Antisemitismus anprangern, werden zu Zionisten, „Antideutschen", Rassisten, gar Faschisten deklariert. Manche gehen so weit zu behaupten, dass Antisemitismuskritik an sich ein rechtes Anliegen sei. Jüdinnen*Juden, die sich mit Israel als Sehnsuchtsort, Schutzraum und einzigem jüdischen Staat der Welt identifizieren, wird abgesprochen, überhaupt links sein zu können. Nichtjüdische BDS-Unterstützer*innen etwa behaupten mithilfe einer Handvoll Kronzeug*innen, im Namen der wahren linken jüdischen Mehrheit zu sprechen. Diese „guten Juden" bestätigen das eigene Weltbild, die „schlechten" anderen dienen umso mehr als Projektionsfläche für antisemitische Vorurteile.

Solche Anfeindungen erweisen dem Kampf gegen Antisemitismus einen Bärendienst. Dabei waren es immer auch Teile der gesellschaftlichen Linken, die sich trotz des sehr realen Antisemitismus in emanzipatorischen Bewegungen glaubhaft und entschlossen gegen jeden Judenhass eingesetzt haben. Im rechten und konservativen Lager wird der Kampf gegen Antisemitismus tatsächlich oft instrumentalisiert, um Stimmung gegen Geflüchtete oder den Islam zu machen. Israelsolidarität wird dort nur hochgehalten, solange sie rassistischen Ressentiments dienen kann.

Judenhass Underground ist vor allem eine Selbstkritik: Wir geben dieses Buch heraus, gerade weil wir aus den beschriebenen Subkulturen und Bewegungen kommen. Weil wir ihr radikales, emanzipatorisches Potenzial für wichtig halten. Wir und unsere Co-Autor*innen und Gesprächspartner*innen sind straight, queer, goj, jüdisch, deutsch, nichtdeutsch und alles dazwischen. Aber vor allem teilen wir ein linkes, emanzipatorisches Selbstverständnis. Wir wollen reden – und streiten.

Die Geschichte dieses Bandes beginnt im Corona-Sommer 2021. Die Clubkultur liegt brach. Aber während der pandemischen Feierpause macht die queere Partyreihe Buttons am 22. Juni via Instagram mit dem Berliner Club ://about blank Schluss. Jahrelang feierte das internationale Partykollektiv in dem ehemaligen Kindergarten am Ostkreuz. Die Organisator*innen wollen sich aber nun gegen „Apartheid" in Israel einsetzen. Denn queere Befreiung sei grundsätzlich mit den Träumen von der palästinensischen Befreiung verbunden. Und das bedeutet für sie, die Zusammenarbeit mit einem Club zu beenden, in dem die Parole „gegen jeden Antisemitismus" zum Grundkonsens gehört. Beifall kommt von den queeren Partyreihen Cocktail d'Amore, Gegen und Lecken. Zeitgleich erscheint ein offener Brief der „Berlin Nightlife Workers Against Apartheid" im fast selben Wortlaut. Wir schreiben seit Jahren über Antisemitismus. Und trotzdem ist das für uns ein einschneidender Moment. Das Private wird endgültig politisch.

Mit *Judenhass Underground* liefern wir kein komplettes Bild, das Buch hat keinen Anspruch auf Vollständigkeit. Es ist ein Schnappschuss. Eine Momentaufnahme. Viele, aber nicht alle unserer Beispiele stammen aus Deutschland. Dennoch sind sie vielfach universell, stehen sinnbildlich für einen alarmierenden Trend in progressiven, international vernetzten Milieus weltweit.

Judenhass Underground gliedert sich in drei Teile: Theorie, Praxis, Dialog. Wir untersuchen die Ursprünge des Antisemitismus in emanzipatorischen Subkulturen und Bewegungen, von der Leerstelle in Intersektionalitätsdebatten und der Rolle von Jüdinnen*Juden im Klassenkampf über die Entstehung der BDS-Kampagne bis zur antisemitischen Ideologie mancher Linker, die ab 1968 in Terror gegen Jüdinnen*Juden mündete. Wir beschreiben Antisemitismus im aktivistischen und subkulturellen Alltag – von der Straße und den Timelines in die Clubs und Konzertsäle. Und wir suchen das Gespräch mit Künstler*innen, Aktivist*innen und von Antisemitismus Betroffenen, die von ihren unterschiedlichen Erfahrungen berichten. Eine Anklage mit anschließender Diskussion. Kritisch, aber konstruktiv.

Nicholas Potter und Stefan Lauer

Theorie

Israelhass und Antisemitismus

Nikolas Lelle und Tom Uhlig

„Aber es gibt keine Antisemiten mehr" – mit diesen Worten beginnen Theodor W. Adorno und Max Horkheimer die letzte These ihrer „Elemente des Antisemitismus", 1947 zur *Dialektik der Aufklärung* hinzugefügt. Selbstverständlich wussten die beiden, dass es weiterhin Antisemitismus gibt. Es gab in Deutschland keine Stunde Null – nicht mal beim Antisemitismus. Dennoch stimmt der Satz, denn Antisemit wollte und will kaum jemand mehr sein. Jürgen Elsässer, Herausgeber des rechtsextremen Magazins *Compact*, und Xavier Naidoo, Schnulzensänger und Verschwörungsinfluencer, zogen vor Gericht, weil ihr Antisemitismus als solcher benannt wurde. Selbst die NPD behauptet von sich, keine antisemitische Partei zu sein.

Währenddessen zeigen Studien wie die 2022 vom World Jewish Congress veröffentlichte, dass antisemitische Ressentiments nach wie vor weit verbreitet sind. Jedoch seltener in Form offener Hetze gegen Jüdinnen*Juden: Das Ressentiment ist verklemmt, es wagt sich nicht ins Freie, sondern muss Umwege nehmen, um nicht gesellschaftlich abgestraft zu werden. Während niemand mehr Antisemit sein will, finden Verschwörungserzählungen, Geschichtsrevisionismus und Israelhass ein Millionenpublikum. In der postnationalsozialistischen Gesellschaft werden Codes und Chiffren genutzt, um diejenigen zu umschreiben, die man eigentlich meint. Man schwadroniert von Strippenziehern, Globalisten,

Rothschilds, Blutsaugern oder vom Ostküstenkapital und der Zinsknechtschaft – und hetzt vor allem immer wieder gegen Israel.

Kein Land wird so leidenschaftlich und so ausgiebig kritisiert wie der jüdische Staat. Das kleine Land am Mittelmeer mit einer Fläche ungefähr so groß wie Hessen wurde weit öfter vom UN-Menschenrechtsrat verurteilt als alle anderen Länder dieser Welt zusammen. Zwischen 2006 und 2022 wurde Israel allein 95-mal gerügt. Syrien kommt mit 38 Verurteilungen auf Platz zwei, Nordkorea mit 14 auf Platz drei. Diese bizarre Verzerrung ist ohne Verweis auf Antisemitismus kaum zu erklären. Gleichzeitig wird immer wieder behauptet, es gebe ein Tabu, israelische Politik zu kritisieren. Dabei sind die Tageszeitungen voll von israelfeindlichen Artikeln: Bei jeder neuen Eskalation zeigt sich, dass dieses Tabu nicht besteht, wie Robert Beyer und Monika Schwarz-Friesel im Sammelband *Judenfeindschaft und Antisemitismus in der deutschen Presse über fünf Jahrhunderte* beweisen.

Das angebliche Tabu wird hierzulande oftmals mit der deutschen Schuld begründet. Wegen der Shoah sei man befangen. Die deutsche Geschichte vernebele den Blick auf die Gegenwart, weshalb man sich von ihr lösen müsse, sei es durch Normalisierung, Historisierung oder Relativierung. Die Dämonisierung Israels lindert die deutsche Schuld, und umgekehrt bereitet die Schuldabwehr die Dämonisierung vor. Jedoch bröckelt die Fassade, es gehe lediglich um Israel: Nicht zufällig finden sogenannte propalästinensische Demos regelmäßig am Jahrestag der Novemberpogrome statt. Und nicht zufällig wird immer wieder vor deutschen Synagogen gegen israelische Politik demonstriert. Die Angriffe auf die wenigen Errungenschaften der deutschen Erinnerungskultur, die von unten hart erkämpft worden sind, haben auch den Zweck, israelbezogenen Antisemitismus zu enttabuisieren. Sie richten sich „gegen Israel, das stellvertretend gemeint ist, wenn es um den Topos der Einzigartigkeit des Holocaust geht", schreibt die Historikerin Sybille Steinbacher im Band *Ein Verbrechen ohne Namen*: „Der Holocaust darf also auch deshalb nichts Besonderes sein, weil sich dann – und erst dann – die Legitimität des jüdischen Staates in Frage stellen lässt."

Eine repräsentative Studie im Auftrag des American Jewish Committee (AJC) zeigte 2022, dass Israelhass und Judenhass sich nicht trennen lassen. Wer schlecht über Israel denkt, stimmt auch eher offen antisemitischen Einstellungen zu. Dass Juden reicher als Deutsche seien, glaubt im Durchschnitt jede*r Dritte. Unter denjenigen aber, die schlecht über Israel denken, glauben es die Hälfte.

Zwischen Israelhass und Judenhass zu trennen, wie es auch in der Debatte um die documenta viel zu oft getan wurde, ist irreführend, tauchen die beiden Phänomene doch meist gemeinsam auf. Die kategoriale Trennung aber suggeriert, es gebe guten und schlechten Antisemitismus, oder jedenfalls Antisemitismus, der diskutabel sei und den man darum aushalten müsse. Dabei ist israelbezogener Antisemitismus keine Lappalie, sondern brandgefährlich für Jüdinnen*Juden weltweit. Mit der Trennung von Antisemitismus und Israelhass wird Letzterer verharmlost, und dessen gewaltförmige Konsequenzen werden in Abrede gestellt. Israelbezogener Antisemitismus wird oft zum Streitfall erklärt, zu etwas, über das sich ergebnisoffen diskutieren lasse.

Antisemitismus in 3D

Israelbezogener Antisemitismus ist nicht etwas gänzlich anderes als die sonstigen Formen des Judenhasses. Im Gegenteil: Er bedient sich derselben Motive und Argumentationen wie der offene Antisemitismus. Monika Schwarz-Friesel beschreibt in ihrem Buch *Judenhass im Internet* das „Chamäleon Antisemitismus". Dessen Kern bleibt immer gleich, doch seine Erscheinungsform ändert sich und passt sich historisch an die jeweilige Umwelt an. Israelbezogener Antisemitismus bedient sich klassischer antisemitischer Motive wie dem Vorwurf der Verschlagenheit, Unmenschlichkeit, Gier und illegitimen Macht. Der frühere sowjetische Bürgerrechtler und ehemalige Vorsitzende der Jewish Agency Natan Scharanski hat deswegen den 3D-Test eingeführt, um israelbezogenen Antisemitismus zu erkennen: Finden sich in einer Aussage über Israel Dämonisierung, Delegitimierung oder doppelte Standards, wird vermeintliche „Israelkritik" zu Antisemitismus.

Strukturell gleicht der israelbezogene Antisemitismus dem offenen, er bietet aber den Vorteil, sich dem Antisemitismusvorwurf entziehen zu können. Er ist eine Möglichkeit, Antisemitismus zu verbreiten, in einer Zeit, in der es keine Antisemiten mehr geben soll. Anders formuliert: Israelbezogener Antisemitismus kommt nicht im Gewand einer menschenfeindlichen Ideologie daher, sondern verkleidet sich als etwas Gutes. Er gibt sich besorgt um die Menschenrechtslage im Nahen Osten, ist allerdings lediglich daran interessiert, der israelischen Politik und Gesellschaft die Ursachen der Missstände zuzuschreiben. Ende der 1960er Jahre schrieb der österreichische Schriftsteller und Shoah-Überlebende Jean Améry über diesen „ehrbaren Antisemitismus", dass der Judenhass im Antizionismus enthalten sei wie das Gewitter in der Wolke.

Übrigens ist auch das moralische Überlegenheitsgefühl keine Besonderheit. Der Antisemitismus gab den Antisemiten immer schon das Gefühl, das Richtige zu wollen. Am brutalsten haben das die Nationalsozialisten durchdekliniert: Weil sie in „den Juden" das Übel der Welt erkannt hatten, schien ihnen deren Ermordung die einzige Möglichkeit, diese Welt zu erlösen. Der Historiker Saul Friedländer spricht deshalb vom „Erlösungsantisemitismus". Man suchte das „Heil", das man sich zum Gruß entgegenschmetterte, im systematischen Mord. Die Propagandist*innen israelbezogenen Antisemitismus würden selbstverständlich in den seltensten Fällen zum Mord aufrufen, allerdings besticht ihr lapidarer Umgang mit dem Leben der israelischen Zivilbevölkerung. Wenn etwa der Abbau der Grenzanlagen in der Westbank gefordert wird, spielt es keine Rolle, dass damit ein sicheres Leben in Israel unmöglich würde.

Wie beim offenen Antisemitismus richtet sich auch der israelbezogene nur vordergründig gegen Verhaltensweisen. Antisemitismus sucht Anlässe, ist aber nicht von ihnen abhängig. Mit dem Verhalten von tatsächlichen Jüdinnen*Juden bzw. Israel hat er nichts zu tun. Immer zielt der Antisemitismus auf die Existenz. Jüdinnen*Juden sollen nicht mehr leben, der Staat Israel soll nicht mehr existieren. Keine Konzession der israelischen Regierung ist genug. Ein freies Palästina „from the river to the sea", wie eine auf Demonstrationen beliebte Parole lautet, kennt keinen Platz für den einzigen jüdischen Staat. Der israelbezogene Antisemitismus zielt darauf, Israel abzuschaffen.

Dieser Impuls vereint sehr unterschiedliche Milieus. Auch das ist typisch für Antisemitismus im Allgemeinen. Judenhass ist seit jeher ein Kitt, der verschiedene politische Gruppen verbindet und mobilisiert. Die Coronaleugner-Proteste zeigten, wie der Schulterschluss zwischen der extremen Rechten und einer enthemmten Mitte über antisemitische Verschwörungserzählungen gelingt. Auf antiisraelischen Demonstrationen laufen Panarabisten, Islamisten, türkische Rechte und palästinensische Aktivist*innen gemeinsam mit antiimperialistischen Linken und bisweilen auch Neonazis.

Für die verschiedenen Szenen erfüllt israelbezogener Antisemitismus unterschiedliche Funktionen. Für Panarabisten kann Israel etwa zum Quell des gekränkten Nationalismus stilisiert werden. Neonazis artikulieren über den Umweg Israel ihren eliminatorischen Antisemitismus, ohne sich strafbar zu machen. Deutsche Nationalkonservative projizieren die eigene familiäre schuldhafte Verstrickung auf Israel. Von antiimperialistischen Linken wird der Konflikt zwischen Israel und Palästina zu einem Stellvertreterkampf gemacht, der die hiesigen enttäuschten revolutionären Hoffnungen kaschiert. Manche palästinensische Aktivist*innen reduzieren die Ursachen ihrer oftmals prekären Lebenssituationen lediglich auf den Staat Israel, ihrer Diskriminierung und Unterdrückung in vielen Ländern der Region und darüber hinaus zum Trotz. Die Motivlagen, sich an antiisraelischen Aktionsbündnissen zu beteiligen, können also sehr individuell sein. Oft reicht für den Schulterschluss aber allein der gemeinsame Feind.

Antisemitismus definieren

Die International Holocaust Remembrance Alliance (IHRA) hat eine mittlerweile weit verbreitete Arbeitsdefinition von Antisemitismus veröffentlicht. Die Definition reagiert auf den grassierenden Antisemitismus des 21. Jahrhunderts und auf den Bedarf, Antisemitismus adäquat bestimmen und erkennen zu können. Denn das scheint in der Praxis gar nicht so leicht. Die Erfahrung zeigt, dass nicht zuletzt Ämter und Behörden damit häufig überfordert sind. Für die fachliche Auseinandersetzung sind Ressourcen nötig, die solchen Organisationen in der Praxis oft nicht zur Verfügung stehen.

Die Definition erhebt keinen Anspruch auf Vollständigkeit und behauptet auch nicht, der Fachdebatte einen Schlusspunkt zu setzen. Neben einer allgemeinen Definition von Antisemitismus als „Wahrnehmung von Jüdinnen und Juden, die sich als Hass gegenüber Jüdinnen und Juden ausdrücken kann", sich aber auch gegen nichtjüdische Menschen sowie Organisationen und vor allem auf Israel richten kann, arbeitet die Definition mit elf Paradebeispielen antisemitischer Meinungen und Parolen. Der Fokus liegt auf gängigen gegenwärtigen Formen antisemitischer Agitation, also Verschwörungserzählungen, Geschichtsrevisionismus und israelbezogenem Antisemitismus. Damit ist die IHRA-Definition von Antisemitismus eine brauchbare Hilfe für die Praxis und hat sich relativ gut international etabliert: Sie wurde von bislang 39 Ländern weltweit angenommen und wird von hunderten Regierungs- und Nichtregierungsorganisationen verwendet.

Allerdings gibt es immer wieder Stimmen, die monieren, der Antisemitismusbegriff sei hier ungebührlich ausgeweitet. Diese Kritik ist nicht neu: Seit der Nachkriegszeit gibt es immer wieder Bestrebungen, Antisemitismus allein auf die Shoah zu reduzieren und damit zu historisieren. Hinter der aktuellen Behauptung, die Definition sei zu schwammig, verbirgt sich vor allem die Klage, dass hier israelbezogener Antisemitismus deutlich benannt wird.

Die Annahme der IHRA-Definition durch die Bundesregierung lässt sich auf ein geschärftes Problembewusstsein gegenüber Antisemitismus zurückführen. Zeitgeschichtlich antwortet dieses auf den Antisemitismus seit 9/11, die BDS-Kampagne, die antisemitische Beschneidungsdebatte 2012 sowie die antiisraelischen Massendemonstrationen von 2014. Das neue Problembewusstsein zeigt sich in den beiden unabhängigen Expertenkreisen Antisemitismus, die 2009 und 2013 eingerichtet wurden, sowie in der ersten Studie der Universität Bielefeld aus dem Jahr 2017, „Jüdische Perspektiven auf Antisemitismus in Deutschland". In Bund und Ländern wurden daraufhin Antisemitismusbeauftragte einberufen, und der Bundestag beschloss 2019 eine Resolution gegen die BDS-Kampagne. Nach Jahrzehnten der Antisemitismusbekämpfung und der kritischen Erinnerungsarbeit von unten begann nun auch der deutsche Staat, den Einsatz gegen Judenhass als seine Aufgabe zu verstehen. Es sollte auf der Hand liegen, dass das nicht bedeutet, dass die Anstrengungen von unten nicht mehr notwendig sind.

Gegen diese Entwicklung zu einem geschärften Problembewusstsein formiert sich Widerstand. Ein Zusammenschluss von vielen großen Kulturinstitutionen tritt unter dem Namen Initiative GG 5.3 Weltoffenheit Ende 2020 an die Öffentlichkeit und äußert sich besorgt. Es wird befürchtet, der BDS-Beschluss des Parlaments gefährde die Meinungsfreiheit. Wenngleich die Initiative selbst keine Partei für BDS ergreifen wolle, sei es doch wichtig, diese internationalen Stimmen abzubilden. Eine Ächtung der Kampagne würde Deutschland provinzialisieren – ganz so, als sei Antisemitismuskritik allein ein deutsches Anliegen.

Im Fahrwasser der Initiative GG 5.3 Weltoffenheit wird die Jerusalem Declaration on Antisemitism (JDA) veröffentlicht. Was sich als Alternative zur IHRA-Definition präsentiert, stellt einen Rückschritt dar. Auffällig ist nämlich, dass die JDA weitaus schwammiger ist. Der Kern der Definition bestimmt Antisemitismus als „Diskriminierung, Vorurteil, Feindseligkeit und Gewalt" gegen Jüdinnen*Juden und fällt damit hinter den Forschungsstand zurück. Gleich im ersten Punkt wird Antisemitismus dann noch als

Unterform des Rassismus bestimmt. Moishe Postone schreibt schon in den 1970er Jahren in seinem Aufsatz „Nationalsozialismus und Antisemitismus", dass man Antisemitismus nicht versteht, wenn er „als bloßes Beispiel für Vorurteile, Fremdenhass und Rassismus allgemein behandelt wird, als Beispiel für Sündenbock-Strategien, deren Opfer auch sehr gut Mitglieder irgendeiner anderen Gruppe hätten gewesen sein können".

Darüber hinaus frappiert die JDA aber vor allem dadurch, dass sie viel Platz darauf verwendet, was alles „nicht per se" antisemitisch sein soll, wodurch etliche Klassiker des Israelhasses (wie der Apartheidvorwurf oder der Boykott Israels) vom Antisemitismusvorwurf befreit werden. Die Argumentation ist irreführend, denn „per se" ist erst einmal recht wenig antisemitisch. Der Kontext ist natürlich entscheidend. Interessant ist nicht, zu erfahren, was „nicht per se" antisemitisch ist; interessant sind vielmehr die konkreten Fälle, in denen etwas tatsächlich antisemitisch ist. Darüber lässt die JDA einen aber im Dunkeln, weshalb sie für die Praxis des Erkennens von israelbezogenem Antisemitismus schlicht unbrauchbar ist.

Eine Gefahr für Jüdinnen*Juden

Für Jüdinnen*Juden ist israelbezogener Antisemitismus keine Lappalie, sondern eine alltägliche Bedrohung. Weltweit werden sie genötigt, sich für die Politik des Staates Israel zu rechtfertigen, ganz gleich, ob sie einen persönlichen Bezug dazu haben oder nicht. Schlimmer noch: Wo gegen Israel Stimmung gemacht wird, sind Angriffe auf Jüdinnen*Juden nicht weit. Die Demonstrationen im Mai und Juni 2021 und 2022 zeigen das deutlich. In Gelsenkirchen wird vor einer Synagoge „Scheiß Juden" skandiert. Pressevertreter*innen werden in Berlin als „Zionistenpresse" beschimpft. 2023 heißt es auf einer propalästinensischen Demo in Berlin-Neukölln: „Tod den Juden." Aber auch der Attentäter von Halle wähnte die deutsche Regierung von Zionisten besetzt, und der Attentäter von Hanau träumte von der Vernichtung Israels.

In letzter Konsequenz unterscheidet Israelhass kaum noch zwischen Jüdinnen*Juden und Israel. Den Menschen erscheint es folgerichtig, vor Synagogen gegen israelische Politik zu demonstrieren oder „Free Palestine" unter Social-Media-Posts von Jüdinnen*Juden zu kommentieren, die nichts, aber auch gar nichts mit Israel zu tun haben – für sie repräsentieren alle Jüdinnen*Juden diesen Staat. Gelegentlich wird das Argument angeführt, dass diese Unterscheidung in Wahrheit den Kritiker*innen des israelbezogenen Antisemitismus schwerfalle. Sie seien es, die in der Ablehnung Israels immer eine Ablehnung der Jüdinnen*Juden vermuten, obwohl lediglich der Staat gemeint sei. Dieses Argument lässt sich allerdings nur aufrechterhalten, wenn man den ständigen Umschlag des Israelhasses in mehr oder minder offen antisemitische Gewalt ignoriert oder betont naiv zu Einzelfällen erklärt. Und wenn man ausblendet, welche Rolle das Konzept Israel seit eh und je im Judentum spielt.

Eine Linke, die solidarisch mit Jüdinnen*Juden sein will, darf die Umwegkommunikation von Antisemitismus über Israelhass nicht ignorieren. Antisemitismus bekämpft nur, wer auch den eigenen und den des eigenen Milieus selbstkritisch in den Blick nimmt. Antisemitismus als gesamtgesellschaftliches Phänomen ernst zu nehmen, bedeutet auch, sich selbst zu reflektieren. Die deutsche Linke ist in all ihrer Unterschiedlichkeit aber großteils gojnormativ, wie es Judith Coffey und Vivien Laumann in ihrem Buch *Gojnormativität* nennen. Die Autor*innen schreiben, dass die Linke nichtjüdische, „gojische Positionen unhinterfragt als ‚normal'" annimmt und damit jüdische Positionen übersieht. Jüdinnen*Juden erscheinen lediglich als Verbündete, wenn sie dem eigenen Israelhass nicht im Weg stehen. Ihnen wird die gesellschaftliche Marginalisierung abgesprochen, weil sie als weiß und privilegiert betrachtet werden. Dass (israelbezogener) Antisemitismus vielmals eine alltagsprägende Erfahrung für Jüdinnen*Juden in Deutschland ist, wird dann übersehen. Dieses theoretische Framing verstellt auch den Blick auf israelbezogenen Antisemitismus und Israel. Die vermeintliche Privilegiertheit der Jüdinnen*Juden wird gegen die

Marginalisierung der Palästinenser*innen ausgespielt. Israel kann so in eine Genealogie der Unterdrückung eingereiht werden.

Der Staat der Shoah-Überlebenden, der Davongekommenen, wird plötzlich zu einer imperialistischen, neokolonialen Unternehmung, die beendet gehört. Demgegenüber ist zu insistieren, dass der jüdische Staat immer noch ein Schutzort vor dem globalen Antisemitismus ist. Ein Ort, der Jüdinnen*Juden offensteht, wenn die Lebenssituation in anderen Ländern unerträglich wird. Ein Ort, der allein darum linke Solidarität verdient. Eine Linke, die nicht solidarisch mit Jüdinnen*Juden ist, ist keine. Sie mag sich mit linken Phrasen und Folklore ausstaffieren, doch wenn sie Antisemitismus Raum gibt, verabschiedet sie sich vom Universalismus. Jeder Antisemitismus ist zu bekämpfen, gerade auch der scheinbar diskutable.

Linker Antisemitismus

Jan Riebe

Vielleicht wäre „67er" der passendere Begriff für die Generation rund um das berüchtigte 1968. Denn das Jahr 1967 diente wesentlich zur Positionierung und Feindbestimmung der Neuen Linken. Und die „68er" hätte es ohne die politischen Ereignisse 1967 nie gegeben. Zwei davon sind über Jahrzehnte, teilweise bis heute, für manche linken Welterklärungen und Selbstverortungen bestimmend geworden: Am 2. Juni 1967 wird der am Boden liegende Student Benno Ohnesorg vom Polizisten Karl-Heinz Kurras auf einer Demo gegen den Besuch des persischen Schahs in Berlin erschossen. Kurras wird wenig später in einem Strafprozess freigesprochen. Drei Tage nach dem gewaltsamen Tod Ohnesorgs beginnt der Sechstagekrieg, der Präventionskrieg Israels, der mit dem unerwarteten Sieg über Jordanien, Ägypten und Syrien endet.

Beide Ereignisse sind Einschnitte in der Geschichte der Bundesrepublik – auch und besonders für die politische Linke. Und obwohl israelbezogener Antisemitismus auf der jahrhundertealten Ideengeschichte von Antijudaismus und modernem Antisemitismus basiert und es ihn in der politischen Linken nicht erst seit Ende der 1960er Jahre gibt, verrät ein Blick auf diese Zeit viel über den aktuellen Diskurs in diversen Szenen und Bewegungen im linken Spektrum – ob in der Klimabewegung oder der Clubkultur, in der queeren Community oder bei antirassistischen Kämpfen. Antisemitismus in der Linken hat Tradition.

Die Tötung von Benno Ohnesorg und ihre Rechtfertigung mit Schlagzeilen wie „Wer Terror produziert, muß Härte in Kauf nehmen" (*B.Z.*) sind für viele Linke der Beweis: Deutschland ist schon wieder auf dem Weg in Richtung Faschismus, wenn nicht sogar bereits mittendrin. Für Teile der 68er ist dies der Anlass, den Kampf für ihre Ziele von nun an militant fortzuführen. Eine wesentliche Erfahrung der Studierendenbewegung ist es, „dass Spontaneität, Revolte integrierbar ist, wenn sie sich nicht bewaffnet" – so begründet die erste Generation der Roten Armee Fraktion vor Gericht, warum sich so viele Linke Ende der 1960er Jahre für den militanten Kampf entschieden. In der Folgezeit gründen sich neben der RAF unter anderem die Bewegung 2. Juni, benannt nach dem Datum der Ermordung von Benno Ohnesorg, und aus dem Umfeld der Kommune I die Tupamaros West-Berlin und Tupamaros München.

Für die Neue Linke, also jene linken Gruppierungen und Aktivist*innen, die sich ab Mitte der 1960er Jahre in Abgrenzung zu den Positionen der „alten Linken", insbesondere der SPD und der KPD, aber auch der SED, organisierten, gilt der Sechstagekrieg als Wendepunkt in ihrer Haltung zum Nahostkonflikt.

Bis dahin blickte die Linke mehrheitlich mit viel Sympathie auf Israel und sein als sozialistisch wahrgenommenes Kibbuzsystem. Der teils unverhohlene Antisemitismus, der nach dem Sechstagekrieg zahlreiche Positionierungen der außerparlamentarischen Opposition zu Israel bestimmte, war im postnationalsozialistischen Deutschland schon vorher präsent gewesen. Laut einem Report des Office of Military Government for Germany (U.S.) wiesen direkt nach dem Krieg 98 Prozent der Deutschen Ressentiments gegen Jüdinnen*Juden auf. In diesem Punkt war der Nationalsozialismus also mehr als erfolgreich.

An der Seite der Unterdrückten

Ein Grund dafür, dass der Sechstagekrieg einen Wendepunkt darstellt, liegt neben dem tradierten Antisemitismus auch im linken Selbstverständnis. Die politische Linke kritisiert schon immer unterdrückerische Macht- und Herrschaftsverhältnisse. Sie steht stets an der Seite der Unterdrückten, Diskriminierten, später auch der Rassifizierten und in neueren Diskursen seit den 1950er/1960er Jahren der Kolonialisierten – zumindest in ihrer Selbstwahrnehmung. Diese Weltsicht, immer auf der Seite des Guten zu stehen, wird auch auf den Nahostkonflikt projiziert. Der Historiker und „Alt-68er" Dan Diner wirft der Linken vor, sich der Palästinafrage nicht pragmatisch, sondern ideologisch zugewandt zu haben. Der Realkonflikt sei „in längst vergangen geglaubte Traditionszusammenhänge der historischen Linken gestellt und so mit der notorischen ‚Judenfrage' verbunden" worden, so Diner. Durch den Sechstagekrieg mit dem schnellen Sieg der israelischen Armee und der Besetzung arabischer Gebiete sei es für viele Linke nicht mehr möglich gewesen, sich mit den „jüdischen Opfern des Nationalsozialismus", die den Staat Israel aufgebaut hatten, zu solidarisieren.

Die Soziologen Andrei Markovits und Philip Gorski kommen in ihrem Standardwerk zur deutschen Linken *Grün schlägt Rot* zum Schluss: „Links sein und Israel hassen – das wurde im Diskurs der deutschen Linken seit 1968 synonym." Die Linke habe „nicht begriffen, dass die Welt nicht einfach zwischen Tätern und Opfern aufzuteilen ist", konstatiert der Soziologe Detlev Claussen. Für die Wirkungsmacht, die der Kampf gegen Israel damals in der Linken entfaltete, steht nicht zuletzt Claussen selbst: Er ist Ende der 1960er nicht nur „Adorno-Schüler", sondern beim SDS, dem Sozialistischen Deutschen Studentenbund aktiv. 1969 beteiligt er sich an einer Delegation der linksradikalen Studierendenvereinigung nach Amman in Jordanien. Ziel der Reise ist die Teilnahme an einem Trainingscamp der Fatah.

Den Faschismus verorten die 67er bzw. 68er aber nicht nur in Deutschland. Nach dem Sechstagekrieg wird Israel neben den USA zusehends zum außenpolitischen Feind, ja zum faschistischen Staat erklärt. Die linksterroristische Gruppe Tupamaros West-Berlin schreibt: „Aus den vom Faschismus vertriebenen Juden sind selbst Faschisten geworden, die in Kollaboration mit dem amerikanischen Kapital das palästinensische Volk ausradieren wollen." Komplexitäten und Differenziertheit haben es fortan in der Analyse der Gegebenheiten schwer. Uneingeschränkte Unterstützung des „palästinensischen Befreiungskampfs", ein manichäisches Weltbild, Unterteilung in eindeutig gut oder eindeutig böse, „Mensch oder Schwein" (Ulrike Meinhof), Imperialist*in oder Antiimperialist*in bestimmen zunehmend den Diskurs.

Die neuen Nazis

Auch die Gleichsetzung Israels mit dem Nationalsozialismus nimmt stark zu: Täter-Opfer-Umkehr. Sie dient der Linken als einfache und eindeutige Feindpositionierung qua Dämonisierung, aber auch als Entlastung der deutschen Nation und der eigenen Eltern. Wenn Israel faschistisch geworden ist, einen neuen Holocaust verübt, dann werden dadurch die Taten der Deutschen im Nationalsozialismus massiv relativiert. Jedoch hat die Gleichsetzung weder erst nach dem Sechstagekrieg begonnen, noch hat die politische Linke sie erfunden. Sie fängt unmittelbar mit der Gründung des jüdischen Staats an – in der sogenannten Mitte der Gesellschaft.

Die sprachliche Gleichsetzung mit dem Nationalsozialismus und damit einhergehend die Relativierung der deutschen Verbrechen findet im Zuge des Sechstagekrieges mitunter aber auch in Form proisraelischer Äußerungen statt. Zeitungen des Springer-Konzerns feiern den israelischen Verteidigungsminister Moshe Dayan als neuen „Wüstenfuchs Rommel", der *Spiegel* titelt im Juni des gleichen Jahres: „Israels Blitzkrieg". In Teilen der deutschen Bevölkerung, auch der Linken, dominieren zunächst Sympathien für Israel. Es wird Geld und sogar Blut gespendet. Der *Spiegel* kommentiert im Juni 1967: „Arisches Blut floss für die Juden." Für die außerparlamentarische Linke sind solche Israel lobenden NS-Vergleiche eine Bestätigung für ihre – im Nachgang des Sechstagekrieges gewachsene – radikale antiisraelische Haltung.

Der Umschwung der Positionierung gegenüber Israel kommt nicht abrupt, sondern schrittweise. Die Zeit während des Sechstagekrieges und unmittelbar danach ist noch von Solidaritätskundgebungen mit Israel geprägt. Ulrike Meinhof, linke Vordenkerin und damals noch Kolumnistin bei *konkret*, spricht sich schon früh dagegen aus, sich pauschal auf die Seite Israels zu stellen. Vielmehr befürwortet sie eine differenzierte Haltung im Nahostkonflikt, in der beide Seiten Berücksichtigung finden. Dies müsse aber auch linke, kritische Solidarität mit Israel einschließen: „Es gibt für die europäische Linke keinen Grund, ihre Solidarität mit den Verfolgten aufzugeben, sie reicht in die Gegenwart hinein und schließt den Staat Israel mit ein."

In ihrem Artikel geht Meinhof hart mit der „Israelsolidarität" von Springer-Presse & Co. ins Gericht: „Erfolg und Härte des israelischen Aufmarsches lösten einen Blutrausch aus, Blitzkriegstheorien schossen ins Kraut, BILD gewann in Sinai endlich, nach 25 Jahren, doch noch die Schlacht von Stalingrad. [...] Nicht die Erkenntnis der Menschlichkeit der Juden, sondern die Härte ihrer Kriegsführung, nicht die Anerkennung ihrer Rechte als Mitbürger, sondern die Anwendung von Napalm, nicht die Einsicht in die eigenen Verbrechen, sondern der israelische Blitzkrieg, die Solidarisierung mit der Brutalität, der Vertreibung, der Eroberung führte zu fragwürdiger Versöhnung." Drohungen und Aussagen von linker und arabischer Seite, Israel zu vernichten, bezeichnet Meinhof als „unerträglich".

Ob man der Analyse der späteren Terroristin zustimmt oder nicht, sie ist hier (noch) in der Lage, zu differenzieren und sich solidarisch mit Israel zu zeigen. Es sind aber schon die ersten Versatzstücke angelegt, die Meinhof zu ihrer späteren antisemitischen Positionierung gegen Israel begleiten. Linke Studierendengruppen rufen während des Sechstagekrieges zu Solidaritätskundgebungen für Israel auf. Die radikale Linke war bis zum Sechstagekrieg mehrheitlich und manchmal verklärend proisraelisch, sagt der Publizist Micha Brumlik in der Doku „Wir sind da. Die Geschichte der Juden in Deutschland von 1945 bis heute" des späteren *ARD*-Korrespondenten in Israel, Richard C. Schneider. Bis 1967 sei Israel der „sozialistische, demokratische Staat der Holocaustüberlebenden" gewesen.

Antiimperialistischer Kampf gegen Israel

Das antiimperialistische Weltbild mit seinem Manichäismus, also der Aufteilung der Welt in Gut und Böse, in Täter*innen und Opfer, wird durch die 68er aus verschiedenen Theorieansätzen aktualisiert und zunehmend bestimmend für linke Diskurse. Der Soziologe Thomas Haury kommt in einem Debattenbeitrag zum „Antizionismus der Neuen Linken" in der Theoriezeitschrift *calcül* zu dem Schluss: „[D]as antiimperialistische Weltbild ist als strukturell antisemitisch zu bezeichnen. Denn es ist geprägt von Manichäismus, Personifizierung, Verschwörungstheorie und der Entgegensetzung von guten Völkern und bösen Finanzkapitalisten."

In Bezugnahme auf die von Herbert Marcuse vom Frankfurter Institut für Sozialforschung entwickelte „Randgruppentheorie", nach der der gesellschaftliche Widerspruch nicht bei der Arbeiter*innenklasse, sondern bei den „Geächteten und Außenseitern" zu finden sei, entdecken viele 68er in gesellschaftlichen und globalen „Randgruppen" ein neues revolutionäres Subjekt. Kurz vorher, 1966, erscheint in Deutschland Frantz Fanons Hauptwerk über Imperialismus und Kolonialismus, *Die Verdammten dieser Erde*. Den Titel des Buches, das auch als „kommunistisches Manifest der antikolonialen Revolution" bezeichnet wird, hat der französische Autor bewusst der Internationalen entnommen: „Wacht auf, Verdammte dieser Erde."

Neben Fanon sensibilisiert auch Jean-Paul Sartre die internationale Linke für Kolonialismus. Seine Kritik an Rassismus und Neokolonialismus wird zum ersten Mal durch Fayez Sayegh, einen in Syrien geborenen arabischen Intellektuellen, auf Israel angewendet. Sayegh lehrt später Philosophie in Yale, Princeton, Stanford, der American University of Beirut und in Oxford. Er arbeitet auch für die UN, wo er wesentlich für die Verabschiedung der Resolution 3379 „Zionismus ist Rassismus" von 1975 verantwortlich ist. Der ehemalige UN-Generalsekretär Kofi Annan bezeichnet die Resolution 1998 als einen „Tiefpunkt" der Geschichte der Vereinten Nationen. Aber der vielleicht nachhaltigste Einfluss Sayeghs ist seine Broschüre „Zionist Colonialism in Palestine" (1965), die er während seiner Lehrtätigkeit in Stanford schreibt. Diese Broschüre, von der PLO veröffentlicht, wird in ein Dutzend Sprachen übersetzt und gilt als Geburtsstunde des Siedlerkolonialismus-Vorwurfs gegen Israel und als ein wesentlicher Gründungsmoment der globalen Sache für Palästina.

Im Zuge dieser Diskurse verabschieden sich Teile der 68er gedanklich von Arbeiter*innen als revolutionärem Subjekt. Durch die Beschäftigung mit Sartre, Fanon und Kolonialismus geraten antikoloniale Befreiungsbewegungen in den Fokus revolutionärer Hoffnungen. Laut Fanon sind sie ein kollektives revolutionäres Subjekt. Er bezieht dies aber ausschließlich auf die kolonialisierten Länder. Da dort keine Demokratie zugelassen werde, sei auch keine Veränderung im Zuge eines demokratischen Prozesses möglich. Teile der 68er meinen es aber besser zu wissen und wollen das Konzept auf westliche, demokratische Länder übertragen – in Anlehnung an die Fokustheorie Che Guevaras, wonach mehrere „Vietnams" auf der Welt entstehen sollten. Der Kampf gegen Israel wird in Anlehnung an Sayegh fortan als antikolonialer, revolutionärer Kampf geframet. Dieses antiimperialistische Weltbild wird zunehmend bestimmend, auch für den SDS und seine außenpolitischen Feindmarkierungen.

Die 22. Delegiertenkonferenz des SDS spricht sich im September 1967 in einer Resolution gegen antisemitisch-rassistische Tendenzen in Teilen der arabischen Kriegspropaganda aus. In der gleichen Resolution sprechen die deutschen Sozialist*innen Israel jedoch das Existenzrecht ab: „Der Krieg zwischen Israel und seinen arabischen Nachbarn kann nur auf dem Hintergrund des antiimperialistischen Kampfes der arabischen Völker gegen die Unterdrückung durch den angloamerikanischen Imperialismus analysiert werden." Von „zionistischer Kolonisierung" ist die Rede, von „Vertreibung und Unterdrückung" der „eingeborenen arabischen Bevölkerung durch eine privilegierte Siedlerschicht". Israel wird ein „reaktionärer Charakter" attestiert. In der Resolution heißt es schließlich: „Die Anerkennung des Existenzrechts der in Palästina lebenden Juden durch die sozialrevolutionäre Bewegung in den arabischen Ländern darf nicht identisch sein mit der Anerkennung Israels als Brückenkopf des Imperialismus und als zionistisches Staatsgebilde."

Viele dieser Vorstellungen sind bis heute bestimmend für die antiisraelische Haltung von Teilen der radikalen Linken. Rudi Dutschke – Wortführer der 68er, der sich auch aufgrund seiner christlichen Gesinnung mit Israel verbunden sah – ist es geschuldet, dass der Text in eine Kommission überwiesen und nicht verabschiedet wurde. Zwei Jahre nach dem Sechstagekrieg mündet der linksradikale antizionistische Tenor in Terror gegen Juden.

Der Bombenanschlag und der Judenknax

Am 9. November 1969 deponiert die Terrorgruppe Tupamaros West-Berlin eine Bombe im Jüdischen Gemeindehaus in Berlin. Die Bombe hatte der Undercoverermittler Peter Urbach vom Berliner Verfassungsschutz organisiert. Während der Gedenkstunde zum 31. Jahrestag der Novemberpogrome mit 250 geladenen Gästen, darunter zahlreichen Shoah-Überlebenden, soll sie explodieren. Lediglich der defekte Zeitzünder verhindert ein Massaker.

Laut Bekennerschreiben sollte dies eine antifaschistische Tat sein: Solche „Aktionen sind nicht mehr als rechtsradikale Auswüchse zu diffamieren, sondern sie sind ein entscheidendes Bindeglied internationaler sozialistischer Solidarität. Das bisherige Verharren der Linken in theoretischer Lähmung bei der Bearbeitung des Nahostkonflikts ist Produkt des deutschen Schuldbewusstseins. […] Jede Feierstunde in Westberlin und in der BRD unterschlägt, daß die Kristallnacht von 1938 heute täglich von den Zionisten in den besetzten Gebieten, in den Flüchtlingslagern und in den israelischen Gefängnissen wiederholt wird. Aus den vom Faschismus vertriebenen Juden sind selbst Faschisten geworden, die in Kollaboration mit dem amerikanischen Kapital das palästinensische Volk ausradieren wollen."

Aus Jüdinnen*Juden oder Israelis werden Nazis und Faschisten – legitime Ziele im antiimperialistischen Kampf. Die Attentäter*innen wollen mit dem Anschlag in Deutschland eine antiisraelische Kampagne lostreten. Doch die misslungene Terroraktion stößt aufgrund ihres antisemitischen Charakters in großen Teilen der Linken auf scharfe Kritik. Dieter Kunzelmann, von dem nach übereinstimmenden Aussagen die Idee zu dem Bombenattentat stammt, veröffentlicht daraufhin einen Wutbrief und beschwert sich über „die Vorherrschaft des Judenkomplexes bei allen Fragestellungen".

Weiter schreibt Kunzelmann: „Palestina [sic] ist für die BRD und Europa das, was für die Amis Vietnam ist. Die Linken haben das noch nicht begriffen. Warum? Der Judenknax. ‚Wir haben 6 Millionen Juden vergast. Die Juden heißen heute Israelis. Wer den Faschismus bekämpft ist für Israel.' So einfach ist das, und doch stimmt es hinten und vorne nicht. Wenn wir endlich gelernt haben, die faschistische Ideologie ‚Zionismus' zu begreifen, werden wir nicht mehr zögern, unseren simplen Philosemitismus zu ersetzen durch eindeutige Solidarität mit AL FATAH, die im Nahen Osten den Kampf gegen das Dritte Reich von Gestern und Heute und seine Folgen aufgenommen hat."

Auch wenn viele Linke den Anschlag auf das Jüdische Gemeindehaus zumindest nicht befürworten, teilen sie die einfache Logik, nach der Israel faschistisch sei und somit „Widerstand" gegen Israel antifaschistisch. Dieses Erklärungsmuster bildet in der Folgezeit die Grundlage linker Politik in Bezug auf Israel. Gewalttaten gegenüber Jüdinnen*Juden finden zwar keine generelle Unterstützung, dennoch fällt die Kritik daran oft schwach aus. 1983 wird Kunzelmann, Kopf der Tupamaros West-Berlin, über die Alternative Liste ins Berliner Abgeordnetenhaus gewählt.

Ein „mutiges" Kommando

Die Spiele werden vom Terror überschattet, die Bilder der ver-
mummten Geiselnehmer gehen um die Welt: Beim Olympia-
Attentat der palästinensischen Terrorgruppe Schwarzer September
in München werden 1972 elf israelische Sportler ermordet. Die
RAF rechtfertigt die Tat in einem Schreiben – höchstwahrscheinlich von Ulrike Meinhof allein verfasst – als „gleichzeitig antiimperi-
alistisch, antifaschistisch und internationalistisch". Die Terroristen
seien ein „mutiges Kommando [...] gegen zionistische Soldaten, die
in München als Sportler auftraten". Das Terrorkommando habe
„den Zusammenhang zwischen dem alten NS-Faschismus und dem
entfalteten Imperialismus als dem erst durch und durch faschistischen System hergestellt". Die RAF schreibt via Meinhof über
„Israels Nazi-Faschismus" und bezeichnet den damaligen israelischen Verteidigungsminister Moshe Dayan als „Himmler Israels".
Israel habe „seine Sportler verheizt wie die Nazis die Juden –
Brennmaterial für die imperialistische Ausrottungspolitik". Wie
nah dran der „Antifaschismus" und „Antiimperialismus" von RAF
und Schwarzem September an Rechtsaußen-Positionen sind, zeigt
die Tatsache, dass deutsche Neonazis bei der Vorbereitung des
Olympia-Attentats geholfen haben.

1976 entführen zwei Mitglieder der Revolutionären Zellen (RZ),
Brigitte Kuhlmann und Wilfried Böse, zusammen mit palästinensischen Terrorist*innen der Volksfront zur Befreiung Palästinas
(PFLP) ein Flugzeug der Air France nach Entebbe. Böse und
Kuhlmann selektieren die jüdischen Passagier*innen und solche,
die sie dafür halten. Etliche nichtjüdische Passagier*innen werden
freigelassen. Für viele Jüdinnen*Juden weltweit steht fest: Es handelt sich um eine Selektion wie einst an der Rampe von Auschwitz,
vorgenommen von deutschen Aktivist*innen der RZ. Alles im
Namen des antizionistischen Kampfes. Nur die Erstürmung des
Flughafengebäudes verhindert ein antisemitisches Massaker.

Antisemitismus und die Autonomen

Als Reaktion auf die israelische Befreiungsaktion der Flugzeugpassagiere in Entebbe verüben radikale Linke in Hamburg einen Anschlag auf ein jüdisches Schmuckgeschäft. In szenetypischer Kleinschreibung heißt es in der Begründung: „wir haben diesen laden angegriffen in seiner funktion als kulturimperialistische agentur des zionismus in hamburg für den sieg des palästinensischen volkes!" Für einen Teil der radikalen Linken war alles Jüdische gleich israelisch gleich zionistisch gleich faschistisch – und derartige Angriffe daher gerechtfertigt.

In diese Tradition reiht sich auch ein womöglich geplanter Mordanschlag der RZ auf die Gemeindevorsteher der jüdischen Gemeinden von Berlin und Frankfurt ein, Heinz Galinski und Ignaz Lipinski. Bis heute ist nicht geklärt, ob es konkrete Mordpläne gab, wie es ein Aussteiger berichtete. Die RZ veröffentlichen jedoch ein Schreiben, in dem sie zwar nicht direkt zugeben, dass sie die beiden Gemeindevorsteher tatsächlich ermorden wollten, sie jedoch als legitime Angriffsziele linker Politik markieren. In dem Schreiben werfen die RZ der Linken vor, die Attentatspläne gegen Galinski und Lipinski als Antisemitismus zu kritisieren, statt zu überlegen, „welche Rolle Galinski spielt für die Verbrechen des Zionismus, für die Grausamkeiten der imperialistischen Armee Israels, welche Propaganda- und materielle Unterstützungsfunktion dieser Typ hat, der alles andere ist als nur ‚jüdischer Gemeindevorsitzender', und: was man in einem Land wie dem unseren dagegen machen kann. Ihr entzieht euch dieser politischen Auseinandersetzung und geilt euch auf an dem behaupteten (antisemitischen?) Faschismus der RZ und ihrer Hintermänner."

Symbolhaft für die Sichtweise auf Israel und den Nahostkonflikt in der radikalen Linken bis Ende der 1980er Jahre steht das Wandbild in der Hamburger Hafenstraße, das im Frühjahr und Sommer 1988 für starke öffentliche Debatten sorgt. An der gesamten Brandmauer ist zu lesen: „Boykottiert ‚Israel'! Waren, Kibbuzim und Strände. Palästina – Das Volk wird Dich befreien. Revolution bis zum Sieg." Illustriert ist die Parole mit zwei Kalaschnikows. Der Senat der Hansestadt ordnet an, das Wandbild zu übermalen. Aus Solidarität mit der Positionierung der Hamburger Autonomen entstehen auch in anderen Städten an linken Zentren sehr ähnliche Wandbilder, oder es werden Plakate und Flugblätter mit dem Hamburger Motiv hergestellt und verteilt. Aus ihrer ideologischen Verortung hatten die Bewohner*innen der Hafenstraße nie einen Hehl gemacht. So läuft im November 1987 im hauseigenen „Sender Hafenstraße" ein Lied der Band Daily Terror mit der Textzeile: „Der Holocaustkredit ist längst verspielt, sie haben lang genug auf unser Mitleid geschielt."

Antisemitismusdiskussionen in der Linken

Seit den 1990er Jahren gibt es innerhalb der Linken eine gewachsene Sensibilität dem eigenen Antisemitismus gegenüber. Einen wichtigen Anteil an dieser Diskussion hat der Text „Gerd Albartus ist tot", in dem sich die RZ im Dezember 1991 erstmals intensiv mit Antisemitismus im eigenen antiimperialistischen Kampf auseinandersetzen. Der Text löst innerhalb der radikalen Linken größere Diskussionen aus. Die Auseinandersetzungen werden fortan häufig sehr kontrovers und intensiv geführt. Diese Debatten tragen wesentlich dazu bei, dass der antisemitische Diskurs zurückgedrängt wird, parallel dazu nehmen antisemitische Taten aus der Linken stark ab. In den Kriminalstatistiken des Bundes liegt die Zahl antisemitischer Straf- und Gewalttaten von links aktuell meist unter zehn im Jahr. Dies ist einerseits durch einen Bedeutungsverlust der radikalen Linken nach dem Zusammenbruch des Ostblocks zu erklären, andererseits aber auch durch die selbstkritischere Auseinandersetzung mit dem eigenen Antisemitismus.

Dennoch darf der starke Rückgang bei strafrechtlich relevanten antisemitischen Taten von links nicht darüber hinwegtäuschen, dass Antisemitismus nicht verschwunden ist. Einige der alten Narrative haben sich zudem fest in der sogenannten Mitte der Gesellschaft verankert. Zuletzt belegte die Bertelsmannstudie von 2022, dass 36 Prozent der Deutschen einem der Kernnarrative der Neuen Linken zustimmen: „Was der Staat Israel heute mit den Palästinensern macht, ist im Prinzip auch nichts anderes als das, was die Nazis im Dritten Reich mit den Juden gemacht haben." Insbesondere in den letzten Jahren scheinen überwundene antisemitische Positionen auch in der linken Szene und im Kulturbetrieb eine Renaissance zu erleben. Die Narrative ähneln meist denjenigen der späten 1960er und 1970er Jahre, sprachlich und teils theoretisch aktualisiert für queerfeministische und postkoloniale Diskurse und deren Praxis: von Queers for Palestine bis Migrantifa.

BDS

Stefan Lauer

Im Juni 2017 sitzt die damals 82-jährige Shoah-Überlebende Deborah Weinstein zusammen mit der Knesset-Abgeordneten Aliza Lavie und vier Jugendlichen auf dem Podium eines Hörsaals der Berliner Humboldt-Universität. Der Titel des Abends: „Leben in Israel – Terror, Voreingenommenheit und Chancen für eine Friedenslösung." Doch drei BDS-Aktivist*innen stören die Veranstaltung und rufen „Das Blut des Gazastreifens klebt an Ihren Händen" und „Kindermörder". Einer brüllt die beiden Frauen und die Jugendlichen auf dem Podium auf Englisch an, er wirft Israel Apartheid vor. Es kommt zum Tumult im Hörsaal. Die drei Aktivist*innen schlagen um sich, als sie den Raum verlassen müssen. Sie hämmern von außen gegen die Türen, um das Gespräch doch noch zu verhindern. Vergeblich.

Mit solchen Aktionen fallen BDS-Aktivist*innen häufig in der Öffentlichkeit auf. Die drei Buchstaben stehen für „Boykott, Desinvestitionen und Sanktionen". Mit ihrem Ziel, einen kulturellen, wirtschaftlichen und akademischen Boykott Israels durchzusetzen, bleibt die Kampagne weitgehend erfolglos. Dennoch fasst BDS in immer mehr progressiven Milieus rund um den Globus Fuß, ob in der Clubkultur oder der queeren Community, in der Klimabewegung oder in antirassistischen Gruppen. Gegen den Bundestagsbeschluss von Mai 2019, BDS-Gruppen Unterstützung und finanzielle Förderung zu entziehen, gibt es Widerstand aus

Kulturinstitutionen und der Kunstwelt. Im Sommer 2022 erreicht dieser Streit mit dem documenta-Skandal in Deutschland einen neuen Höhepunkt. Die lange Geschichte der Boykottbewegung gegen den jüdischen Staat schreibt sich fort.

2005 wurde der Gründungsaufruf von BDS veröffentlicht, unterschrieben von 172 Organisationen. Die Kampagne hat offiziell drei zentrale Forderungen: das Ende der Besatzung „allen arabischen Landes", die Gleichberechtigung arabischer Israelis und ein Recht auf Rückkehr für palästinensische Geflüchtete. Durch die Schwammigkeit und die harmlos klingenden Forderungen bietet BDS Anschlussmöglichkeiten für viele ohnehin „israelkritisch" eingestellte linke Aktivist*innen. Tatsächlich will BDS Israel von der Landkarte verschwinden lassen. Das formuliert die Bewegung gerade in Deutschland selten offen. Doch es geht um weitaus mehr als die Boykotte, die medial immer wieder im Vordergrund stehen.

Die Einlassungen der BDS-Führungsebene sind – im Gegensatz zur Kampagne selbst – eindeutig. As'ad AbuKhalil, ein libanesisch-amerikanischer Professor der California State University und prominenter BDS-Unterstützer, gibt offen zu: „Das wirkliche Ziel von BDS ist, den Staat Israel niederzuringen. [...] Gerechtigkeit und Freiheit für die Palästinenser sind unvereinbar mit der Existenz des Staates Israel." Omar Barghouti, einer der BDS-Mitgründer, sagt: „Es ist unmöglich, Israel als jüdischen Staat auf unserem Land zu akzeptieren." Für Ali Abunimah, einen palästinensisch-amerikanischen Journalisten und BDS-Unterstützer, steht fest: „Israels ‚Existenzrecht als jüdischer Staat' ist eines, für das es keine angemessene juristische oder moralische Rechtfertigung gibt und dessen Durchsetzung die Fortsetzung schrecklichen Unrechts erfordert. Deshalb ist es überhaupt kein Recht." Der palästinensisch-amerikanische Aktivist und BDS-Unterstützer Ahmed Moor fasst die Ziele der Bewegung grundlegend zusammen: „Die Besatzung zu beenden bedeutet gar nichts, wenn es nicht die Beendigung des jüdischen Staates selbst bedeutet."

BDS beginnt aber nicht erst 2005, sondern hat eine lange Vorgeschichte: sowohl eine jüngere auf der „Weltkonferenz gegen Rassismus" der Vereinten Nationen 2001 im südafrikanischen Durban als auch eine ältere, die in den 1920er Jahren ansetzt.

Israel-Boykott ohne Israel

Die Boykottbewegung gegen Israel startet lange vor der Staatsgründung. 1922 ruft der fünfte Arabische Kongress in Nablus zum Boykott jüdischer Waren auf und fordert das Verbot von Landverkäufen an Jüdinnen*Juden. Ein Jahr zuvor hatte die britische Kolonialmacht Mohammed Amin al-Husseini zum Mufti von Jerusalem ernannt und ihn damit zum politischen – später auch religiösen – Anführer der arabischen Bevölkerung gemacht. Al-Husseini ist verantwortlich für antisemitische Massaker, später unterstützt er den Nationalsozialismus und macht Propaganda für ihn im arabischsprachigen Raum. Kein Wunder, denn seine Ideologie hat mit dem Nationalsozialismus einige Überschneidungen.

Der Mufti wird SS-Mitglied und organisiert muslimische Einheiten für SS und Wehrmacht. In seiner Radiosendung fordert er 1942 alle Araber*innen auf: „Tötet die Juden, wo immer ihr sie findet. Das gefällt Gott, der Geschichte und dem Glauben." Al-Husseinis erklärtes Ziel ist es, den jüdischen Staat zu verhindern und den Jischuw – die jüdische Bevölkerung im Mandatsgebiet Palästina – zu dezimieren, und zwar mit allen Mitteln. Dazu gehören neben Terror aber auch immer wieder Boykottaufrufe. Die antijüdischen und antisemitischen Narrative, die al-Husseini erfindet, prägen Boykottbemühungen gegen Israel bis heute. Der Mufti schafft es, einen lokalen Konflikt zur panarabischen Sache zu machen.

Zum Beispiel 1931, als al-Husseini auf dem Islamischen Kongress von 130 Delegierten aus 22 Staaten zum Präsidenten gewählt wird. Zu den Forderungen des Kongresses gehört auch ein wirtschaftlicher Boykott der jüdischen Bevölkerung Palästinas.

1935, als Präsident des Obersten Islamischen Rats und damit als Sprecher einer Behörde, die alle muslimischen Araber*innen in religiösen Angelegenheiten gegenüber der britischen Mandatsmacht vertritt, erlässt al-Husseini eine Fatwa. Ganz Palästina sei „anvertrautes Gut" der Muslime. Diese sollten daher kein Land mehr an Jüdinnen*Juden verkaufen oder Verkäufe vermitteln. Ansonsten drohten Konsequenzen wie Boykott und Ausschluss aus der Umma, der muslimischen Glaubensgemeinschaft.

1937 veröffentlicht al-Husseini „Islam und Judentum", ein 31-seitiges Pamphlet, das heute als das erste wichtige Dokument des modernen islamischen Antisemitismus gilt. In mehreren Sprachen und in hohen Auflagen erscheint der Text in islamischen und arabischen Ländern – finanziert und gedruckt vom NS-Regime. Al-Husseini kombiniert islamischen Antijudaismus mit modernem europäischem Antisemitismus. Jüdinnen*Juden seien „große Geschäftsleute", „Mikroben" und die Verursacher der Pest, heißt es darin. Und er konstruiert historische Kontinuität: eine angebliche ewige Feindschaft zwischen Judentum und Islam. Seit Mohammed versuchten demnach Jüdinnen*Juden, „die Muslime zu vernichten". „Gebt nicht eher Ruhe, bis euer Land von den Juden frei ist", schreibt al-Husseini.

Institutionalisierter Boykott

Nach dem Ende des Zweiten Weltkriegs werden die Boykottbemühungen institutionalisiert. Im März 1945 gründen sieben Staaten die Arabische Liga: Ägypten, Irak, Libanon, Saudi-Arabien, Syrien, Jordanien und Jemen. Der Kampf gegen Israel – zuerst gegen die Staatsgründung, später gegen dessen Existenz – ist Teil dieser Entstehungsgeschichte. In der Liga sitzt auch der hier existierende Staat Palästina mit am Tisch. Im Anhang des Gründungsdokuments der Liga heißt es, die Existenz Palästinas als Nation könne genauso wenig angezweifelt werden wie die anderer arabischer Staaten.

Schon bei einem ihrer ersten Treffen beschließt die Liga im Dezember 1945 den Boykott gegen den Jischuw. „Die Produkte palästinensischer Juden sollen in arabischen Staaten als unerwünscht gelten", heißt es in Resolution 16 der Liga. Alles, was dem „politischen Ziel der Zionisten" nützen könnte, etwa Handel, solle „verboten und abgelehnt werden". Der Boykott tritt am 1. Januar 1946 in Kraft und hält – mal mehr, oft weniger erfolgreich – bis in die 1990er Jahre an. 2023 halten nur noch Iran, Libanon und Syrien daran fest.

Im Februar 1946 werden das Zentrale Boykottkomitee und das Zentrale Boykottbüro gegründet, das den Boykott der Mitgliedsstaaten koordiniert. Die Boykottbeamten produzieren unzählige Listen mit den Namen von Firmen und Einzelpersonen, mit denen kein Handel getrieben werden darf.

Nach der Staatsgründung Israels am 14. Mai 1948, dem darauffolgenden Angriffskrieg von Ägypten, Syrien, Libanon, Jordanien und Irak gegen den jungen jüdischen Staat und vor allem mit der Niederlage der arabischen Staaten und dem Waffenstillstandsabkommen von 1949 scheitert der institutionalisierte Boykott der Arabischen Liga zum ersten Mal, denn Israel existiert. Doch der Handelskrieg geht weiter und wird intensiviert. Als gemeinsames Ziel gilt von nun an die Vernichtung Israels auf wirtschaftlicher Ebene. Bis 1948 war der Boykott auf die Mitgliedsstaaten der Arabischen Liga beschränkt. Der „primäre Boykott" betrifft weiterhin die Mitgliedsstaaten, die keinen Handel mit Israel oder den „Produkten palästinensischer Juden" treiben dürfen. Mit dem „sekundären Boykott" sind jetzt aber Unternehmen aus Drittstaaten betroffen, die mit Israel handeln, dort produzieren oder Waren exportieren. Später kommt ein „tertiärer Boykott" dazu: Der trifft Firmen, die mit anderen Firmen Geschäfte machen, die wiederum Handel mit Israel betreiben. Viele Entscheidungen lassen sich im Bürokratiedickicht des Boykottbüros kaum überblicken. Die ursprüngliche Idee, nur solche Waren und Firmen zu boykottieren, die aktiv das „politische Ziel der Zionisten" begünstigen, wird beerdigt.

Einen größeren Effekt dürfte die Teilblockade des Suezkanals gehabt haben. Diese betrifft nicht nur israelische Schiffe oder solche, die Waren aus oder nach Israel transportieren, sondern auch alle Schiffe, die zu irgendeinem Zeitpunkt einen israelischen Hafen angelaufen hatten. Bis 1975 hält Ägypten die Blockade aufrecht.

Als Coca-Cola 1966 bekannt gibt, kein israelisches Franchise-Unternehmen zuzulassen – wegen angeblicher wirtschaftlicher Gründe, de facto hatte der Konzern damals 29 Franchise-Fabriken in arabischen Ländern –, rufen die Anti-Defamation League und viele jüdische Organisationen in den USA zum Boykott des Limonadenherstellers auf. Coca-Cola vollzieht den Richtungswechsel und vergibt doch eine Lizenz zur Abfüllung in Israel, was wiederum das Boykottbüro auf den Plan ruft. Tatsächlich wird Coca-Cola bis Ende der 1980er Jahre von den arabischen Staaten der Liga boykottiert. Dass ein Boykott aber auf die eine oder andere Weise ausgelegt werden kann, zeigt das Beispiel des Autoherstellers Ford. Nachdem der Konzern ein Werk in Israel eröffnet, landet Ford für 18 Jahre auf der schwarzen Liste des Boykottbüros. Nicht jedoch die Ford Aerospace and Communication Corporation, die rein zufällig Raketen für die saudische Luftabwehr liefert.

Antisemitismus mit UN-Mandat

Die BDS-Bewegung will nichts mit den Boykottbewegungen der Vergangenheit zu tun haben: Sie beruft sich weder auf die Bemühungen al-Husseinis vor der Staatsgründung Israels noch auf die der Arabischen Liga danach. Statt des staatlich organisierten, institutionalisierten Boykotts stilisiert sich BDS als Graswurzelbewegung aus der palästinensischen Zivilgesellschaft. Doch ausgerechnet die spielt im unmittelbaren Prolog der BDS-Gründung 2005 nur eine untergeordnete Rolle.

Während in Israel die zweite Intifada wütet, eine Zeit geprägt von Selbstmordattentaten, Terrorattacken gegen israelische Zivilist*innen und Vergeltungsschlägen des israelischen Militärs, in der insgesamt Tausende auf beiden Seiten ums Leben kommen, findet im Spätsommer 2001 im südafrikanischen Durban die dritte UN-Weltkonferenz gegen Rassismus statt. Die ersten Vorbereitungstreffen verlaufen vielversprechend, regional unterschiedliche Erscheinungsformen von Rassismus werden benannt, es geht um die Diskriminierung von HIV-Positiven und Wanderarbeiter*innen, die Gefahr einer „Festung Europa" und die Folgen von weiterhin existierender Sklaverei. Und dann kommt die Regionalkonferenz in Teheran. Israelis und jüdische NGOs dürfen am Treffen in der iranischen Hauptstadt nicht teilnehmen, Vertreter*innen israelfreundlicher Staaten werden ausgeladen.

Viele israelfeindliche Passagen aus der Abschlusserklärung der Teheraner Vorbereitungskonferenz schaffen es in die abschließende Resolution, die nach dem Ende der Vorbereitungstreffen für die Konferenz in Durban verabschiedet wird. Israel habe „Gesetze, die auf rassistischer Diskriminierung beruhen", es geht um „ethnische Säuberungen" und eine „neue Art der Apartheid", ein „Verbrechen gegen die Menschlichkeit". Die Organisation der Islamischen Konferenz (OIC), ein Block in den Vereinten Nationen, besteht darauf, dass es immer, wenn Antisemitismus erwähnt wird, einen Verweis auf die „rassistischen Praktiken des Zionismus" geben muss. Gestrichen werden aus der Abschlusserklärung Passagen, in denen es um den Kampf gegen Antisemitismus geht, Forderungen nach mehr Aufklärung über den Holocaust und Konsequenzen für Holocaustleugnung.

Parallel zur UN-Konferenz 2001 treffen sich NGOs in Durban. Auch hier gibt es schnell nur noch ein Thema: Israel. Antisemitische Vorfälle häufen sich. Palästina-Soligruppen verteilen Exemplare der *Protokolle der Weisen von Zion* – ein Klassiker der antisemitischen Hetzliteratur, 1903 in Russland erschienen und 1921 als Fälschung entlarvt, demzufolge Juden in einer großen Verschwörung die Weltherrschaft übernehmen wollen. Täglich finden antiisraelische Demos statt, Podiumsdiskussionen zum Thema Antisemitismus werden von Palästina-Aktivist*innen gestürmt oder niedergebrüllt. „Tötet alle Juden", wird auf einer Demo skandiert, die vor dem Jüdischen Club von Durban endet. Als alle Ausschüsse der NGO-Konferenz ihre Ergebnisse in einem Papier zusammenfassen wollen, wird nur die Passage eines einzigen Ausschusses wieder gestrichen: der gegen Antisemitismus. Als jüdische Vertreter*innen israelischer und nichtisraelischer NGOs aus Protest den Saal verlassen, herrscht aggressive Stimmung. Eine Teilnehmerin beschreibt ihre Angst: „Nie zuvor [...] bin ich je mit einer Situation konfrontiert worden, in der ich das Gefühl hatte, mit meinem Körper meine jüdischen Kollegen schützen und aufpassen zu müssen, dass sie nicht physisch attackiert werden."

Die Abschlusserklärung der NGO-Konferenz von Durban markiert die Geburt von BDS und nimmt die Forderungen der Bewegung vorweg: Rückkehrrecht für palästinensische Geflüchtete, ein Ende von Besatzung und Diskriminierung von Palästinenser*innen und arabischen Israelis. Dazu fordert die Erklärung ein Kriegsverbrechertribunal gegen jene, die schuldig seien an „Genoziden und ethnischen Säuberungen" und dem „Verbrechen der Apartheid", das in Israel und den besetzten Gebieten permanent begangen werde. In den Abschnitten 424 und 425 stehen dann die entscheidenden Worte: die Forderung nach einer „internationalen Bewegung gegen die israelische Apartheid". Geschehen solle das mit einem globalen Kampagnennetzwerk, bestehend aus der „internationalen Zivilgesellschaft, UN-Institutionen" und der Wirtschaft. Die internationale Community solle Israel „komplett und total" isolieren. Das Land sei ein „Apartheidstaat" auf der gleichen Ebene wie Südafrika. Das erfordere die gleichen Maßnahmen: „verpflichtende und spürbare Sanktionen und Embargos" und die völlige Einstellung aller politischen, sozialen, wirtschaftlichen oder militärischen Beziehungen. Für Staaten, die Israel und seine „rassistischen Verbrechen gegen die Menschlichkeit, wie ethnische Säuberungen und Genozid", unterstützen, werde es Konsequenzen geben, heißt es in der Erklärung.

Unzivile Zivilgesellschaft

2005 ist es dann so weit – die offizielle Gründung von BDS. Im Gründungsaufruf steht wieder der Apartheidvorwurf im Mittelpunkt: „RepräsentantInnen der palästinensischen Zivilgesellschaft" rufen „internationale Organisationen und alle rechtschaffenen Menschen auf der ganzen Welt dazu auf, weitgreifend Boykotts und Investitionsentzug gegen Israel durchzusetzen, ähnlich der Maßnahmen gegen Südafrika während der Apartheid."

Die „internationale Zivilgesellschaft" der Durban-Abschlusserklärung und jetzt die „palästinensische Zivilgesellschaft" fordern also den Boykott Israels. Der Begriff weckt positive Assoziationen: Graswurzelbewegungen, die demokratische Entscheidungen treffen, unabhängig von Regierungshandeln, Militär oder staatlichen Institutionen. Nur dass beide Zivilgesellschaften bei näherem Hinschauen nicht wirklich „zivil" sind. 172 Organisationen haben den BDS-Aufruf unterschrieben. Gewerkschaften, Berufsverbände und Organisationen, die sich für Geflüchtete einsetzen. Doch schon die allererste Gruppe, die auf der langen Unterschriftenliste steht, ist das Council of National and Islamic Forces in Palestine, 2001 während der zweiten Intifada gegründet. Dazu gehören zahlreiche palästinensische Organisationen, die sich in der Vergangenheit weniger durch politische Kampagnen als durch terroristische Gewalt gegen die israelische Zivilbevölkerung einen Namen gemacht haben.

Eine dieser „zivilgesellschaftlichen Organisationen" im Council ist der Islamische Jihad – der zuletzt im Sommer 2022 Zivilist*innen in israelischen Ortschaften mit Raketen beschoss. Finanziert wird die Organisation vom Iran. Sie ist für einige der schlimmsten Terroranschläge in Israel verantwortlich. 1996 ermordete ein Selbstmordattentäter der Organisation 13 Israelis in einem Einkaufszentrum in Tel Aviv, 130 Personen wurden zum Teil schwer verletzt. Eine andere „zivilgesellschaftliche Organisation" ist die Volksfront zur Befreiung Palästinas (PFLP). Zu den vielen Attentaten und Anschlägen der Terrorgruppe gehört die Entführung des Lufthansa-Flugzeugs „Landshut" 1977. An der Entführung nahmen auch deutsche Terrorist*innen teil, um Mitglieder der RAF und der Bewegung 2. Juni aus dem Gefängnis freizupressen.

Auch die Fatah gehört zum Council, die Partei des palästinensischen Präsidenten Abbas, der auch der Palästinensischen Autonomiebehörde vorsteht. Die „zivilgesellschaftliche Organisation" Fatah und ihr Vorsitzender gelten auch unter palästinensischen Aktivist*innen als hochgradig korrupt und verbrecherisch. Genauso wie die Hamas: Auch die islamistische Terrorgruppe, die den Gazastreifen kontrolliert, ist offenbar eine „zivilgesellschaftliche Organisation".

„From the river to the sea"

Drei zentrale Forderungen hat die „zivilgesellschaftliche" Kampagne, die eigentlich keine ist. Israel solle „die Besetzung und Kolonisation allen arabischen Landes" beenden, „das Grundrecht der arabisch-palästinensischen BürgerInnen Israels auf völlige Gleichheit" anerkennen und ein Rückkehrrecht aller palästinensischen Geflüchteten garantieren. Ein genauerer Blick auf diese Forderungen macht allerdings klar, dass es der Kampagne um weit mehr geht, als sie vor allem in Deutschland vorgibt.

Forderung 1: Ende der „Besetzung und Kolonisation allen arabischen Landes" und Abriss der Mauer
Die Kampagne bleibt betont schwammig, wenn es um die Forderung geht, die Besatzung „allen arabischen Landes" zu beenden. Geht es um die Westbank, den Gazastreifen, Ostjerusalem oder die Golanhöhen? Oder um alles? Im „deutschlandweiten BDS-Aufruf" von 2015 wird vom „1967 besetzten arabischen Land" gesprochen. 1967 fand der Sechstagekrieg statt. Israel erlangte Kontrolle über Gaza, die Sinai-Halbinsel, die Golanhöhen, die Westbank und Ostjerusalem. 1979 gab das Land die Sinai-Halbinsel im Rahmen von Friedensverhandlungen an Ägypten zurück. Im Verlauf der Oslo-Gespräche wurden größere Städte der Westbank zur Selbstverwaltung an die Palästinensische Autonomiebehörde übergeben, die sich allerdings in Sicherheitsfragen de facto an die Weisungen der IDF halten muss. 2005 zog sich Israel aus Gaza zurück.

Aber noch eine andere Jahreszahl spielt eine Rolle und lässt die Ziele der BDS-Bewegung klarer erscheinen. 1917 wird die Balfour-Deklaration veröffentlicht. Großbritannien stellt Jüdinnen*Juden darin eine „jüdische Heimstätte" im damaligen britischen Mandatsgebiet Palästina in Aussicht. 2017 demonstriert die Berliner BDS-Sektion auf der Tourismusmesse ITB gegen Israel. Das Motto: „100 Years of Settler-Colonialism." Von den Grenzen vor 1967 ist hier nicht mehr die Rede. Dazu passt einer der beliebtesten Schlachtrufe der israelkritischen Szene: „From the river to the sea, Palestine will be free", das Land zwischen Jordan und Mittelmeer stehe den Palästinenser*innen zu. Von Israel bliebe nichts mehr übrig.

Forderung 2: Anerkennung des „Grundrecht[s] der arabisch-palästinensischen BürgerInnen Israels auf völlige Gleichheit"
Die „arabisch-palästinensischen BürgerInnen Israels" bilden die größte Minderheit im Land und sind tatsächlich mit Rassismus konfrontiert. Soziale Missstände treffen sie häufiger als jüdische Israelis. Aber die Situation ist weitaus komplexer, als die BDS-Bewegung glauben machen will.

Seit der ersten Stunde dient die Bewegung gegen die südafrikanische Apartheid als Vorbild von BDS: ob auf der Internationalist Queer Pride in Berlin, in Instagram-Posts der Klimabewegung oder in Äußerungen internationaler Künstler*innen, die sich gegen Israel positionieren. Flankiert werden die Behauptungen durch Statements internationaler – auch israelischer – Menschenrechtsorganisationen, zuletzt durch einen Bericht von Amnesty International, der im Februar 2022 veröffentlicht wurde und Israel nicht nur in den besetzten Gebieten, sondern auch im Kernland Apartheid vorwirft. Die Apartheid, wie sie in Südafrika bis in die 1990er Jahre herrschte, ist eines der abstoßendsten Beispiele von staatlich legitimiertem Rassismus, das schlussendlich auch mithilfe eines weitgehenden Boykotts durch die internationale Staatengemeinschaft beendet wurde.

Die Diskussion zeigt: Den Begriff „Apartheid" hat ein ähnliches Schicksal ereilt wie „Pogrom" oder gar „Holocaust". Es sind Wörter, die aufgrund ihrer Eindrücklichkeit von zahlreichen Interessengruppen aus ihrem ursprünglichen Kontext gerissen und auf neue Zusammenhänge angewandt werden. Während diese Methode ein enormes Aufmerksamkeitspotenzial für politische Kampagnen verspricht, nimmt sie gleichzeitig auch eine Relativierung der Geschehnisse in Kauf, für die die Begriffe ursprünglich geprägt wurden.

Bassem Eid, ein palästinensischer Friedensaktivist, weist den Apartheidvorwurf jedenfalls unmissverständlich zurück. „Als Gründer der Palestinian Rights Monitoring Group aus Jerusalem will ich eines klarstellen: Israel ist kein Apartheidstaat!", schreibt er auf Twitter. Der südafrikanische Journalist Benjamin Pogrund, der während des Apartheidregimes dort lebte und ausführlich darüber berichtete, schreibt in der *New York Times*: „Diejenigen, die Israel der Apartheid beschuldigen – manche sagen sogar ‚schlimmer als Apartheid' – haben vergessen, was Apartheid tatsächlich war, oder sie sind unwissend oder böswillig." Auf der anderen Seite gibt es Akteure wie die ehemaligen israelischen Botschafter in Südafrika, Ilan Baruch und Alon Liel, die eine Landkarte von Judäa und Samaria – also von der Westbank – mit den „Bantustans" (auch „Homelands" genannt) unter dem Apartheidregime vergleichen. Auch der südafrikanische anglikanische Erzbischof und Menschenrechtsaktivist Desmond Tutu hat die Art und Weise, wie Palästinenser*innen durch israelische Sicherheitskräfte in den palästinensischen Gebieten behandelt werden, mit dem Apartheidregime in Südafrika verglichen.

Knapp 1,3 Millionen arabische Israelis wohnen in Israel, sie machen rund 20 Prozent der Staatsbürger*innen aus. Nach den Basic Laws genießen sie die gleichen Bürgerrechte wie alle anderen Staatsbürger*innen des Landes. Arabische Israelis können genauso wählen wie jüdische oder christliche. Unter der Apartheid in Südafrika hatten Schwarze, außerhalb von Reservaten und „Homelands", weder das passive noch das aktive Wahlrecht. Bis zur endgültigen Abschaffung der Apartheid 1994 war die große Mehrheit der Schwarzen Bevölkerung vom demokratischen Prozess – wenn er im damaligen Südafrika diesen Namen überhaupt verdient hat – ausgeschlossen. Israelische Gesetze hingegen enthalten keine solchen Unterscheidungen.

In Israel gibt es arabische Parteien und Politiker*innen, von 2021 bis 2022 war sogar erstmals eine arabische Partei, die Vereinigte Arabische Liste, Teil der Regierung. In der Knesset, dem israelischen Parlament, sitzen nach den Wahlen im November 2022 zehn arabische Abgeordnete, insgesamt gibt es 120 Sitze. Am obersten Gerichtshof des Landes gibt es arabische Richter*innen. Osali Abu Assad wurde Anfang 2022 nach einer langen Karriere im Justizsystem als erste muslimische Frau zur Richterin am Northern District Court ernannt. Von 19 Amtsrichter*innen, die im Januar 2022 ernannt wurden, sind sechs arabisch – und vier von ihnen Frauen.

Arabische Israelis sind aber auch in anderen Teilen der Gesellschaft präsent, etwa in der Medizin. Daten des Gesundheitsministeriums aus 2020 belegen, dass arabische Israelis, obwohl insgesamt nur 20 Prozent der Bevölkerung, 46 Prozent der neu ausgebildeten Ärzt*innen ausmachen, bei Krankenschwestern und Pflegern sind es sogar 50 Prozent (im Jahr 2000 waren es gerade neun Prozent). Mehr als die Hälfte der Zahnärzt*innen (53 Prozent) in Israel und sogar 57 Prozent der Apotheker*innen sind mittlerweile arabische Israelis.

Zur Wahrheit gehört auch, dass Diskriminierung von Palästinenser*innen sowohl im Kernland als auch in den besetzten Gebieten stattfindet. Dazu zählt zum Beispiel das „Citizenship and Entry into Israel Law". Dieses Gesetz verhindert, dass Bewohner*innen von Gaza oder der besetzten Gebiete die israelische Staatsbürgerschaft erlangen können, wenn sie israelische Bürger*innen heiraten. Das „Israel Lands"-Gesetz verhindert, dass arabische Israelis öffentliches Land mieten oder kaufen können. Das „Nakba"-Gesetz erlaubt es dem Staat, die finanzielle Unterstützung von NGOs stark einzuschränken oder einzustellen, wenn sie an die Vertreibung der Palästinenser*innen zwischen 1947 und 1949 erinnern. Noch drastischer ist die Situation in den besetzten Gebieten. Klagen gegen israelische Bürger*innen, die hier leben – zum Beispiel Bewohner*innen illegaler Siedlungen – werden vor Zivilgerichten verhandelt. Palästinenser*innen dagegen werden vor Militärgerichte gestellt.

So diskriminierend und rassistisch manche der Gesetze sind, so handelt es sich trotzdem nicht um Apartheid. Denn der Begriff wird in der Anti-Apartheidkonvention von 1973 definiert als „unmenschliche Handlungen, die zu dem Zweck begangen werden, die Herrschaft einer rassischen Gruppe über eine andere rassische Gruppe zu errichten und aufrechtzuerhalten und diese systematisch zu unterdrücken". Dazu gehört „die Politik und Praxis der Rassentrennung und -diskriminierung, wie sie im südlichen Afrika betrieben werden". Schon der Blick auf das Gesundheitswesen hat gezeigt, dass der Apartheidvorwurf falsch ist und hauptsächlich der Dämonisierung des jüdischen Staates dient.

Der Apartheidvorwurf konzentriert sich auf Israel. Doch ein Blick auf die Situation von palästinensischen Geflüchteten in den umliegenden arabischen Ländern ist vielsagend. In Jordanien hat mittlerweile zwar die große Mehrheit der Nachkommen der Geflüchteten die Staatsbürgerschaft erhalten, doch das Land weigert sich weiterhin, ihnen die Möglichkeit einer dauerhaften Ansiedlung zu geben, und unterscheidet zwischen Menschen aus der Westbank und Gaza. Seit 1968 existiert bereits das Geflüchtetencamp Marka, in dem 56 000 Palästinenser*innen auf etwa einem Quadratkilometer leben. Viele der Familien der Geflüchteten stammen aus Gaza. Sie besitzen keine jordanische Staatsbürgerschaft, sondern lediglich einen Ausweis, der regelmäßig erneuert und bezahlt werden muss. Im Libanon leben schätzungsweise 200 000 Palästinenser*innen. Viele wohnen dort seit Generationen und haben dennoch keine libanesische Staatsbürgerschaft. Sie dürfen keine Immobilien besitzen und sind von bestimmten Berufsfeldern wie Medizin, Recht oder Ingenieurwissenschaften ausgeschlossen.

Forderung 3: Anerkennung der „Rechte der palästinensischen Flüchtlinge, in ihre Heimat und zu ihrem Eigentum zurückzukehren"
Als Drittes fordert BDS ein Rückkehrrecht für Palästinenser*innen, die während des Unabhängigkeitskrieges 1948 vertrieben wurden. Auf den ersten Blick wirkt das unverfänglich, doch würde dieser

Forderung nachgegeben, wäre das das Ende des jüdischen Staates. Rund 700 000 Palästinenser*innen verließen 1948 ihre Heimat, nachdem die Arabische Liga den UN-Teilungsplan für einen jüdischen und einen arabischen Staat ablehnte und ihre Armeen den jungen israelischen Staat am Tag nach seiner Gründung angriffen. Sie flohen oder wurden vertrieben, teils gewaltvoll von der israelischen Armee und paramilitärischen Organisationen. „Nakba" (arabisch für „Katastrophe") nennen Palästinenser*innen diese Vertreibung. Gleichzeitig sind Palästinenser*innen die einzige Gruppe weltweit, die den Flüchtlingsstatus vererbt. Aus den ursprünglichen 700 000 Menschen sind seit 1948 dadurch fünf Millionen geworden. Israel hat allerdings nur etwa neun Millionen Einwohner*innen, von denen etwas mehr als sechs Millionen jüdische Israelis sind. Würden alle Geflüchteten – die ohnehin mittlerweile auf der ganzen Welt verteilt sind – ins Kernland Israel zurückkehren, wäre der jüdische Staat Geschichte.

Die Forderung von BDS hat aber sowieso nur sehr wenig mit der Realität zu tun. Explizit beziehen sich die Aktivist*innen auf die UN-Resolution 194. Die garantierte 1948 ein Rückkehrrecht im Falle eines Friedensvertrages. Ein solcher Vertrag kam allerdings nie zustande, während die umliegenden arabischen Staaten die Resolution ohnehin ablehnten. Die Forderung nach einem uneingeschränkten Rückkehrrecht ist gleichzeitig ein Beleg dafür, dass die BDS-Bewegung die tatsächlich existierenden Bedürfnisse von Palästinenser*innen wenig kümmert. Umfragen zeigen, dass eine Mehrheit der Israelis einem Rückkehrrecht in die besetzten Gebiete zustimmen würde, genauso wie Entschädigungen. Das reicht BDS allerdings nicht. Kompromisse schließt die Bewegung aus. Zulasten derjenigen, denen sie angeblich helfen will.

Nur selten hat der Israelhass der Bewegung Konsequenzen. Im Fall der Aktivist*innen, die an der Humboldt-Uni die Shoah-Überlebende niederbrüllten – in der Szene sind sie mittlerweile analog zu amerikanischen Bürgerrechtsaktivist*innen als „Humboldt Three" bekannt – ist allerdings ein Urteil gefallen. Der Prozess sollte zu einem „Tribunal gegen Israel" werden. Das ist nicht gelungen. Eine der Aktivist*innen wurde wegen Körperverletzung zu 450 Euro Strafe oder 30 Tagen Gefängnis verurteilt.

Antisemitismus und Intersektionalität

Riv Elinson

Intersektionalität – ein Begriff, der besonders in emanzipatorischen Szenen in aller Munde ist. Es finden intersektionale Festivals statt, intersektionale Podiumsdiskussionen, intersektionale aktivistische Gruppen bilden sich und in den Universitäten werden Seminare zu Intersektionalität durchgeführt. Doch immer mehr jüdische Stimmen, darunter zum Beispiel die Gruppe „Jüdisch & Intersektional", merken an, dass jüdische Menschen in intersektionalen Analysen nicht mitbedacht werden, stattdessen werden sie – und damit auch das Thema Antisemitismus – aus solchen Gruppen ausgeschlossen. Warum ist das so? Und was ist Intersektionalität überhaupt?

Der Ursprung der Intersektionalität liegt in der politischen Praxis von Schwarzen Feminist*innen der USA und ihrer Kritik an weißen feministischen Bewegungen. So fokussieren sich die amerikanischen Suffragetten, die sich für das Frauenwahlrecht einsetzten, Anfang des 20. Jahrhunderts auf die Belange weißer Frauen und deren Gleichstellung zu weißen Männern. Die Frauenrechtlerin Susan B. Anthony sagt damals: „I have but one question, that of equality between the sexes – that of the races has no place on our platform." Es gehe lediglich um die Gleichheit der Geschlechter, aber nicht um Rassismus. Dabei ignoriert Anthony nicht nur die Rolle von weißen Frauen in der Aufrechterhaltung der Sklaverei, sondern schließt gleichzeitig Schwarze Frauen oder Frauen of Colour aus ihrem Feminismus aus. Es ist ein rassistischer Feminismus.

Dagegen wehrt sich die Schwarze Suffragette Sojourner Truth in ihrer Rede „Ain't I a Woman?" und stellt fest, dass sowohl Rassismus als auch Sexismus nur gemeinsam bekämpft werden können und nicht gegeneinander ausgespielt werden sollten. In folgenden Jahren gibt es noch viele weitere Schwarze Feminist*innen, die ähnliche Kritik äußern. Nicht zuletzt Kimberley Crenshaw, die den Begriff Intersektionalität prägt. Auch Crenshaw kritisiert den Rassismus in Frauenbewegungen und den Sexismus in Schwarzen Befreiungsbewegungen. Doch sie fügt dem eine wichtige Analyse hinzu. Sie zeigt mithilfe des Begriffs, dass die Diskriminierung von Schwarzen Frauen gesellschaftlich unsichtbar gemacht wird, und stellt fest, dass Unterdrückungsformen (wie Rassismus, Sexismus, Ableismus usw.) an ihren Intersektionen verstärkt wirken und sich komplex miteinander verbinden. Crenshaw analysiert als Beispiel ein Verfahren gegen General Motors von 1976. Dem Unternehmen wurde vorgeworfen, Schwarze Frauen bei Entlassungen nach Dauer der Betriebszugehörigkeit zu diskriminieren. Das Gericht wies die Klage ab: Schwarze Frauen – fünf hatten geklagt – seien keine geschützte Gruppe, die diskriminiert werden könne. Diskriminiert werden könne nur wegen eines Faktors: *race* oder Geschlecht, aber nicht der Kombination davon.

Der Kampf für eine gerechtere Welt muss allerdings alle Achsen der Unterdrückung auf dem Schirm haben. Dazu gehört immer die Perspektive von Betroffenen.

Heute wird Intersektionalität in vielen verschiedenen Kontexten verwendet und unterschiedlich definiert, doch ursprünglich ist der Begriff eine Kritik an eindimensional denkenden sozialen Bewegungen. Deshalb verbreitet sich Intersektionalität als Prinzip besonders in den 1990er Jahren innerhalb selbstorganisierter Bündnisse zwischen unterschiedlich von Rassismus betroffenen Feminist*innen. Auch in Deutschland bilden sich erste intersektionale Bündnispolitiken in den 1980er und 1990er Jahren, begünstigt durch die Auswirkungen des Mauerfalls. Denn während das wiedervereinigte Deutschland in großen Teilen der deutschen Mehrheitsbevölkerung nationalistische Gefühle auslöst, gibt es immer mehr Menschen, denen abgesprochen wird, deutsch zu sein: zum Beispiel Rom*nja und Sinti*zze, Schwarzen Menschen, jüdischen und asiatischen Menschen, Muslim*innen, Migrant*innen.

Das zeigt sich auch in feministischen Bewegungen. So berichtet Maria Baader von der lesbisch-jüdischen Gruppe Schabbeskreis, dass „allein unsere Anwesenheit und unser Wunsch, als jüdische Frauen wahrgenommen zu werden, schon eine Provokation waren". Gerechtfertigt wird diese Aggressivität unterschiedlich. Es sei schon genug über den Holocaust gesprochen worden und es werde Zeit, andere Themen in den Vordergrund zu stellen. Alice Schwarzer schreibt 1988 in der *Emma*: „Die Hexenverfolgung ist ein Teil unserer Geschichte, und zwar ein ganz besonders schmerzlicher, dramatischer Teil: Die Hexenverfolgungen sind sozusagen der Holocaust der Frauen." Der Text ist bis heute auf der Website des Magazins abrufbar und wurde zuletzt 2014 im Rahmen eines Dossiers über Hexen wiederveröffentlicht.

Andere behaupten, der Nationalsozialismus sei die extremste Form des Patriarchats gewesen, und stilisieren Frauen zu den wahren Opfern des NS-Regimes. Für wieder andere ist das Judentum der Ursprung des Patriarchats, da es als älteste der abrahamitischen Religionen weiblichen Polytheismus ausgelöscht und mit Gewalt Monotheismus durchgesetzt habe. Das Judentum wird nicht nur zur Ursache der Unterdrückung der Frau und des Sexismus in der Gesellschaft erklärt, sondern jüdische Menschen – als seine Vertreter*innen – werden implizit verantwortlich gemacht für die Shoah.

Privilegiert aufgrund von Unsichtbarkeit?

Rassismus und Antisemitismus weißer Feminist*innen werden besonders auf den Bremer Frauenwochen 1989 deutlich. Die Veranstaltungen sollen ein Ort sein, an dem Frauen kämpfen lernen und sich über gesellschaftspolitische Themen in Bezug auf Frauenrechte austauschen. Schwarze, jüdische und Feminist*innen of Colour nehmen teil. Als sie von weißen mehrheitsdeutschen Frauen rassistisch und antisemitisch angefeindet werden, schließen sie sich zusammen und organisieren eine eigene Veranstaltung. Es soll ein Raum für Selbstermächtigung werden – ein feministischer Ort, mit einer klaren antirassistischen Haltung.

Doch die Präsenz von Jüdinnen löst Empörung aus. Es kommt zu Diskussionen auf der „Tagung von/für ethnische und afro-deutsche Minderheiten", ob „weiße Jüdinnen" als Bündnispartnerinnen gelten können. Das Argument: Sie hätten Privilegien aufgrund ihrer Unsichtbarkeit. Daraufhin bilden sich zwei Lager. Eines, das eine Zusammenarbeit mit „weißen Jüdinnen" ablehnt, und eines, das auf die Verflechtung zwischen Rassismus und Antisemitismus im deutschen Kontext verweist. Es gibt noch einen Folgekongress, an dem jüdische Menschen teilnehmen dürfen, der aber auch nicht konfliktfrei verläuft. Die Trennung zwischen jüdischen Menschen und anderen rassifizierten Gruppen verstärkt sich über die folgenden Jahre. Und so geraten jüdische Feminist*innen in eine seltsame Position, in der sie sowohl von weißen als auch von intersektionalen feministischen Bewegungen ausgeschlossen werden.

Deutlich wird, dass viele Zuschreibungen über jüdische Menschen existieren, die sich gegenseitig widersprechen. So nehmen sie scheinbar mit dem Sprechen über die Shoah zu viel Raum ein oder werden gleich für die Shoah verantwortlich gemacht. Gleichzeitig wird offenbar angenommen, dass jüdische Menschen nicht (mehr) existieren. Dies zeigt sich in Sprüchen wie „Du bist die erste Jüdin, die ich kennenlerne". Oder wenn im Supermarkt, im Fitnessstudio, auf der Arbeit alle nur frohe Weihnachten wünschen. Oder wenn jüdische Schüler*innen dazu gezwungen werden, Konzentrationslager zu besichtigen, die Verantwortlichen jedoch nicht darauf vorbereitet sind, dass manche große Teile ihrer Familie im Nationalsozialismus verloren haben.

Jüdische Menschen gelten einerseits als minderwertig und andererseits als privilegiert, sogar übermächtig. Sie sind weiß und sie sind nicht weiß. In intersektionalen Bewegungen ist das ein Grund für ihren Ausschluss.

Schwarz, weiß, jüdisch

Weiß bezieht sich auf mehrere phänotypische Merkmale von Menschen, wie zum Beispiel helle Hautfarbe. Weiß zu sein hat jedoch auch etwas mit Rassifizierung zu tun. Rassifizierung bezeichnet die Konstruktion von „Rassen", indem Menschen kategorisiert, homogenisiert und hierarchisiert werden. Der Begriff macht darauf aufmerksam, dass es keine biologischen „Menschenrassen" gibt.

Weiß zu sein ist keine biologische Realität, sondern eine soziale Kategorie und somit menschengemacht und historisch gewachsen. Anders als die Kategorisierung von Menschen als Schwarz oder asiatisch wird weiß als Kategorie jedoch nicht wahrgenommen, sondern gilt als Norm. Der Ursprung dieser Normierung geht zurück auf den Kolonialismus. Die internationalen Kolonialherren benötigten eine Doktrin, um ihre Kolonialverbrechen und die damit zusammenhängende Versklavung von Menschen zu rechtfertigen. Sie selbst bezeichnen sich als am höchsten entwickelte „Rasse" – ob sie nun ursprünglich aus Deutschland, dem Vereinigten Königreich, Frankreich, Belgien oder einer der anderen Kolonialmächte stammen – und als Kultur mit dem höchsten Zivilisationsstand. Daraus ergibt sich geradezu die Pflicht, andere Menschen und Kulturen zu „zivilisieren". Diese Rechtfertigungsdoktrin ist das, was wir als Rassismus verstehen, und hat bis heute Auswirkungen in der Gesellschaft. Was jedoch oftmals in Diskursen über Rassismus vergessen wird, sind die Wurzeln des Kolonialrassismus im europäischen Christentum – mit Inquisition, Kreuzzügen und Pogromen gegen jüdische und muslimische Menschen.

Christlich zu sein war ein grundlegender Bestandteil dessen, was später unter „weiß" verstanden wurde. Denn „Rasse" und Religion bauten aufeinander auf. Beispiel Spanien: Der Begriff *raza* (Rasse) und die Überzeugung, dass kulturelle Eigenschaften durch jüdisches Blut weitergegeben werden, tauchen simultan im mittelalterlichen Spanien auf. Während der Reconquista werden hunderttausende jüdische Menschen aus Spanien vertrieben oder dazu gezwungen, zum Christentum zu konvertieren. Dadurch entsteht eine neue soziale Gruppe, die der *conversos* („Neue Christen"). „Rasse" als Begriff dient nun dazu, jüdischen Menschen die Möglichkeit zu entziehen, ihr Judentum „abzulegen". Es ist der Versuch, ein homogenes christliches Volk zu schaffen. Jüdische Menschen werden rassifiziert und damit von der „Norm" abgetrennt, ein Mechanismus, der sich auch im Kolonialrassismus widerspiegelt.

Weiß zu sein bedeutet wiederum, nicht rassifiziert zu werden. Weiße Menschen werden nicht als Teil einer Gruppe, sondern als Individuen gesehen, sie gelten als objektiv. Das trifft auch auf Menschen zu, die weiß aussehen oder für weiß gehalten werden. Sie haben bessere Chancen auf dem Wohnungs- und Arbeitsmarkt, sie fallen nicht auf, sie erfahren keinen Alltagsrassismus und sie haben mehr Chancen, nationale Grenzen zu überschreiten. Deshalb war es für Schwarze Menschen schwieriger, vor dem russischen Angriffskrieg gegen die Ukraine zu flüchten. Sie wurden an den Grenzen aufgehalten oder zurückgedrängt, während weiße Menschen passieren konnten.

Doch Aussehen ist nicht der einzige Marker, der Rassifizierung ausmacht. Auch manche People of Colour sehen weiß aus. Aber sowohl ihnen als auch weiß aussehenden jüdischen Menschen kann der Status des Weißseins abgesprochen werden, sobald sie „entdeckt" werden. Wenn das passiert, befinden sich jüdische Menschen in Deutschland in Gefahr. Im September 2022 wird ein Mann in einer Berliner S-Bahn verbal und körperlich attackiert. Er hatte sich auf Hebräisch unterhalten und Kleidung getragen, die ihn als Juden erkennbar machte. Übergriffe wie dieser sind ein Grund dafür, dass jüdische Menschen das Tragen von religiösen Symbolen in der Öffentlichkeit vermeiden oder niemandem davon erzählen, dass sie jüdisch sind.

Von nichtweiß zu hyperweiß

Wer jüdische Menschen als weiß bezeichnet, macht damit die unterschiedlichen jüdischen Ethnien unsichtbar: Aschkenasim, Sephardim, Mizrachim, Beta Israel. Es gibt Schwarze, arabische, bucharische, asiatische und krimsche jüdische Menschen, die nicht als weiß wahrgenommen werden. Zugleich wird der kulturelle Kontext vergessen, weshalb manche jüdischen Menschen in den USA als weiß gelten, doch als jüdisch wahrgenommen werden, wenn sie nach Osteuropa oder Russland gehen. In Russland werden jüdische Nachnamen viel eher identifiziert und können für Betroffene zu Ausschlüssen führen oder sie in Gefahr bringen. Um sich davor zu schützen und die „Judenquote" der Moskauer Universität zu umgehen, änderte meine Familie daher ihren Nachnamen.

Aber überhaupt: Warum ist es in so vielen vermeintlich progressiven Räumen so wichtig, jüdische Menschen als weiß zu verstehen? Nach dem Rechtswissenschaftler David Schraub liegt es an der Funktionsweise von Antisemitismus. Denn Antisemitismus und Rassismus ähneln sich in vielerlei Hinsicht. Die Betroffenen werden entindividualisiert, sie werden mit Tieren verglichen oder ihnen werden unterschiedliche Abstufungen von Unzivilisiertheit zugeschrieben. Beim Antisemitismus kommt jedoch eine Überhöhung dazu – die Überzeugung, jüdische Menschen seien übermächtig und würden für alles Übel der Welt Verantwortung tragen. Deswegen hängen Antisemitismus und Verschwörungsmythen so eng zusammen.

Die Vorstellungen, dass eine kleine Gruppe für die Unterdrückung der Welt verantwortlich ist, passt zu historisch gewachsenen Bildern über jüdische Menschen. Der entscheidende Unterschied zu Rassismus ist die Idee „der Juden" als Unterdrücker und nicht als Unterdrückte. Der Historiker Moishe Postone schreibt schon 2006 in einem Aufsatz über antikapitalistische Bewegungen: „Anti-Semitism, consequently, can appear to be antihegemonic [...] the expression of a movement of the little people against an intangible, global form of domination." Antisemitismus als Befreiung der „kleinen Leute" vom übermächtigen, gesichtslosen Kapitalismus.

Schraub geht jedoch einen Schritt weiter: Wenn die Idee von jüdischen Menschen als Weißen mit den antisemitischen Vorstellungen einer jüdischen Übermacht zusammenkommt, ist das Konzept „hyperweiß" das Ergebnis. „Hyperweiße" jüdische Menschen seien demzufolge nicht nur privilegiert, sondern hätten noch mehr Privilegien als Weiße. „Normale" Weiße würden durch jüdische Menschen unterdrückt. Rechtsextreme haben diese Vorstellung zum Teil ihrer Ideologie gemacht, der zufolge jüdische Menschen am „Großen Austausch" arbeiten würden – ein Begriff, der durch den rechtsextremen französischen Autor Renaud Camus geprägt wurde („Le grand remplacement"). Auch der Attentäter von Halle, der an Yom Kippur 2019 eine Synagoge stürmte und die Gemeinde ermorden wollte, machte jüdische Menschen als Verantwortliche für eine angebliche „Islamisierung" aus.

Ist Jüdischsein das gleiche wie Weißsein?

Aber die Debatte um weiße jüdische Menschen hat noch einen anderen Effekt: Jüdischsein wird in das Konzept des Weißseins integriert oder sogar komplett davon eingenommen. Dies zeigt sich bei Begriffen wie „christlich-jüdische" Wurzeln, Traditionen oder Werte, die in Deutschland gerne dazu genutzt werden, um sich vom Islam abzugrenzen. Auf welche Tradition wird sich berufen? Auf die Ghettoisierung und systematische Ermordung von jüdischen Menschen? Auf den christlichen Antijudaismus des Mittelalters und den Antisemitismus der Neuzeit? Oder ist mit der gemeinsamen Tradition das Feiern von Festen gemeint? In Deutschland jedenfalls haben jüdische Menschen keinen Anspruch auf einen freien Tag an Yom Kippur oder Rosh Hashana. An den Weihnachtsfeiertagen sind aber alle Läden geschlossen. Auch von gleichen Werten kann kaum die Rede sein in einem Land, das Abtreibungen kriminalisiert. In den meisten Auslegungen des Judentums beginnt das Leben nicht bei der Befruchtung: Abtreibungen sind in der Regel erlaubt und werden in manchen Fällen als erforderlich angesehen. Das Argument der jüdisch-christlichen Werte wird trotzdem verwendet, um sich für das Verbot von Abtreibungen auszusprechen.

Auch macht die Vorstellung, dass das Judentum oder jüdische Menschen schon im Christentum mitgedacht werden, jüdische Perspektiven unsichtbar und stärkt eine christliche Vorherrschaft. Es ist die Begründung dafür, sich nicht mit jüdischen Werten, Festen, Traditionen und Menschen auseinanderzusetzen und jüdische Perspektiven nicht miteinzubeziehen. Diese Vorstellungen haben gesamtgesellschaftlichen Einfluss auf Diskurse, weshalb jüdische Menschen auch in linken Diskursen als Teil der hegemonischen weißen Geschichte, Tradition und Kultur angesehen werden. So berichtet die jüdische Feministin Joy Antler, dass auf einer Konferenz mit Schwarzen, lateinamerikanischen und irisch-katholischen Frauen gesagt wurde: „There is nothing that differentiates them from the ruling majority. There is no reason to treat them [the Jews] as a specialized minority or devote any of our time to their particular experience." Es gebe nichts, was jüdische Menschen von der herrschenden Klasse unterscheide, und damit auch keinen Grund, sie als schützenswerte Minderheit zu betrachten.

Jüdische Menschen seien demnach im Wesentlichen weiß, deshalb sei schon genug über sie gesprochen worden – und ebenso sei auch über die Shoah schon genug gesprochen worden. Denn in dieser Argumentation werden jüdische Menschen als privilegiert wahrgenommen und die Shoah wird als Teil weißer Geschichte angesehen und eingeordnet. Die Kontinuität von Antijudaismus und Antisemitismus, die Geschichte jüdischen Widerstandes und die Perspektiven von sephardischen, mizrachischen und anderen jüdischen Menschen sowie Antisemitismus außerhalb der Shoah werden gänzlich ignoriert.

Es darf nicht vergessen werden, dass die Unsichtbarkeit von jüdischen Feiertagen, Perspektiven, Wertevorstellungen und von jüdischen Symbolen in der Öffentlichkeit ein Produkt der historischen Auslöschung von jüdischen Menschen sowie des gegenwärtigen Antisemitismus ist. Die Erfahrung von jüdischen

Menschen ist keine weiß-christliche. Die jüdische Queerfeministin Debora Antmann schreibt in einem Artikel für *Missy Magazine*, dass das „versehentliche Vergessenwerden", die „Unsichtbarkeit", ein Märchen sei: „Wir sind nicht unsichtbar. Wir werden ausgeblendet. Es wird aktiv so getan, als würden wir nicht existieren." Gleichzeitig seien jüdische Menschen nie unsichtbar: Habitus, Sprache und andere Kleinigkeiten ließen bei weiß-christlich sozialisierten Deutschen sofort den „Mit-der*dem-stimmt-was-nicht-Radar" anspringen, so Antmann weiter.

Intersektionalität ohne jüdische Menschen

Antisemitismus ist historisch gewachsen und weiterhin tief in unserer Gesellschaft verankert. Er führt auch dazu, dass jüdische Menschen unsichtbar gemacht werden. Gleichzeitig hängt er mit einer Hypervisibilität zusammen, wenn hinter jedem Weltereignis eine jüdische Verschwörung vermutet wird. Intersektionalität als Analysewerkzeug kann dabei helfen, die problematischen Intersektionen von Weißsein und Jüdischsein und die verschiedenen Wirkungsweisen von Antisemitismus offenzulegen. Jedoch gibt es bis heute kaum wissenschaftliche Auseinandersetzungen zu diesem Thema.

In der Realität werden jüdische Menschen und ihre Erfahrungen derzeit sowohl in weißen als auch in BIPoC-Gruppen – also Gruppen von Schwarzen Menschen, People of Colour und Indigenous People – unsichtbar gemacht. Dies führt dazu, dass jüdische Menschen aus vielen politischen Bewegungen ausgeschlossen werden. Jüdische Perspektiven werden nicht gehört. Dieser Zustand ist jedoch nicht in Stein gemeißelt. Es gibt intersektionale Organisationen, Veranstaltungen und Räume, in denen Antisemitismus zum Thema gemacht wird, und Räume für People of Colour, die auch jüdische Menschen inkludieren. Antisemitismuskritik und Antirassismus werden immer öfter zusammengedacht und es entstehen mehr Möglichkeiten zur Zusammenarbeit. Nur so kann nachhaltig sowohl Antisemitismus als auch Rassismus bekämpft werden. Doch dieses Zusammendenken ist alles andere als konfliktfrei.

Juden und Klasse

Ruben Gerczikow und Monty Ott

Erinnerung an die Schulzeit: Während alle in der Cafeteria anstehen, um sich mit dem täglichen Bedarf an Süßigkeiten und Brezeln einzudecken, kommt ein Mitschüler und sagt: „Gib mal was aus. Ihr Juden habt doch eh alle Geld." Da dieser Chuzpe nicht nachgekommen wird, sieht der Mitschüler direkt das nächste antisemitische Stereotyp vom „geizigen Juden" bestätigt.

Juden und Geld gehören im Antisemitismus zusammen, doch mit der Realität in Deutschland hat das nur wenig zu tun. Aber Geld bedeutet auch Klasse. Die vermeintliche Zugehörigkeit von Jüdinnen*Juden zu „denen da oben" macht sie zum Ziel einer vorgeblich progressiven, am Ende aber nur verkürzten Kapitalismuskritik. Jüdinnen*Juden werden aus progressiven Räumen ausgeschlossen. Dabei wäre es höchste Zeit für ein Umdenken und solidarische Bündnisse.

Antisemitismus findet nicht nur in der Schulcafeteria statt. Eine Umfrage des American Jewish Committee (AJC) in Berlin unterstreicht, was längst allen klar sein sollte und es doch nicht ist: Antisemitismus ist ein gesamtgesellschaftliches Problem. Er findet sich in jedem sozialen und politischen Umfeld – auch im linken Spektrum. Zwischen Dezember 2021 und Januar 2022 untersuchte das Institut für Demoskopie Allensbach im Auftrag des AJC unter anderem antisemitische Einstellungen bei den Anhänger*innen der im Deutschen Bundestag vertretenen Parteien. Das wenig überraschende Ergebnis: Die Unterstützung einer (demokratischen) Partei führt nicht automatisch zur Immunität gegenüber antisemitischen Denkweisen oder Stereotypen. Fast jede*r vierte CDU/CSU- und Grünen-Anhänger*in stimmt der Aussage zu: „Juden sind reicher als der Durchschnitt der Deutschen." Bei der SPD sind es 27 Prozent der Befragten. Bei den Anhänger*innen der FDP stimmen 36 Prozent zu und bei der Linkspartei 40 Prozent. Nicht ganz unerwartet: Bei der AfD ist es knapp die Hälfte.

Der Blick auf die Gesamtbevölkerung ist nicht minder besorgniserregend. Denn die Befragung stellt auch die Verankerung gewisser Stereotype fest: „So meinen 23 Prozent, dass Juden zu viel Macht in der Wirtschaft und im Finanzwesen haben. Jeweils 18 Prozent sehen einen zu großen Einfluss von Juden in der Politik oder in den Medien. Und immerhin elf Prozent teilen die Auffassung, dass Juden für viele Wirtschaftskrisen verantwortlich seien", berichten die Studien-Autor*innen.

Schauen wir uns nun an, wie die Geschichte um das Zuviel an Macht in der Finanzbranche unter den Anhänger*innen der demokratischen Parteien verbreitet ist, kommen wir zu einem bemerkenswerten Ergebnis: Während sich die Werte von CDU/CSU, SPD, FDP und Grünen um den Durchschnittswert der Bevölkerung sortieren, liegt er bei den Anhänger*innen der Linken mit 27 Prozent deutlich darüber. Bei der Frage, ob „Juden [...] zu viel Macht in der Politik" haben, liegen alle anderen demokratischen Parteien unter dem Durchschnittswert, nur Anhänger*innen der Linken bei 23 Prozent. Ähnlich verhält es sich bei der Frage, ob „Juden [...] zu viel Macht im Bereich der Medien" haben: Hier liegen die Anhänger*innen von sowohl FDP (23 Prozent) als auch Linkspartei (24 Prozent) deutlich über dem Bevölkerungsschnitt.

Dass es ausgerechnet unter Anhänger*innen der Linkspartei anscheinend eine Nähe zu antisemitischen Stereotypen gibt, die mit ökonomischen Vorstellungen verknüpft sind, ist weniger paradox, als man zunächst vermuten mag. Vorstellungen von „jüdischer Macht", von „jüdischem Reichtum", von „Ostküstenbankern" oder

„Finanzeliten" sind in der politischen Linken und progressiven Gruppen in unterschiedlichen Varianten anzutreffen, weit über die Linkspartei hinaus. Sie werden häufig, auch aufgrund sozialer Erwünschtheit, chiffriert: struktureller Antisemitismus. Denn auch wenn „der Jude" nicht offen als Feindbild benannt wird, greift gerade die Kritik an bestehenden Macht- und Herrschaftsverhältnissen sowie am Kapitalismus immer wieder auf tradierte antisemitische Bildsprache zurück.

Marx und die „Judenfrage"

Manche Konservative behaupten gern, dass die antisemitische Tradition linker Gruppen auf Karl Marx selbst zurückgehe. Marx sei Antisemit gewesen, und so sei es kein Wunder, dass alle Bewegungen, die sich auf sein Denken berufen, ebenfalls antisemitisch sind.

Doch ist es wirklich so einfach? Der Arbeitskreis „Stalin hat uns das Herz gebrochen" der Naturfreundejugend Berlin hat in seinem gleichnamigen Buch Marx' Text „Zur Judenfrage" in den Blick genommen. Entstanden in der Frühphase der Beschäftigung mit der politischen Ökonomie, lassen sich tatsächlich, so schreibt der Arbeitskreis, „einige Formulierungen [finden], in denen er den Egoismus und das Geld als zentrale Probleme der bürgerlichen Gesellschaft beschwört". Diese Formulierungen von Marx wiesen eine „zumindest strukturelle Affinität zum modernen Antisemitismus" auf. Doch die These, dass dieser Text „zentraler Ausgangspunkt für linken Antisemitismus" sei, kann bei genauerer Betrachtung nicht aufrechterhalten werden, wie der Soziologe Thomas Haury erklärt: So würden „alle Bestimmungsmomente des modernen Antisemitismus" fehlen, zum Beispiel, dass „der Jude" oder „das Judentum" die Verantwortung für „Geld" und „Schacher" tragen würden oder gar die bürgerliche Gesellschaft hervorgebracht hätten. Weder „personifiziert der Jude die Moderne noch behauptet Marx eine jüdische Weltverschwörung".

Wer sich mit der Kritik der politischen Ökonomie beschäftige, so betont es der Arbeitskreis, könne feststellen, dass die

Marx'sche Analyse der bürgerlichen Gesellschaft und kapitalistischen Ökonomie „der Mystifizierung und Personalisierung dieses Herrschaftsverhältnisses entgegen[wirke]". Sie entfalte, so bemerkt der Soziologe Detlev Claussen, dass es sich um „ein unpersönliches ökonomisches Prinzip" handelt. Der Antisemitismus verkehrt diese Tatsachen: Das „Jüdische" wird zur Chiffre und die Ideologie selbst zu einem emotionalen und kognitiven System der Weltdeutung, für das die Personalisierung zentral ist. Die abstrakte Herrschaft wird auf konkrete Akteur*innen projiziert, die stellvertretend für das große Ganze vernichtet werden sollen.

Heute treffen diese antisemitischen Denkmuster auf strukturelle Unsichtbarkeit jüdischer Perspektiven und Erfahrungen in linken und progressiven Räumen. Davon berichten auch die Autor*innen Judith Coffey und Vivien Laumann. In ihrem 2021 erschienen Buch *Gojnormativität* kritisieren sie, dass die (queerfeministische) Linke die Beschäftigung mit der Geschichte, Ideologie, Wirkungsweise und den Folgen von Antisemitismus immer wieder vernachlässige, weil Antisemitismus oftmals mit der Shoah gleichgesetzt werde und aufgrund der (vermeintlich) ausgiebigen Thematisierung in der Schule ein diffuses Gefühl herrsche, „das alles" mehr als ausreichend bearbeitet zu haben. Die Autor*innen schreiben weiter: „Oder weil Antisemitismus unter Rassismus subsumiert und dadurch unsichtbar gemacht wird. Dazu kommt, dass das Unwissen über Antisemitismus selbst ein strukturelles Problem darstellt."

Es ist ein Widerspruch. Die Abgrenzung gegenüber dem Nationalsozialismus ist ein zentraler Bestandteil linker Selbstverständnisse in Deutschland. Gleichermaßen wird Antisemitismus nicht immer als solcher erkannt, benannt oder konsequent bekämpft. Antisemitismus scheint so lange akzeptabel zu sein, bis er ins Vulgäre umschlägt. Solange er sich als vermeintlich kritische Positionierung gegenüber Macht- und Herrschaftsverhältnissen oder als Analyse kapitalistischer Verhältnisse maskiert, ist er sogar fester Bestandteil mancher linken und progressiven Weltbilder. Weitgehend bekannt ist, dass israelbezogener Antisemitismus in der queeren, intersektionalen und antirassistischen Linken und weiteren emanzipatorischen Gruppen ein grundsätzliches Problem darstellt. Weit weniger bekannt ist, dass die (zuweilen auch als „Sozialismus der dummen Kerle" bezeichnete) verkürzte Kapitalismuskritik eine lange Tradition in der politischen Linken hat. Dass die von uns aufgeführten Stereotype nicht in der Wirklichkeit verankert sind, sondern es sich bei ihnen um das von Adorno einmal so bezeichnete „Gerücht über die Juden" handelt, zeigt der Blick auf jüdisches Leben in Deutschland heute.

Zwischen Reichtum und Armut: Projektion und Wirklichkeit

Ein Witz: Sitzen zwei Juden 1940 in New York auf einer Parkbank. Beide lesen Zeitung. Der eine hält ein jüdisches Blatt in der Hand und linst zu seinem Sitznachbarn. Erstaunt sieht er, dass dieser den *Stürmer* liest. Ungläubig fragt er ihn, warum. Der andere antwortet: „Schau dir an, was in deiner Zeitung steht: Wir werden verfolgt, wir werden deportiert, wir werden ermordet. Und dann schau in meine. Da steht: Wir sind reich, wir sind mächtig, uns gehört die Welt. Nu, da lese ich lieber meine Zeitung."

Die wirkmächtige Vorstellung, dass Jüdinnen*Juden reich seien, erfreut sich auch heutzutage noch großer Beliebtheit, doch die Literaturwissenschaftlerin und Shoah-Überlebende Ruth Klüger stellt in ihrer Autobiografie die zentrale Frage: „Warum hab ich mein Lebtag lang so viele arme Juden gekannt, wenn es so viel reiche geben soll?" Es ist ein gesamtgesellschaftliches Problem, dass die Vorstellung von Jüdinnen*Juden vor allem von solchen dominiert wird, die ökonomische oder kulturelle Ressourcen besitzen oder besaßen: Schriftsteller*innen, Politiker*innen, Unternehmer*innen, Künstler*innen, Journalist*innen, Philosoph*innen.

Den unaushaltbaren Widerspruch, der entsteht, wenn Judentum und Armut zusammenkommen, beschreibt die Journalistin Erica Zingher in einem Beitrag in Laura Cazés' Buch *Sicher sind wir nicht geblieben. Jüdischsein in Deutschland.* Hierzulande werde nur gerne über das jüdische Leben geredet, „wie es die deutsche Gesellschaft am liebsten hätte: mit Kippa und Klezmermusik. Verbindet man nun beide Themenfelder, Armut und Juden, entsteht eine Realität, die außerhalb der Vorstellungskraft vieler liegt: Arme Juden."

Das mussten insbesondere diejenigen Jüdinnen*Juden erfahren, die als sogenannte Kontingentflüchtlinge aus der ehemaligen Sowjetunion nach Deutschland einwanderten. Sie bilden heute die Mehrheit der Jüdinnen*Juden in Deutschland. Und die Zentralwohlfahrtsstelle der Juden in Deutschland (ZWST) berichtet, dass von den 220 000 Jüdinnen*Juden „ca. 70.000 jüdische Senior:innen unter der relativen Armutsgrenze [leben], darunter viele Holocaust-Überlebende". Von den im Rentenalter zugewanderten Jüdinnen*Juden beziehen heute 93 Prozent Grundsicherung. Das ist das Ergebnis politischer Fehler, wie die ZWST festhält: „Ursachen dafür sind vor allem Brüche in der Erwerbsbiografie durch die Nichtanerkennung ihrer Berufsabschlüsse und Arbeitsleistung vor der Migration. 69 Prozent der Zugewanderten, die vor 1954 geboren sind, haben einen akademischen Abschluss; in 78 Prozent der Fälle wurde er in Deutschland nicht anerkannt."

Hinter dieser Wahrnehmung verbirgt sich ein Machtverhältnis, das Walter Benjamin in seinen geschichtsphilosophischen Thesen beschreibt: „Schwerer ist es, das Gedächtnis der Namenlosen zu ehren als das der Berühmten." Keinen Platz gibt es in der Erinnerung für diejenigen, an denen man sich auch nach 1945 weiterhin schuldig gemacht hat. Oder für diejenigen, an die aufgrund von ideologischen Kontinuitäten nicht erinnert wird. Das Engagement queerer, widerständiger, kommunistischer und die Leben armer Jüdinnen*Juden stehen ebenso wenig im Fokus wie die heutige Lebenswirklichkeit der Mehrheit der Jüdinnen*Juden in Deutschland.

In vollkommener Ignoranz gegenüber diesen Tatsachen bekundet Deutschland öffentlich, dass jüdisches Leben ein „Geschenk" sei. Scheinbar eines, das man im Schrank verstauben lässt. Jüdisches Leben ist dann ein Geschenk, wenn man es für politische Profilierung oder die „Wiedergutwerdung" (Eike Geisel) instrumentalisieren kann. Dabei wäre es doch an der Zeit, wie Zingher betont, dass man auf „leere Worte, erschöpfte Phrasen" verzichtet und die vielen Jüdinnen*Juden in Armut finanziell absichert und ihnen das gibt, „was längst überfällig ist. Denn ja, Geschenke kosten."

Doch Diskurse über Klasse und Judentum spielen auch in dem politischen Spektrum kaum eine Rolle, das sich die Bekämpfung von Armut und intersektionaler Diskriminierung sonst groß auf die Fahne schreibt. Linke und emanzipatorische Bewegungen hatten schon immer das Ziel, eine Gesellschaft zu errichten, die auf der „Rechtsgleichheit der Verschiedenen" beruht, wie es der Historiker Volker Weiß beschreibt. Und doch erheben weder progressive Bewegungen noch linke Parteien es zur prominenten politischen Forderung, dass gerade das postnazistische Deutschland, von dem einst der millionenfache Raub und der systematische Mord an der jüdischen Bevölkerung ausging, politische Fehler der Vergangenheit korrigiert. Die prekäre Situation vieler Jüdinnen*Juden bleibt in der politischen Landschaft ein Nischenthema. Das ist der aktuelle Stand der historischen Verantwortung.

Eine*r muss ja schuld sein

Während einige Formen des Antisemitismus öffentlich wahrgenommen und diskutiert werden, herrscht weitverbreitete Unempfindlichkeit gegenüber bestimmten anderen Formen, zum Beispiel dem strukturellen Antisemitismus. Das ist eine offene Flanke, denn dass es eine Tradition der Kritik der Verhältnisse in dieser Gesellschaft gibt, die auf antisemitische Denkweisen fußt, ist kein Geheimnis. Bis heute wird versucht, diese Tatsache zu nutzen, um linke Bewegungen und ihre Kritik an den Verhältnissen pauschal zu delegitimieren und damit die gegenwärtigen Verhältnisse zu untermauern. Eher sollten die Widersprüche dieser Bewegungen dazu ermuntern, genauer hinzusehen und den Finger in die Wunde zu legen.

Sei es zur Finanzkrise 2008, bei den Protestbewegungen Occupy und Stuttgart 21, globalisierungskritischen Bewegungen, den Protesten der Coronamaßnahmen-Gegner*innen oder bei Klimaaktivist*innen: Die Reaktion auf globale Krisen und komplexe internationale Ereignisse ist die Suche nach konkreten Schuldigen. Sicher lassen sich manchmal Einzelpersonen finden, die auf die eine oder andere Weise eine gewisse Verantwortung tragen, doch solche Bewegungen und Kampagnen richten sich zumeist gegen Entwicklungen, für die es nicht den einen kleinen Kreis von Schuldigen gibt. Vielmehr sind sie Konsequenzen des Systems, in dem wir leben. Das zu verändern läge damit in unser aller Verantwortung. Insofern bietet die Projektion auf bestimmte Personengruppen eine Form der Entlastung.

Der moderne Antisemitismus werde durch eine „Kernstruktur" geprägt, die „mal mehr, mal weniger im Vordergrund" stehe, schreibt der Antisemitismusforscher Pavel Brunssen auf *Belltower. News*. Dazu gehöre eine Form antikapitalistischen Denkens, „die nicht den Kapitalismus abschaffen möchte, sondern die abstrakten gesellschaftlichen Strukturen auf einen Akteur projiziert, der dann stellvertretend als Personifikation dieser attackiert wird".

Und generell, so erklärt der Politikwissenschaftler Thomas Schmidinger in seinem Text „Struktureller Antisemitismus und verkürzte Kapitalismuskritik", sei die Entwicklung des modernen Antisemitismus fest mit der des Kapitalismus verflochten. So sei an die Stelle personaler Herrschaftsverhältnisse, etwa zwischen Herr und Knecht, eine scheinbare bürgerliche Gleichheit getreten, die jedoch keine materielle Gleichheit miteinschließt, sondern Hierarchien und Ungleichheiten weiter bestehen lässt. Die Auseinandersetzung mit dieser Form der Herrschaft bedarf vermehrter Abstraktionsfähigkeit. Aus dem „Nichtauffinden von Herrschenden bei gleichzeitiger Aufrechterhaltung von Herrschaft" werde geschlossen, dass sich die Herrschenden besser verstecken: Sie üben ihre Herrschaft in einer Art Geheimbund aus, der im Verborgenen die Fäden zieht. „Die offensichtlichen Widersprüche des Kapitalismus werden dann im Gegensatz zur analytischen Kritik eines Karl Marx nicht auf ein System als solches zurückgeführt, sondern auf eine böse Macht, die dieses System beherrschen soll, die konkret für alle Schändlichkeiten des Kapitalismus verantwortlich zu machen ist", so Schmidinger.

Der moderne Antisemitismus sei „die Unfähigkeit und Unwilligkeit, abstrakt zu denken und konkret zu fühlen", formuliert der Antisemitismusforscher Samuel Salzborn: „Das Denken soll konkret, das Fühlen aber abstrakt sein, wobei die nicht ertragene Ambivalenz der Moderne auf das projiziert wird, was der/die Antisemit/in für jüdisch hält." Und auch der Historiker Moishe Postone beschreibt anhand des Marx'schen Wertbegriffs den Widerspruch von Abstraktem und Konkretem, durch den das antisemitische Bewusstsein geprägt sei. Auf das „Jüdische" übertragen Antisemit*innen die Vorstellungen, die sie auch mit dem Abstrakten verbinden: „Jüdische Macht" zeichnet sich durch mysteriöse Unfassbarkeit, Universalität und Mobilität aus und wirkt immer durch einen Mittler.

Demos gegen den Klimawandel, Mieterhöhungen, Sozialabbau, die Folgen der Globalisierung: Sie alle sind geprägt von Vereinfachungen und Personalisierungen bis hin zur Dehumanisierung von politischen Gegner*innen oder Feind*innen. Die vermeintlichen 99 Prozent setzen sich gegen das „gierige" eine Prozent zur Wehr, das sich an der jeweiligen Krise bereichere. Man fantasiert davon, „Milliardäre hängen zu sehen", und konstruiert eine Mehrheit, die die „Zeche zahlt". Geld, schreibt der Soziologe Wolfram Stender, erscheine als „Manifestation des Abstrakten, dem die ‚Natur', das ‚Blut', der ‚Boden', die ‚Gemeinschaft', die ‚schaffende Arbeit' als das Konkrete gegenübergestellt werden".

Gemeinsamer Nenner mit Antisemit*innen?

Vor dem Hintergrund der dargestellten Probleme, also der Unsichtbarkeit jüdischer Betroffenheit von Klassismus und dem grassierenden regressiven Antikapitalismus, wird der Korridor für antisemitismuskritische linke und progressive Jüdinnen*Juden immer kleiner. Das gemeinsame Sprechen und solidarische Kämpfe gegen Antisemitismus und Rassismus werden immer häufiger dem kleinsten gemeinsamen Nenner geopfert. Allzu oft hört man in Bündnissen, man solle anerkennen, dass es eine große gemeinsame Bewegung gebe und es zugunsten der Mobilisierung dieser Massen notwendig sei, Kompromisse einzugehen und auch mal schwierige Haltungen in Kauf zu nehmen. Das bedeutet im Kern, dass zu Antisemitismus mindestens so lange Schweigen herrscht, wie Jüdinnen*Juden nicht offen adressiert werden. Wer Chiffren nutzt, Eliten, Milliardäre, Manager, Banker lynchen will oder Israel Apartheid oder nationalsozialistische Methoden vorwirft, muss allzu oft nicht um seinen Platz in linken Bündnissen fürchten.

Es ist notwendig, dass linke und progressive Bewegungen sich mit ihren eigenen Widersprüchen auseinandersetzen, sie offenlegen und diesen Prozess als Antrieb für Bildungsarbeit begreifen. Die wäre auch dringend notwendig, um tatsächlich die bestehenden Verhältnisse zu durchdringen, statt sie zu mystifizieren und zu personalisieren. Und dafür – man kann es gar nicht dramatisch genug ausdrücken – ist es höchste Zeit! Die radikale Rechte ist in vielen Ländern der Welt auf dem Vormarsch. Linke und emanzipatorische Bewegungen, die dieser Entwicklung etwas entgegensetzen wollen, sind dazu nur in der Lage, wenn sie sich von einfachen Antworten auf schwierige Fragen verabschieden, wenn sie Komplexität zulassen, Ambivalenzen und Widersprüche aushalten und der Frage nachgehen, welche Bedeutung Antisemitismus für das eigene Selbstbild hat.

Solange das nicht der Fall ist, wird es weiterhin zu strukturellen Ausschlüssen von Jüdinnen*Juden aus linken und emanzipatorischen Räumen kommen, wird es ihnen unmöglich gemacht, ihre Perspektiven in die Bewegungen einzubringen und somit dafür zu sorgen, dass sie tatsächlich jeden Menschen auf der ganzen Welt erreichen und eine Gesellschaft erschaffen können, in der man keine Angst zu haben braucht, verschieden zu sein.

Praxis

Kulturbetrieb

Konstantin Nowotny

Bereits vor knapp 900 Jahren müssen Juden als Sündenböcke für unerklärliche Ereignisse herhalten. Mitte des 12. Jahrhunderts schreibt der walisische Mönch Thomas von Monmouth ganze sieben Bände über das Leben und den gewaltsamen Tod eines William von Norwich, den er zum Heiligen erheben will. Der Mönch kennt besagten William nicht, er muss den Lebensweg erst recherchieren. Sicher ist er sich aber, dass der eines Tages tot aufgefundene Zwölfjährige von den ortsansässigen Juden gekauft und später zu Ostern gekreuzigt wurde – ganz, wie es sich für einen herbeigeschriebenen Heiligen gehört.

Beweise dafür gibt es keine, entsprechende Anklagen gegen die Juden der Stadt Norwich werden fallengelassen. Dennoch hat Monmouths Niederschrift eine verheerende Wirkung. Sie gilt als Ursprung der sogenannten Ritualmordlegende – ein Mythos, der Jüdinnen und Juden daraufhin jahrhundertelang verfolgen sollte.

Erwachsen aus falsch verstandenen christlichen Überlieferungen, lokalen Gerüchten und wahnhaften Fantasien ist das antisemitische Gerücht, „die Juden" würden Kinder ermorden und Blut trinken, aber auch in der modernen Zeit nicht aus der Welt zu schaffen. Noch während der NS-Herrschaft vor nicht einmal 100 Jahren dient die Dämonisierung jüdischer Menschen als Rechtfertigung für den antisemitischen Vernichtungsfuror. Die Nationalsozialisten greifen bestehende Mythen dankend auf, spinnen sie weiter, verbreiten sie in Bild und Schrift – mit dem gewünschten Effekt: Die „Volksgemeinschaft" fühlt sich bestätigt in einem diffusen Gefühl der Bedrohung und toleriert, was geschieht. Oder die Deutschen schreiten gleich selbst zu der Tat, die sie für moralisch richtig und notwendig hielten: dem Menschheitsverbrechen Shoah.

Auf der richtigen Seite wähnen sie sich, weil sie die Gerüchte und Bilder kennen: der Jude als raffgieriger Schacherer, als Blutsauger, als Parasit oder als Krake, welche die Welt umfasst und kontrolliert. Wer glaubt, dass diese jahrtausendealten Mythen heute als potenziell mörderischer Irrglaube dechiffriert wurden oder gar verschwunden sind, der wurde 2022 in Kassel eines Besseren belehrt. Auf der als weltweit bedeutendste Schau für zeitgenössische Kunst geltenden Ausstellung documenta taucht es wieder auf, das Gerücht, in Form eines stilisierten Juden mit dunklem Blick und blutigen Vampirzähnen. Wie ist es möglich, dass nur 80 Jahre nach dem Ende der Shoah ein solches Motiv ausgestellt und sogar verteidigt wird?

Auf der „documenta fifteen"

Um dieser Frage nachzugehen, lohnt sich ein Blick auf die Besonderheiten der im fünfjährigen Rhythmus ausgetragenen Kunstschau, bei der sich bis auf den Veranstaltungsort Kassel selten etwas gleicht. Auch das Konzept der fünfzehnten Ausgabe – Eigenschreibweise: „documenta fifteen" – unterscheidet sich von den vorangegangenen: Die künstlerische Leitung liegt nicht, wie sonst üblich, in den Händen international renommierter künstlerischer Direktor*innen, sondern wird vollständig an ein Kollektiv abgegeben.

Bereits die vorangegangene documenta 14 im Jahr 2017 sollte sich mit ihren dualen Austragungsorten Kassel und Athen laut Aussagen des künstlerischen Leiters Adam Szymczyk dem Opfer eines „neokolonialen und neoliberalen Schemas" widmen – gemeint war das damals krisengeschüttelte Griechenland. Aus ähnlichen Gründen entscheidet sich die Findungskommission 2019 für das indonesische Künstlerkollektiv ruangrupa. Mit ihm soll die Stimme des „Globalen Südens" – ein weniger wertender Begriff für die einst „Entwicklungs- und Schwellenländer" genannten Staaten – auf der Weltkunstschau Gehör finden.

Des Vorwurfs, dabei den „westlichen" Blick beizubehalten, entledigt man sich folgendermaßen: ruangrupa erhält die Mittel – laut eigenen Angaben lag das Budget der documenta fifteen bei 42,2 Millionen Euro – und hat ansonsten freie Hand. Bei ihrer Ernennung erklären die ruangrupa-Künstler Farid Rakun und Ade Darmawan: „Wir wollen eine global ausgerichtete, kooperative und interdisziplinäre Kunst- und Kulturplattform schaffen, die über die 100 Tage der documenta fifteen hinaus wirksam bleibt. [...] Wenn die documenta 1955 antrat, um die Wunden des Krieges zu heilen, warum sollten wir nicht versuchen, mit der documenta fifteen das Augenmerk auf heutige Verletzungen zu richten. Insbesondere solche, die ihren Ausgang im Kolonialismus, im Kapitalismus oder in patriarchalen Strukturen haben."

Gewirkt hat das, was ruangrupa planten, tatsächlich weit über die 100 Tage hinaus, und zwar schon im Vorfeld: Dass auf der documenta fifteen antisemitische Werke ausgestellt werden könnten, befürchtet Monate vor der Eröffnung das „Bündnis gegen Antisemitismus Kassel" (nachfolgend: BgA Kassel) auf seinem Blog. Bereits Anfang Januar 2022, knapp ein halbes Jahr vor der Eröffnung der Ausstellung, wird dort unter anonymer Urheberschaft geschildert, dass „mit Ada Darmawan und mit Farid Rakun antizionistische und israelfeindliche Protagonisten" ins Kurator*innenteam der Kunstausstellung geholt würden. Einige der Kurator*innen, so das BgA Kassel, unterstützten die antiisraelische Boykottkampagne BDS, ebenso wie Teile des documenta-Beirates. Der Zentralrat der Juden in Deutschland schreibt deswegen einen Brandbrief an Kulturstaatsministerin Claudia Roth – vergeblich. Nichtsdestotrotz erklärt noch im Januar 2022 der Bürgermeister der Stadt Kassel, Christian Geselle (SPD), in der Regionalzeitung *HNA*, ruangrupa hätten sich „klar und deutlich" gegen Antisemitismus positioniert. Zudem ergänzt er, die documenta fifteen habe „nicht allein die deutsche Sicht auf Vermittlung künstlerischer Positionen" zum Gegenstand.

Der weitere Verlauf der Debatte ist chaotisch, doch die Reihenfolge der Ereignisse ist für das nachfolgende Argument relevant. Daher folgt nun erst ein kurzer Überblick über die wichtigsten handelnden Charaktere und Institutionen, dann ein chronologisch geschildertes Drama in 15 Akten. Es treten auf:

▶ Die **Findungskommission**, ein achtköpfiges Gremium bestehend aus Künstler*innen, Kurator*innen und Kunstdirektor*innen, die eine künstlerische Leitung für die documenta fifteen finden sollen.

▶ **Sabine Schormann**, Generaldirektorin der documenta.

▶ **ruangrupa**, ein indonesisches Künstler*innenkollektiv, gegründet im Jahr 2000 und 2019 von der Findungskommission mit der künstlerischen Leitung der documenta fifteen beauftragt.

▶ **Taring Padi**, ein weiteres indonesisches Künstler*innenkollektiv, von ruangrupa zur Ausstellung seiner Werke auf der documenta fifteen eingeladen.

▶ **The Question of Funding**, ein palästinensisches Künstler*innenkollektiv, ebenfalls von ruangrupa berufen.

▶ Der **wissenschaftliche Beirat**, auch „fachwissenschaftliche Begleitung" genannt, ein siebenköpfiges Gremium bestehend aus Wissenschaftler*innen mit Expertise in den Bereichen Kunst, Antisemitismus und Postkolonialismus.

▶ **Dr. Meron Mendel**, Antisemitismusexperte und Direktor der Bildungsstätte Anne Frank.

Nun zum Hergang:

▶ Mai 2022: Nach andauernder Kritik kündigen ruangrupa unter dem Titel „We need to talk! Art – Freedom – Solidarity" mehrere Termine für eine Gesprächsreihe an, in der unter anderem die Antisemitismusvorwürfe diskutiert werden sollen. Wenige Tage vor dem ersten Termin wird die Gesprächsreihe abgesagt. Die documenta wolle „zunächst die Ausstellung beginnen und für sich sprechen lassen", ein Dialog sei vorerst „nur schwer umsetzbar".

▶ 18. Juni 2022: Die documenta fifteen wird eröffnet. Bundespräsident Frank-Walter Steinmeier wäre, entgegen der Tradition, beinahe ferngeblieben. Er entscheidet sich, zur Eröffnung zu kommen, weist in seiner Rede aber auf die Grenzen der Kunstfreiheit hin. Die Chefredakteurin des Kunstmagazins *Monopol*, Elke Buhr, empfindet Steinmeiers Rede als Skandal, da sie „die Antisemitismus-Vorwürfe einfach als berechtigt darstellte". Weiter heißt es von Buhr: „Nirgendwo auf dieser Ausstellung wird das Existenzrecht Israels in Frage gestellt. Es werden auch keine Juden diffamiert und herabgewürdigt."

▶ 20. Juni 2022: Mit einigen Tagen Verspätung wird das Bild „People's Justice" (2002) des indonesischen Künstlerkollektivs Taring Padi errichtet. Auf dem neun mal zwölf Meter großen Triptychon ist unter anderem eine Figur mit (traditionell religiös-jüdischen) Schläfenlocken zu sehen, die spitze Zähne hat und einen Hut mit SS-Runen trägt. Ebenfalls zu sehen ist eine militärisch gekleidete Figur mit Schweinsnase und einem Helm mit der Aufschrift „Mossad", dem Namen des israelischen Auslandsgeheimdienstes. Nachdem er die documenta im Vorfeld noch gegen Antisemitismusvorwürfe verteidigt hatte, nennt der Direktor der Bildungsstätte Anne Frank, Meron Mendel, die Motive „eindeutig antisemitisch" und fordert, das Bild abzuhängen. Die hessische Kunst- und

Wissenschaftsministerin Angela Dorn zeigt sich besorgt und erkennt „antisemitische Bildsprache", Kulturstaatsministerin Claudia Roth spricht von „antisemitischen Motiven" und fordert „Konsequenzen". Taring Padi und die Generaldirektorin der documenta, Sabine Schormann, entschuldigen sich für die „entstandenen Verletzungen" und wollen das Werk mit einer Abdeckung in ein „Denkmal der Trauer über die Unmöglichkeit des Dialogs im Moment" verwandeln. Auch das Werk „Harvesters Resting – Jean Francois Millet (1850)" aus der Serie „Guernica Gaza" (2010–2013) des palästinensischen Künstlers Mohammed al Hawajri, Teil der Gruppe The Question of Funding, gerät nach der Eröffnung der documenta in die Kritik. Der Antisemitismusforscher Stephan Grigat bezeichnet die Gegenüberstellung der Nazi-Kriegsverbrechen im spanischen Guernica mit der israelischen Besatzung des Gazastreifens als „Parade-Beispiel für einen Israel-bezogenen Antisemitismus", der Kunsthistoriker Andreas Mertin spricht von „palästinensischer Propaganda".

▶ 21. Juni 2022: „People's Justice" wird erst verhüllt und dann vollständig abgehängt. Zwei Tage später kündigt die Geschäftsführung der documenta fifteen in einer Pressemitteilung an, die gesamte, „auf 30.000 m² an 32 Standorten ausgedehnte Ausstellung" kritisch untersuchen zu lassen. Meron Mendel soll dafür Teil einer Expert*innenkommission werden.

▶ 24. Juni 2022: Taring Padi veröffentlichen ein Statement, in dem sie sich für die Rezeption ihres Werks entschuldigen: „Wir haben aus unserem Fehler gelernt und erkennen jetzt, dass unsere Bildsprache im historischen Kontext Deutschlands eine spezifische Bedeutung bekommen hat. [...] Als Kollektiv von Künstler*innen, die Rassismus jeglicher Art verurteilen, sind wir schockiert und traurig über die mediale Berichterstattung, die uns als antisemitisch bezeichnet." Sabine Schormann entschuldigt sich ebenfalls, lehnt aber einen Rücktritt als Generaldirektorin – wie ihn etwa das American Jewish Committee fordert – ab.

▶ 8. Juli 2022: Meron Mendel verlässt die Expert*innenkommission. Er vermisse „den ernsthaften Willen, die Vorgänge aufzuarbeiten und in einen ehrlichen Dialog zu treten".

▶ 16. Juli 2022: Sabine Schormann tritt von ihrem Amt als Generaldirektorin der documenta fifteen zurück. Ihre Position wird mit dem Kulturmanager und ehemaligen documenta-Geschäftsführer Alexander Farenholtz nachbesetzt.

▶ 29. Juli 2022: Der Zentralrat der Juden in Deutschland und das American Jewish Committee fordern einen vorzeitigen Abbruch der Kunstschau, die zu diesem Zeitpunkt noch knapp drei Monate laufen soll. Vorangegangen war der Fund einer Besucherin: Zeichnungen des Künstlers Burhan Karkoutly, die in einem Faksimile der Broschüre „Presence des Femmes" enthalten sind, zeigen entmenschlichte israelische Soldaten mit Hakennasen als Gewalttäter, die unter anderem Kinder bedrohen. Da es sich um Archivmaterial handele, werden die Zeichnungen bis zu einer „angemessenen Kontextualisierung" aus der Ausstellung entfernt.

▶ 1. August 2022: Der Aufsichtsrat und die Gesellschafter der documenta und Museum Fridericianum gGmbH, die Stadt Kassel und das Land Hessen stellen ein siebenköpfiges Gremium zur fachwissenschaftlichen Beratung – nachfolgend: Beirat – für die verbleibenden Monate der documenta fifteen vor. Meron Mendel soll das Gremium beraten.

▶ 10. September 2022: Fünf Mitglieder des Beirats bezeichnen eine auf der documenta gezeigte Filmreihe mit dem Titel *Tokyo Reels* als „Kompilation von propalästinensischen

Propagandafilmen", die „mit antisemitischen und antizionistischen Versatzstücken" versehen sei und zudem „Israelhass und die Glorifizierung von Terrorismus" verbreite. Die Geschäftsleitung und ruangrupa nehmen die Vorwürfe laut eigenen Angaben „zur Kenntnis", entscheiden sich aber dafür, den Film nicht aus der Kunstschau zu nehmen. ruangrupa und weitere auf der documenta fifteen ausstellende Künstler*innen werfen dem Beirat, den sie aus Gründen der Kunstfreiheit gänzlich ablehnen, eine „rassistische Tendenz" vor.

▶ 13. September 2022: Die Gesellschafter der documenta und Museum Fridericianum gGmbH, das Land Hessen und die Stadt Kassel bedanken sich bei der „Fachwissenschaftlichen Begleitung, die die Gesellschafter der documenta zur Aufarbeitung antisemitischer Vorkommnisse auf der documenta fifteen eingesetzt haben". Sie schließen sich dem Beirat an und plädieren dafür, die Filmreihe *Tokyo Reels* erst wieder zu zeigen, wenn sie von einer angemessenen Einordnung begleitet wird. Der Beirat befindet, die Filme seien gefährlicher als das Bild „People's Justice", da in ihnen unter anderem behauptet wird, Israel verübe einen Genozid an den Palästinenser*innen.

▶ 15. September 2022: Die Findungskommission lehnt die Forderung des Beirats ab, drückt ihre Unterstützung für ruangrupa aus und ergänzt: „Wir lehnen Antisemitismus ebenso ab wie dessen derzeitige Instrumentalisierung, die der Abwehr von Kritik am Staat Israel und seiner derzeitigen Besatzungspolitik palästinensischer Gebiete dient."

▶ 12. Oktober 2022: Nachdem die documenta fifteen am 25. September planmäßig zu Ende gegangen ist, treten zwei Mitglieder von ruangrupa – Iswanto Hartono und Reza Afisina – eine Gastprofessur an der Hamburger Hochschule für bildende Künste (HFBK) an. Im Vorfeld des Antritts gibt es Proteste aus der jüdischen Zivilgesellschaft, die Semestereröffnung mit den beiden Künstlern muss vorzeitig abgebrochen werden. Der HBFK-Präsident Martin Köttering verspricht einen Dialog, einer Forderung nach Ausladung der beiden ruangrupa-Mitglieder will er nicht nachkommen.

▶ November 2022: Laut der *Süddeutschen Zeitung* soll die nächste Findungskommission der documenta erstmals aus ehemaligen documenta-Leiter*innen bestehen. Auch ruangrupa werden dafür angefragt, das Kollektiv lehnt aber ab.

▶ 6. Februar 2023: Der Abschlussbericht des Expertengremiums wird veröffentlicht. „Die documenta fifteen fungierte als Echokammer für israelbezogenen Antisemitismus, und manchmal auch für Antisemitismus pur", resümieren die Autor*innen. Und zwar nicht nur nach der IHRA-Definition von Antisemitismus, sondern selbst nach der Jerusalemer Erklärung.

Lauter Antisemitismus, aber keine Antisemiten?

Wer versuchen will, diese Geschehnisse zu deuten, für den führt kein Weg an BDS vorbei. Denn bei den jüngeren Antisemitismus-Skandalen in der deutschen Kunst- und Kulturbranche sowie im akademischen Betrieb spielt die Boykottbewegung zumindest mittelbar fast immer eine Rolle. 2020 fordern antisemitismuskritische Stimmen, den kamerunischen Historiker Achille Mbembe von der Ruhrtriennale auszuladen, nachdem er Israel unter anderem eine „fanatische Ausrottung" der Palästinenser*innen vorgeworfen hatte. Der Historiker bekundet, keinerlei Verbindungen zu der Boykottbewegung zu haben, trug aber ein Vorwort zu dem Buch *Apartheid Israel* (2015) bei, dessen Erlöse an eine BDS-Gruppe gespendet wurden, und sorgte 2018 unter Berufung auf BDS für die Ausladung der israelischen Psychologin und Friedensforscherin Shifra Sagy von einer Konferenz in Südafrika.

In der sogenannten Mbembe-Debatte werden schnell Vorwürfe laut, Kritik an solcherlei Aussagen und Aufrufen sei rassistisch motiviert. Ähnlich klingt es bei der documenta: Kritik am gezeigten Antisemitismus sei rassistisch. In Teilen der Berichterstattung wird das übernommen. So schreibt Hanno Hauenstein in seiner Rückschau in der *Berliner Zeitung* am 25. September 2022: „Der Skandal von Kassel diente somit als Freibrief für eine teils offen rassistische, in Teilen auch von antisemitischen Untertönen gespickte Kampagne gegen Künstler:innen und Intellektuelle."

Beim Antisemitismus-Skandal um das Pop-Kultur Festival in Berlin 2017 bestimmen ebenfalls Taktiken der BDS-Bewegung die Debatte maßgeblich. Ihre Kritik: Die israelische Künstlerin Riff Cohen hatte von der israelischen Botschaft einen Reisekostenzuschuss von 500 Euro erhalten. Dass regierungsnahe Institutionen Musiker*innen für Touren ins Ausland bezuschussen, ist in der internationalen Kulturbranche nicht ungewöhnlich – für deutsche Künstler*innen vergibt unter anderem das Goethe-Institut Zuschüsse. Dass infolgedessen die israelische Botschaft auf der Website des Festivals als „Partner" vermerkt ist, genügt der BDS-Bewegung aber, um gezielt arabische Künstler*innen zu kontaktieren und ihnen einen Boykott der Veranstaltung nahezulegen – eine wirksame Taktik, da viele arabische Künstler*innen in der Heimat Repressalien befürchten müssten, wenn publik würde, dass sie in irgendeiner Art mit dem israelischen Staat zusammenarbeiten.

In eigenen Statements spricht die Bewegung unter anderem von einer „grundlegenden ethischen Verpflichtung" seitens des Festivals, „seine Komplizenschaft mit dem rechtsextremen israelischen Regime von Annexion, ethnischer Säuberung, Besatzung und Apartheid zu beenden". Auf gleiche Art und Weise versucht BDS immer wieder, Auftritte von Künstler*innen und Bands in Israel mit Druck aus der Community zu verhindern – gelegentlich erfolgreich. Und seit 2017 versucht BDS jedes Jahr, das Berliner Pop-Kultur Festival zum Desaster zu machen.

Zwar bleibt der reale Schaden dieser Kulturboykotte oft überschaubar: 2017 sagen nur insgesamt acht der über 100 Künstler*-

innen inklusive der Headline-Band Young Fathers ihren Auftritt auf dem Pop-Kultur Festival ab, 2019 bleibt der Boykottaufruf sogar gänzlich fruchtlos, auch wenn es bei einer Podiumsdiskussion zum Thema Boykott zu Störaktionen, „Apartheid"- und „Rassisten"-Rufen sowie kleinen Handgreiflichkeiten kommt. Nicht zu unterschätzen ist aber der potenziell unsichtbare, indirekte Schaden. Wenn Institutionen wie das Pop-Kultur Festival nicht nur mit schlechter Presse, sondern auch mit Absagen und Verlusten rechnen müssen, weil sie israelische Künstler*innen unter den geläufigen Bedingungen einladen, stellt sich die Frage, wie viele Veranstalter*innen von kulturellen oder akademischen Events prophylaktisch auf die Einladung verzichten, um diesem Ärger zu entgehen.

Im Fall der documenta recherchierte das BgA Kassel zwar Verflechtungen einzelner Künstler*innen zur Boykottbewegung – so unterschrieben sowohl einige Künstler*innen als auch Teile des documenta-Beirates im Mai 2021 den Aufruf zum Israel-Boykott „A Letter Against Apartheid" –, nicht immer sind die Verstrickungen aber so eindeutig nachweisbar.

Und doch sind sie da. Der Publizist Alex Feuerherdt beschäftigt sich seit Jahren mit der BDS-Bewegung, unter anderem für sein zusammen mit Florian Markl 2021 veröffentlichtes Buch *Die Israel-Boykottbewegung*. Zum Verhältnis von BDS und ruangrupa sagt Feuerherdt im Gespräch: „Aus den Stellungnahmen von ruangrupa, vor allem den jüngeren, in denen von ‚Siedlerkolonialismus' und ‚israelischer Apartheid' die Rede ist, geht deutlich das BDS-Wording hervor. Das ist auch der Erfolg von BDS im Kultursektor, in ein Milieu eingedrungen zu sein, was selbst nicht unter dem Titel BDS agieren will – weil das in Deutschland durch den Bundestagsbeschluss auch schwierig geworden ist –, aber diese Positionen trotzdem in einer Art aufrechterhält." Feuerherdt spielt auf jenen Beschluss aus dem Jahr 2019 an, in dem der Bundestag die BDS-Bewegung antisemitisch nannte und untersagte, Steuermittel für Veranstaltungen der Bewegung zur Verfügung zu stellen.

Die wohlmeinenden Judenhasser: Naiver Postkolonialismus

Die documenta, das Pop-Kultur Festival und die Mbembe-Debatte sind Beispiele dafür, wie BDS in Deutschland zunehmend Skandale produziert. Dabei ist der Aufruf zum kulturellen Boykott für die Bewegung eine noch jüngere Taktik, die weniger zum Ziel hat, dem Staat Israel materiell zu schaden – was in der Vergangenheit allenfalls marginal gelang –, sondern vielmehr eine Diskursverschiebung anzustoßen, in deren Folge das Shoah-Gedenken zugunsten des Blicks auf das palästinensische Leid verdrängt werden soll. Das geht auch aus dem offenen Brief „Wir können nur ändern, was wir konfrontieren" (2021) hervor, der ebenfalls von ruangrupa-Künstler*innen und Teilen des documenta-Beirates unterschrieben wurde. Dort heißt es unter anderem, Deutschland betreibe eine „Monopolisierung von Unterdrückungserzählungen". Hier zeigen sich Überschneidungen mit dem „Historikerstreit 2.0", in dem unter anderem eine „neue Erinnerungskultur" gefordert wird, da das Gedenken an die Shoah eine angemessene Erinnerung an die deutsche Kolonialgeschichte verhindere.

Die documenta fifteen hat gezeigt: Diese Ideen haben in den Kulturgremien Deutschlands bereits Einzug gehalten. Es ist daher nicht mehr länger zielführend, allein auf BDS zu verweisen, wenn solche Positionen vertreten werden. Markl und Feuerherdt fassen in ihrem Buch zusammen: „In der Übernahme dieser Rhetorik zeigt sich die eigentliche Gefahr, die von BDS für Israel ausgeht. Während sich der wirtschaftliche Schaden relativ gering ausnimmt und es unwahrscheinlich ist, dass die Boykottaktivitäten hinsichtlich ihrer Größenordnung und ihrer Folgen eine Dimension erreichen, wie es in Südafrika während der Apartheid der Fall war, ist BDS andererseits Teil einer Kampagne zur Diffamierung, Delegitimierung, Kriminalisierung und letztlich zur Zerstörung des jüdischen Staates, die weit über die Reihen der BDS-Fanatiker hinausgeht."

Im Falle der documenta fifteen und der Mbembe-Debatte trifft diese Taktik zudem auf ein kulturpolitisches und akademisches

Milieu, das für eine solche Diskursverschiebung aus unterschiedlichen Gründen empfänglich ist. Die Auseinandersetzung mit den eigenen historischen Verbrechen wird in den zeitgenössischen westlichen Geschichts- und Kulturwissenschaften – glücklicherweise – immer intensiver betrieben. Immer wieder kommt es aber unter der Maßgabe, den kolonialen Blick abzulegen, indem man die (ehemaligen) Unterdrückten selbst sprechen lässt – erklärter Ansatz der documenta fifteen –, nicht nur zu scharfer bis verzerrender „Israelkritik", sondern auch zu Antisemitismus, der durch den richtigen Sprechort plötzlich als vermeintlich diskutabler Teil des pluralen Meinungsspektrums erscheint. So werden die antiisraelischen bis antisemitischen Aussagen oft mit Meinungs- und Kunstfreiheit gerechtfertigt, auch wenn es für beide Freiheiten in allen demokratischen Gesellschaften konstituierende Grenzen gibt.

Ungeachtet dessen verfangen BDS-Positionen aber sogar im akademischen Bereich. Das zeigt im Juni 2022 die Konferenz „Hijacking Memory" im Berliner Haus der Kulturen der Welt. Nach Angaben der Organisator*innen sollte es hier darum gehen, wie das Shoah-Gedenken von Rechten vereinnahmt wird. Neben Beiträgen über die AfD oder Antisemitismus in Großbritannien spricht auch der palästinensische Aktivist und Autor Tareq Baconi darüber, „wie das Holocaust-Gedenken durch den Staat Israel missbraucht wird, um die Kolonisierung Palästinas zu stützen". Baconis flammende antiisraelische Rede, die später unter dem Titel „A colonized Palestine isn't the answer to the world's guilt" („Ein kolonisiertes Palästina ist nicht die Antwort auf die Schuld der Welt") verschriftlicht wird, ist der Versuch, das Leid in den palästinensischen Gebieten als indirekte, kolonialistische Folge der Shoah-Aufarbeitung zu konstruieren. Zwei jüdische Historiker, Jan Grabowski und Konstanty Gebert, die auch Teil der Konferenz waren, zeigen sich anschließend „überrascht und schockiert" von Baconis Beitrag.

In der Logik von BDS-Aktivist*innen scheint das Shoah-Gedenken, vor allem das spezifisch deutsche Gedenken, dem Einsatz für die gute (palästinensische) Sache zunehmend im Weg zu stehen. Die Journalistin Tania Martini schreibt im Sammelband *Über jeden Verdacht erhaben? Antisemitismus in Kunst und Kultur*: „Im postkolonialen Diskurs werden Rassismus, Kolonialismus und die Shoah meist in einer Art Opferkonkurrenz zueinander ins Verhältnis gebracht; man scheint von begrenzten Kapazitäten zum Erinnern und Gedenken auszugehen und sich Bewusstsein wie einen Container vorzustellen, der irgendwann einfach voll ist." In dieser Logik der Aufmerksamkeitsökonomie „verdrängt" das Gedenken an die Shoah das Bewusstsein für andere Verbrechen der Welt, insbesondere das Leid in den palästinensischen Gebieten.

Zum Verhältnis von Postkolonialismus und Antisemitismus ergänzt Feuerherdt im Gespräch: „Der neue Antirassismus und der Postkolonialismus sind davon bestimmt, dass man historische Verbrechen in eine Opferkonkurrenz bringen will. Das wird überformt von Ansätzen wie dem multidirektionalen Erinnern, wie es von A. Dirk Moses oder Michael Rothberg vertreten wird. Die Idee dabei ist, dass der Kolonialismus als einziges großes Verbrechen verstanden wird, von dem der Holocaust ein Teil ist – und daher nicht so besonders, dass man ihn eigens behandeln müsste. Das impliziert auch, dass es für den Staat Israel keine besondere Existenzberechtigung gibt."

Wenn Kritik an antisemitischen Darstellungen nicht als solche, sondern als gezielte Ablenkung, als narratives Manöver verstanden wird, ist es nur logisch, dass diejenigen, die das so empfinden, sich mehr als nur verdrängt fühlen. In der eigenen Wahrnehmung ist die Kritik demnach ein direkter Angriff und eine Beleidigung, die nie als gerechtfertigt erscheinen darf, schon gar nicht, wenn sie vom falschen Sprechort kommt, also von Weißen an Nichtweiße, vom „Unterdrücker" an die „Unterdrückten" adressiert wird. Dies bestätigt sich in einem ruangrupa-Statement in der *Berliner Zeitung* vom 9. Mai 2022, in dem es heißt: „Multiperspektivität wird als Bedrohung deutscher Diskurshoheit empfunden." Inwiefern antisemitische Darstellungen zur Multiperspektivität beitragen, bedarf hier offenbar keiner weiteren Erklärung, genauso wie es keinen

Beleg für vermeintlich rassistische Aussagen braucht. Vielmehr geht es ganz grundsätzlich um den Raum, den bestimmte Debatten einnehmen und andere nicht.

Keinesfalls soll das heißen, dass es nicht legitim wäre, Kritik an einem indonesischen Kollektiv, an einer palästinensischen Künstler*innengruppe oder an einem kamerunischen Historiker auf ihren Rassismusgehalt zu prüfen. Gleichzeitig legen aber insbesondere die Ausführungen von (Ex-)documenta-Generaldirektorin Sabine Schormann im gesamten Verlauf des Skandals nahe, dass sie die Logik von Sprechort-Validität und Opferkonkurrenz verinnerlicht hat, mit der es grundsätzlich ausgeschlossen ist, dass nichtweiße Akteur*innen antisemitisch agieren können. Schormann entschuldigte sich nach dem Aufruhr um „People's Justice" nicht für den unter ihrer Leitung zur Schau gestellten Antisemitismus, sondern für die „entstandenen Verletzungen". Demnach ist nicht das antisemitische Kunstwerk bedauerlich, sondern seine Kritiker*innen, die zu empfindsam seien oder das Werk „falsch sehen".

Die jüngeren Antisemitismus-Skandale im deutschen Kunst- und Hochschulbetrieb müssen als Kollision dieser Denkrichtungen verstanden werden. Anders lässt sich kaum erklären, dass nahezu mittelalterlicher Antisemitismus ausgerechnet von einem Milieu verteidigt wird, das sich überall sonst die Empathie für andere Menschen und den Einsatz für die gute Sache auf die Fahne geschrieben hat. Die Israel-Boykottbewegung BDS ist an diesen Entwicklungen nicht immer direkt beteiligt, sie kommen der Bewegung, die das Leid der Palästinenser*innen aus aufmerksamkeitsökonomischen Gründen als Sache aller Muslim*innen und mittlerweile sogar als Sache der Klimabewegung deuten will, aber sehr zupass.

Beunruhigend bleibt, dass ein naives Verständnis von postkolonialer Aufklärung offenkundig bis in die obersten Ränge deutscher Kulturinstitutionen Einzug gehalten hat – womöglich gerade weil man sich im Lichte der Opferkonkurrenz nicht mit denen verbünden will, die ermordet wurden, sondern lieber mit denen, die noch leben. Schon jetzt wird diese Einstellung, nach der Jüdinnen*Juden nicht als potenziell von Antisemitismus bedrohte Opfer, sondern als weiße, potenziell kolonialistische Täter*innen wahrgenommen werden, zunehmend zur Bedrohung. Das zeigen die sich weltweit häufenden Angriffe auf Jüdinnen*Juden sowie auf jüdische Einrichtungen, besonders jene, die auf Eskalationen im Nahostkonflikt folgen. Im antisemitischen Wahn werden Jüdinnen*Juden als verlängerter Arm der Regierung in Israel oder schlicht als inhärent blutrünstige Menschen begriffen, denen man gewaltsam zuvorkommen muss, ganz gleich wo sie sich befinden. Das antisemitische Gerücht, obwohl so oft widerlegt, erfährt nicht nur eine Renaissance, sondern durch seine Ausstellung auf renommierten Kunstschauen auch eine Adelung.

Antirassistische und antiimperialistische Gruppen

Anastasia Tikhomirova

Am 9. November 2022, dem 84. Jahrestag der Reichspogromnacht, ruft eine antiimperialistische Splittergruppe namens Rote Blüte Palästina zu einer Demonstration gegen die „koloniale Besatzung Palästinas" und den „deutschen Imperialismus" auf dem Hermannplatz in Berlin-Neukölln auf. Anschließend sollen Stolpersteine geputzt werden, was am Ende nicht stattfindet. Den Organisator*innen der Demonstration gelingt es weder, Antisemitismus als Leitideologie der Nazis, noch die Opfer der Novemberpogrome 1938 zu benennen: Jüdinnen*Juden.

Obwohl die Demonstration letztendlich nur spärlich besucht ist, teilt das politische Umfeld der Gruppe den Aufruf zuvor reichweitenstark in den sozialen Netzwerken. Dazu gehört auch die Gruppe Samidoun, die vor allem in Europa und Nordamerika für Solidarität mit palästinensischen Gefangenen im Ausland wirbt und ihre Freilassung fordert. Fast die gesamte Neuköllner Sonnenallee hängt voll von unterschiedlichen Plakaten der Gruppe, die zum Widerstand gegen die „zionistische Besatzung" aufrufen oder Geschichten von palästinensischen Gefangenen und „Märtyrern" erzählen und sie gleichzeitig romantisieren. Darunter zum Beispiel Issa al-Battat, der Gründer des Palestinian Islamic Jihad (PIJ) sein soll. Oder Omar Sobh, der auf einem Samidoun-Plakat als einer der prominentesten Widerstandskämpfer und „fähigsten Molotow-Cocktail-Werfer" bezeichnet wird: Als PFLP-Terrorist während der zweiten Intifada verübte er Anschläge und tötete Israelis.

Die Demonstration am 9. November steht sinnbildlich für einen virulenten Antizionismus innerhalb mancher antiimperialistischen und antirassistischen Gruppen. Kein Anlass ist zu schade, um das eigene antizionistische Narrativ zu verbreiten. Und eine Zusammenarbeit mit antisemitischen oder gar terroristischen Akteur*innen wird dabei als legitimes Mittel zum Zweck gesehen. Ende Oktober 2022 mobilisiert Samidoun zum „Marsch der Befreiung und Rückkehr" nach Brüssel als Abschluss der „Woche für palästinensische Befreiung". Im Aufruf werden explizit progressive feministische, antiimperialistische und antirassistische Bewegungen aufgefordert, sich anzuschließen. Das Feindbild sind westliche Imperien, deren Produkt der Zionismus sei. Diese Argumentation hat Erfolg: Die Demo in Brüssel findet großen Widerhall auch im deutschsprachigen Raum, nicht zuletzt durch die Werbung der österreichischen Aktivistin Nicole Schöndorfer, die über 20 000 Follower auf Instagram zählt.

Schöndorfer ist eigentlich durch ihren feministischen Podcast bekannt geworden, vollzieht aber seit 2020 eine antisemitische Radikalisierung und agitiert fast nur noch monothematisch gegen Israel. Dabei bleibt sie resistent gegen jedwede Kritik, die sie als „bürgerlich", „konterrevolutionär" oder „rechts" bezeichnet und die in ihrer Echokammer an ihr abprallt. Sie nimmt an der „Israeli Apartheid Week" 2022 in Wien teil, pusht antisemitische Organisationen wie Dar al Janub, rechtfertigt Terroranschläge auf die israelische Zivilbevölkerung als Widerstand, teilt Beiträge aus dem Umfeld der Hamas, feiert öffentlich den Gefängnisausbruch von PIJ-Terroristen und macht keinen Hehl aus ihrer Unterstützung für Samidoun und Konsorten. Aber vor allem steht sie sinnbildlich für einen vulgärantiimperialistischen Trend innerhalb eines Teils der Linken: Immer mehr „Nicoles" suchen den Schulterschluss mit antisemitischen oder gar terroristischen Gruppen wie Samidoun.

Eine alarmierende Entwicklung, denn Samidoun ist eine Vorfeldorganisation der Volksfront zur Befreiung Palästinas, kurz PFLP, die 2012 von Mitgliedern der Terrororganisation gegründet wurde. Die PFLP existiert seit 1967 und fordert die Zerstörung Israels. Seit 1997 steht sie auf der Terrorliste der USA, seit 2002 gilt sie auch in der EU als Terrorgruppe. Geleitet vom Marxismus-Leninismus auf der einen Seite und arabischem Nationalismus auf der anderen, arbeitet die PFLP zunächst auch mit der islamistischen Hamas zusammen und verübt zahlreiche Anschläge, Selbstmordattentate und Raketenangriffe auf israelische Zivilist*innen, zudem beteiligt sie sich an Flugzeugentführungen in den 1960er und 1970er Jahren. Eines ihrer prominentesten Gesichter ist Leila Khaled, die selbst an zahlreichen Entführungsaktionen beteiligt war und bis heute für den bewaffneten Kampf gegen den Zionismus wirbt. In ihrer Autobiografie schreibt sie, dass sie als Kind Hitler bewunderte, weil sie dachte, er sei der Feind der Juden.

1. Mai: Antisemiten dabei

Leila Khaled ist inzwischen Poster-Girl in Teilen der antiimperialistischen Linken: Sie ziert auch das Plakat der traditionellen „Revolutionären 1. Mai Demo" 2021, organisiert unter anderem von Migrantifa Berlin, die sich wie andere Migrantifa-Gruppen deutschlandweit als Reaktion auf den rechtsterroristischen Anschlag in Hanau 2020 gründete. Auf der Demo versammeln sich mehr als zehntausend Menschen unter dem Motto „Yallah Klassenkampf" in Berlin-Neukölln. Besonders aus dem ersten Demo-Block sind von Beginn an antisemitische Slogans zu hören: „From the river to the sea, Palestine will be free", oder, explizit Terror verharmlosend: „Stop the war, stoppt den Krieg, Intifada bis zum Sieg."

Antisemitische Entgleisungen bei der Berliner Demo am 1. Mai sind keineswegs neu. Antiimperialistische Gruppen, die sich Antizionismus auf die Fahnen schreiben, sind schon seit Jahren Teil des Organisationsbündnisses. Seit 2016 sind etwa BDS oder andere antiisraelische Gruppierungen wie FOR-Palestine (For One

State and Return in Palestine) fester Bestandteil des Demoaufzugs. Im selben Jahr greifen Demoteilnehmende drei Personen an, die am Rande des Aufzugs mit kleinen Israelfähnchen stehen, um so ihrem Unmut über den traditionellen Antizionismus der Veranstaltung Ausdruck zu verleihen.

Zum Berliner Bündnis, das die Revolutionäre 1. Mai Demo 2021 organisiert, gehört außerdem Palästina Spricht. Die Gruppe wird als Reaktion auf den BDS-Beschluss des Bundestags im Mai 2019 gegründet und interpretiert diesen als Angriff auf die Meinungsfreiheit, der jegliche Kritik an Israel verunmögliche. Dabei hat auch der BDS-Beschluss nichts daran geändert, dass „Israelkritik" – der Antisemitismus liegt bereits im Namen – noch immer deutscher Volkssport ist. Es gibt laut der Linguistin und Antisemitismusforscherin Monika Schwarz-Friesel, die dem Thema mehrere Studien gewidmet hat, kaum ein Land, welches medial so oft kritisiert wird wie Israel.

2022 werden 29 Israelis von palästinensischen Terroristen getötet. Die Morde erfahren bei keiner der genannten Gruppen von Migrantifa bis Palästina Spricht angemessene Resonanz. Entweder ignoriert man sie komplett oder glorifiziert sie zum antikolonialen Widerstand gegen die „zionistischen Besatzer". Dabei wird kaum zwischen IDF-Soldat*innen und Zivilist*innen unterschieden. Ramsis Kilani, Sprecher von Palästina Spricht und Mitglied der Partei Die Linke, veröffentlicht immer wieder Beiträge in den sozialen Medien, die Terroristen als Widerstandskämpfer feiern.

Für diesen Aktivismus spielt Kilanis Familiengeschichte sicher eine Rolle. Im Juli 2014 werden Kilanis Vater, seine Frau und die Halbgeschwister des Aktivisten bei einem israelischen Luftangriff in Gaza getötet. Im selben Jahr tritt Kilani zum ersten Mal bei KenFM auf und bezeichnet den Staatspropagandasender *Russia Today* als horizonterweiternd. Im Gespräch mit Verschwörungsguru Ken Jebsen lässt Kilani sich darüber aufklären, dass der Antisemitismusvorwurf mitunter nur noch ein Herrschaftsinstrument sei, um israelische Kriegsverbrechen zu legitimieren. Im November 2022 bezeichnet er auf Instagram die Hamas als antiimperialistische Widerstandskämpfer, Zionisten hingegen als „Speerspitze des imperialistischen Weltsystems", das die ganze Welt unterdrücke und ausbeute. All das, obwohl sich Palästina Spricht als demokratisch versteht und sich laut eigener Aussage auch gegen Antisemitismus positioniert.

Auch auf der Straße sorgt Palästina Spricht für Kritik: Im April 2022 veranstaltet die Gruppe eine Demo in Berlin, bei der mehrere Journalist*innen laut Deutscher Journalistinnen- und Journalisten-Union als „Drecksjuden" und „Zionistenpresse" antisemitisch beschimpft, getreten, geschubst oder angespuckt werden. Im Anschluss streitet Palästina Spricht die Vorwürfe ab, relativiert und antwortet mit dem Gegenvorwurf der rassistischen Berichterstattung.

Von Hanau bis nach Gaza

Palästina Spricht NRW und Migrantifa-Ortsgruppen sind auch in die Organisation der Gedenkveranstaltungen in Köln zum zweiten Jahrestag des rassistischen Terroranschlages von Hanau im Februar 2022 involviert. Schon wieder geht das nicht ohne eine Dämonisierung des jüdischen Staates über die Bühne: „Wir fordern eine Welt, in der nicht nur Menschen in Palästina vom Fluss bis zum Meer, sondern alle Menschen überall frei von siedlungskolonialistischer Unterdrückung, Apartheid, Ausbeutung und Patriarchat leben können", so Palästina Spricht NRW auf einer Veranstaltung, auf der eigentlich der Ermordeten vom 19. Februar 2020 gedacht werden soll. In Berlin spielen sich ähnliche Szenen auf der Hanau-Gedenkveranstaltung ab: „Intifada"-Sprechchöre werden immer wieder laut. Über der Demo wehen Fahnen von Samidoun, obwohl die Angehörigen der Ermordeten von Hanau im Vorfeld darum gebeten haben, von jeglicher politischen Vereinnahmung abzusehen.

Immer wieder werden diverse Kämpfe gekapert. Und genau das ist Teil der Strategie: „Wir sind angewiesen auf breite Bündnisse mit verschiedenen Organisationen: Die antirassistische Bewegung ist extrem wichtig, aber auch die Klimabewegung", sagt Kilani in einem Mitschnitt eines Vortrags von Palästina Spricht. Gruppen wie Migrantifa und Palästina Spricht können ohne das Label BDS im Namen leichter in Bündnisse hinein, obwohl sie im Prinzip die altbekannten Narrative weiterverbreiten. Im Vordergrund stehen Israelfeindschaft und damit verbundener israelbezogener Antisemitismus, dessen Existenz so gut wie immer negiert wird. Zur Abwehr von Antisemitismusvorwürfen betonen die Aktivist*innen stets, dass es auch linke „antizionistische" Jüdinnen*Juden gebe, weshalb man selbst nicht antisemitisch sein könne – ein verkürztes und naives Verständnis von Antisemitismus, das Unkenntnis seiner verschiedenen Formen offenbart, darunter muslimischen und linken Antisemitismus.

Die Aktivist*innen behaupten auch, dass ein Antisemitismusvorwurf heutzutage vor allem in Deutschland nur noch dazu diene, „antipalästinensischen Rassismus" zu reproduzieren und Palästinenser*innen mundtot zu machen. Young Struggle, eine europäische Jugendorganisation der stalinistischen Marksist Leninist Komünist Parti (MLKP) in der Türkei, ließ zum Beispiel verlauten, „dass die Unterstützung zionistischer Politik und Ideologie eine Unterstützung von Rassismus" darstelle.

Postkolonial für Palästina

Dieser Sicht schließt sich auch die antirassistische Ikone Angela Davis an, als sie am 6. Oktober 2022 auf dem Kreuzberger Oranienplatz in Berlin spricht. Anlass ist eigentlich der zehnte Jahrestag der Besetzung des Platzes durch Geflüchtete, ein Protest gegen deutsche Asylpolitik. Aber schon wieder geht es um Israel: Davis betont, wie wichtig es sei, die Bewegung für Gerechtigkeit in Palästina zu unterstützen, und vergleicht dabei den Schwarzen Kampf gegen Rassismus in den USA mit dem Befreiungskampf der Palästinenser*innen. Besonders in Deutschland benötige es laut Davis viel Mut, sich mit der palästinensischen Bewegung zu solidarisieren, vor allem weil Kritik an Israel stets mit Antisemitismus gleichgesetzt werde.

Diese Sichtweise erfährt durch die Critical Race Theory und postkoloniale Theorie immer mehr Rezeption. Sie wird verstärkt durch Teile der „Black Lives Matter"-Bewegung (BLM), die sich insbesondere in den USA sehr offen für BDS zeigt. Autor*innen wie Achille Mbembe, Frantz Fanon, Edward Said, Aimé Césaire und Jasbir Puar reduzieren den hochkomplexen Nahostkonflikt auf einen vermeintlich universalen Kampf von Unterdrückern gegen Unterdrückte, von weißen Kolonisatoren (Jüdinnen*Juden) gegen kolonisierte People of Colour (Palästinenser*innen). Im postkolonial geprägten „Historikerstreit 2.0" ist die Shoah nur ein Genozid unter vielen und erfahre laut Césaire nur dermaßen viel Aufmerksamkeit, weil Hitler ein Verbrechen an „weißen Menschen" verübt habe. Israel wird als künstlich geschaffener Apartheidstaat bezeichnet, in dem sich die Ungerechtigkeit der Welt konzentriere. Antisemitismus wird hier nur als Unterform von Rassismus verstanden, obwohl dieser mit anderen Mechanismen operiert und sich nicht an Hautfarbe orientiert.

Doch der Vergleich des palästinensischen Freiheitskampfes mit dem Schwarzen Kampf in den USA ist schief, denn während sich Letzterer gegen White Supremacy (weiße Vorherrschaft) richtet, ist die Situation in Israel eine gänzlich andere: Der militante palästinensische Kampf gegen Israel bzw. die Intifada richtet sich gegen alle jüdischen Bewohner*innen des Gebiets vom Jordan bis zum Mittelmeer, obwohl linke Gruppen stets behaupten, man wolle friedlich koexistieren. Doch wer garantiert die Sicherheit von jüdischen Israelis bei all den Vernichtungswünschen, die gegen sie geäußert werden? Sie werden als weiße, rassistische, zionistische Siedlerkolonialist*innen gebrandmarkt, was jegliche Gewalt gegen sie rechtfertigt.

Dabei setzt sich die jüdische Bevölkerung Israels nur etwa zu einer Hälfte aus aschkenasischen Nachfahren Shoah-Überlebender zusammen, die andere Hälfte stammt aus arabischen, westasiatischen oder afrikanischen Ländern. Mizrachim erfahren in Israel sehr wohl Rassismus, sie kommen schlechter an Jobs und Wohnungen und sind häufiger von Polizeigewalt betroffen. Viele von ihnen sind vor antisemitischer Verfolgung und Pogromen aus dem Iran, Irak, Eritrea, Äthiopien oder Marokko geflohen und fanden in Israel Schutz und eine neue Heimat. Im Gegensatz zur in postkolonialen Kreisen weit beachteten palästinensischen „Nakba", also der Vertreibung von etwa 700 000 palästinensischen Araber*innen aus Israel 1948, findet der erzwungene Massenexodus von schätzungsweise 900 000 Jüdinnen*Juden in den Jahren 1948 bis 1964 aus ihren arabischen Heimatländern keine Erwähnung.

Ungeachtet dieser Faktenlage gehören die Ablehnung von Israel als angeblich „kolonialem Projekt" – obwohl Jüdinnen*Juden ununterbrochen auf heute israelischem Boden gelebt haben – und Vorwürfe der Apartheid, ethnischer Säuberungen oder des Völkermords an Palästinenser*innen in vielen linken Bündnissen zum Grundkonsens. Antiimperialistische Linke in Tradition der RAF und Tupamaros West-Berlin sehen lediglich in den USA und Israel imperialistische Staaten, verkennen dies jedoch bei Russland oder dem Iran, der Einfluss in den palästinensischen Gebieten ausübt. Das iranische Mullah-Regime finanziert palästinensische islamistische Terrorgruppen und beliefert sie mit Waffen, da die Auslöschung Israels zu seinen obersten Zielen gehört.

Der sich als revolutionär und trotzkistisch verstehende Blog Klasse gegen Klasse fordert, den „zionistischen Siedlerstaat bis auf die Grundmauern zu zerstören", und unterstützt die „Intifada" als Widerstandsform gegen Israel und seine Bürger*innen, schweigt aber bei terroristischer Gewalt gegen jüdische Zivilist*innen oder patriarchaler, religiös begründeter Gewalt gegen palästinensische Frauen und Minderheiten in den palästinensischen Autonomiegebieten. Auch bei Russlands Krieg gegen die Ukraine oder den feministischen Protesten im Iran 2022 und 2023 bleibt Klasse gegen Klasse verdächtig lange ruhig. Ähnliches gilt für die trotzkistische Organisation Marx21, die zur Linkspartei gehört: Sie verklärt immer wieder Gruppen wie die Taliban oder Hamas als antiimperialistische Widerstandskämpfer. Teile der Jugendorganisation der Partei, der Linksjugend solid, positionieren sich ähnlich, vor allem der Berliner Landesverband.

Eine andere Lesart des Zionismus

Für Jüdinnen*Juden ist das ein weiteres Bedrohungsszenario, während es für ihre Ausgrenzungserfahrungen und Traumata keinen Platz gibt. Von ihnen wird erwartet, sich als antizionistisch zu bekennen oder sich wenigstens implizit von der angeblich rassistischen Kolonialmacht Israel zu distanzieren, weil sie ansonsten kein Teil von linken Bündnissen sein können.

Dabei existiert auch eine andere Lesart von Zionismus, nämlich als jüdische dekoloniale Befreiungsbewegung: Zionismus als Emanzipation. Demnach sind auch Jüdinnen*Juden indigene Bewohner*innen Israels und haben als Unterdrückte und Verfolgte das Recht, in ihr Heimatland und an ihren Sehnsuchtsort zurückzukehren. Mit der Gründung des Staates Israel 1948 wurde somit das Ziel des Zionismus erreicht. Ein Beispiel für diese Variante des Zionismus ist Hashomer Hatzair, eine international aktive, sozialistisch-zionistische Jugendorganisation, die seit 1913 existiert und sich an den Gedanken des linken Zionisten Martin Buber orientiert – ein harscher Kritiker nationalistischer Tendenzen und Befürworter des gemeinschaftlichen Lebens mit Palästinenser*innen.

Zudem gab es linke, internationalistische Zionisten wie Albert Memmi, der als tunesischer Jude in Frankreich lebte und versuchte, Antikolonialismus, Antirassismus und Zionismus miteinander zu verbinden. Memmi unterstützte tatkräftig die arabische Unabhängigkeitsbewegung, kritisierte jedoch den ihr innewohnenden Antisemitismus scharf, der zum massenhaften Exodus von Jüdinnen*Juden aus seinem Heimatland Tunesien nach Israel führte. Memmi warf der Linken vor, das Wesen der jüdischen Unterdrückung und die Notwendigkeit der zionistischen Bewegung als jüdische Selbstbestimmung immer wieder zu verkennen.

Memmi unterscheidet zudem zwischen reflektierter und unkritischer Unterstützung Israels. Israels Umgang mit seinen arabischen Bürger*innen, für deren Souveränität Memmi eintrat, in der israelischen Gesellschaft vorhandene Vorurteile gegenüber sephardischen jüdischen Einwanderer*innen, der wachsende Einfluss der

Orthodoxen und nach 1967 die Besatzung: All das war Gegenstand seiner Kritik, veranlasste ihn jedoch nicht, die Existenz des jüdischen Staates infrage zu stellen.

Für Memmi ist Israel die Antwort auf Unterdrückung und Heimatlosigkeit, es ist Heimat, Selbstverteidigung, kulturelle Verjüngung, politische Reife und vor allem Überlebensgarant von Jüdinnen*Juden. Dieser Balanceakt zwischen den von Memmi postulierten und gelebten nuancierten Werten ist dem Großteil der Linken bis heute nicht gelungen. Nur durch die Abkehr von manichäischen Gegensätzen, ideologisch verfärbtem Denken, linkem Autoritarismus und Verfälschungen der Geschichte kann eine praktikable und nachhaltige Lösung für den Konflikt gefunden werden.

2022 ist das tödlichste Jahr seit langem im sogenannten Nahostkonflikt – 171 Palästinenser*innen werden bei israelischen Militäreinsätzen getötet, darunter Dutzende Terroristen des PIJ oder der Hamas, aber auch Zivilist*innen und über 30 Kinder. Unter den Toten befindet sich auch die bekannte Journalistin Shireen Abu Akleh, die im Mai 2022 bei einem Einsatz in Jenin ihren Verletzungen durch israelische Kugeln erliegt. Viele Palästinenser*innen werden über das Jahr hinweg Opfer von Polizeigewalt durch israelische Polizeibeamt*innen. Wiederholt demonstrieren radikale israelische Siedler*innen in palästinensischen Vierteln, wobei es oft zu Beschädigung palästinensischen Eigentums und körperlichen Angriffen gegen Palästinenser*innen kommt. Ihr Leid liegt auch im Interesse der Hamas und des PIJ, denn so lassen sich jene leichter für die eigenen Zwecke radikalisieren.

Einigen bedingungslos israelsolidarischen Linken misslingt es, palästinensisches Leid zu thematisieren, stattdessen wird dieses beschwiegen oder als Kollateralschaden gewertet. Sie nehmen teilweise gar die neue rechte Regierung, bestehend aus dem korrupten Benjamin Netanjahu, dem rechtsextremen Itamar Ben-Gvir und Bezalel Smotrich, in Schutz. Eine Regierung, die nicht nur die Rechte von Palästinenser*innen, sondern auch anderer Minderheiten weiter einschränken will.

Linken muss es gelingen, sich eindeutig gegen rechte und rassistische Politik der israelischen Regierung zu positionieren, ohne dabei die Existenz des jüdischen Staates infrage zu stellen und Antisemitismus zu relativieren. Das Wichtigste sei laut Albert Memmi, eine ausreichende Übereinkunft für die Zukunft zu finden, anstatt immer wieder Blut zu vergießen in dem unmöglichen Versuch, die Vergangenheit zu rächen.

Klimabewegung

Nicholas Potter

„Fridays For Future ist die größte, mächtigste und gefährlichste antisemitische Jugendorganisation seit 1945", twittert im November 2022 Julian Reichelt, Ex-Chefredakteur von *Bild* und mittlerweile rechtspopulistischer YouTuber. Denn die Bewegung erkläre den Kampf fürs Klima „zum Kampf gegen Israel". Einen Monat später schreibt der AfD-Bundestagsabgeordnete Martin Sichert auf Facebook, Klimaaktivist*innen würden Israelhass verbreiten und islamistische Terrorgruppen unterstützen. „Weltretter? Nein! Antisemiten!", resümiert er. Dimitri Schulz, laut eigenen Angaben jüdischer Herkunft und Gründungsmitglied der „Juden in der AfD", fordert im selben Monat sogar: „Antisemitische Klima-Spinner endlich als Terroristen einstufen!"

Seit 2018 landen neue Klimagruppen wie Fridays for Future und Extinction Rebellion mit ihren unterschiedlichen Aktionsformen in den internationalen Schlagzeilen – die einen mit Schulstreiks, die anderen mit zivilem Ungehorsam. Vor allem die Sekundenkleber-Straßenblockaden und Kunstmuseum-Suppenwürfe von Gruppen wie Letzte Generation sorgen für Aufruhr. Auch deswegen ist die Klimabewegung rechten und konservativen Kräften ein Dorn im Auge: „Grüne RAF", so lautet der Kampfbegriff der Stunde. Aber Antisemiten? Die Vorwürfe von Reichelt, AfD und Co. sind pauschalisierend und geradezu absurd. Und dennoch: Sie entstehen nicht im luftleeren Raum. Denn Teile der Klimabewegung fallen in den vergangenen Jahren tatsächlich immer wieder antisemitisch auf.

Der Holocaust sei etwa „just another fuckery in human history" – nur ein weiterer Scheiß in der Menschheitsgeschichte. Roger Hallam, Klimaaktivist und Mitgründer von Extinction Rebellion (XR), hat im Gespräch mit der *Zeit* im November 2019 vor allem ein Thema: die deutsche Haltung zur Shoah. Diese hält der 56-jährige Brite mit grauem Pferdeschwanz und Bart nämlich für schädlich. Es tue den Deutschen nicht gut, dass sie den Holocaust fälschlicherweise für einzigartig hielten. Genozide habe es in den vergangenen 500 Jahren immer wieder gegeben, so Hallam. „Um ehrlich zu sein, könnte man sagen: Das ist fast ein normales Ereignis."

Die Shoah, ein fast normales Ereignis? Hallams Worte relativieren die Präzedenzlosigkeit des Holocausts, die systematische industrielle Massenvernichtung der europäischen Jüdinnen*Juden. Es sind Worte, die an den inzwischen berüchtigten Spruch des AfDlers Alexander Gauland erinnern, die NS-Zeit sei nur ein „Vogelschiss in über 1000 Jahren erfolgreicher deutscher Geschichte". Und es sind Worte, die in der Klimabewegung und darüber hinaus hohe Wellen schlagen.

Konsequenzen für die Aussagen des Klimaaktivisten lassen nicht lange auf sich warten: Die Veröffentlichung der deutschen Übersetzung seines Buches *Common Sense* wird vom Ullstein-Verlag gestoppt – wenige Tage vor der geplanten Belieferung der Buchhandlungen. Extinction Rebellion Deutschland verurteilt die Instrumentalisierung der Shoah und Hallams Verhalten in einem Statement: „Roger verstößt damit gegen die Prinzipien von XR, die Antisemitismus nicht dulden, und ist bei XR Germany nicht mehr willkommen." Auch der britische Ableger distanziert sich von den Äußerungen seines Mitgründers. Manche Aktivist*innen sprechen von einem „Erdbeben" in der Bewegung. Einige Mitglieder seien sogar ausgetreten, heißt es.

In der Kunst der Provokation ist Hallam geübt: Medienwirksame Aktionen gehören zu seinem Standardrepertoire. Zwei Monate vor dem Interview wird er am Flughafen London Heathrow festgenommen. Dort will er eine Drohne fliegen lassen, um den Flugverkehr lahmzulegen. Ein Protest gegen den Bau einer dritten Startbahn. Durch solche Aktionen zivilen Ungehorsams will seine radikale Klimagruppe mediale Aufmerksamkeit generieren und die Schlagzeilen dominieren – teilweise mit Erfolg.

Auch das Interview in der *Zeit* ist eine gezielte Provokation, ein „Medienevent", wie Hallam später an Aktivist*innen schreiben wird. Indem er die Shoah ausgerechnet in der deutschen Presse relativiert, will er einen medialen Shitstorm anzetteln. Das hat System: Schon im Februar 2019 auf einer Veranstaltung von Amnesty International vergleicht Hallam Auschwitz mit der Klimakrise. Für eine anschließende Fragerunde stehe er nicht zur Verfügung, weil es, in Anlehnung an Adorno, ja auch „keine Poesie nach Auschwitz" gegeben habe – und es auch keine Worte nach der Tatsache des Klimanotfalls geben könne.

Von den Journalist*innen der *Zeit* auf diesen Vergleich angesprochen, verteidigt er die Aussage: Die furchtbare Emotionalität, die Auschwitz hervorgerufen habe, sei nun mal nicht verhüllt. Dasselbe müsse für die Klimakrise gelten: „Nur die Emotionalität treibt Menschen an, etwas zu bewegen." Gefragt, ob es seiner Sache nutzt, den Umgang mit dem Klimawandel mit der Schreckensherrschaft der Nationalsozialisten gleichzusetzen, antwortet Hallam: „Ich glaube eben, dass die Dinge vergleichbar sind."

Einen Tag nach dem *Zeit*-Gespräch, noch vor Erscheinen, teilt Hallam den Journalist*innen mit, er habe seine Leute schon gewarnt, dass etwas auf sie zukomme. In internen Kommunikationskanälen von Extinction Rebellion Deutschland kursiert eine E-Mail von Hallam, die er vor der Veröffentlichung des Interviews abschickt. Sie ist nicht nur eine Warnung, sondern auch eine Anleitung mit Schritt-für-Schritt-Anweisungen, wie die mediale Berichterstattung zu steuern sei. „Ich denke, diese Art von ‚Falle' für die Medien zu entwerfen, hat starke Ähnlichkeiten zu den Dynamiken direkter Aktionen auf der Straße und wir sollten sie aktiv als Teil der M&M-Strategie [Arbeitsgruppe Media & Messaging] entwerfen, um die Wirkung unserer Mitteilungen zu maximieren", schreibt Hallam in der Mail, aus der die Wochenzeitung *Freitag* zitiert. Weil seine Aussagen in den Medien gegebenenfalls eine große Reaktion provozieren könnten, empfiehlt er dem Presseteam von Extinction Rebellion Deutschland, eine gute Antwort parat zu haben, „die die Debatte umdreht und die Medien für ihr katastrophales Versagen entlarvt, die Wahrheit über den bevorstehenden sozialen Zusammenbruch und Genozid zu sagen", so Hallam. Er kündigt noch weitere „Medienevents" an.

Eines davon orchestriert er im *Spiegel*: Hallam vergleicht im Gespräch Extinction Rebellion mit der Widerstandsgruppe Weiße Rose, die Flugblätter gegen die Nazis verteilte und deren Mitglieder vom NS-Regime hingerichtet wurden. Er will den Klimawandel auch dafür mitverantwortlich machen, dass Frauen im Krieg vergewaltigt werden. Als die Journalist*innen diese Aussage kritisieren, antwortet er: „Nein, der Klimawandel ist nur das Rohr, durch das Gas in die Gaskammer fließt. Es ist nur der Mechanismus, durch den eine Generation eine andere tötet." Er fährt fort: „Die Eliten" hätten die bewusste Entscheidung getroffen, die nächste Generation zu zerstören, um an der Macht bleiben zu können. Eine Klimaverschwörung mit antisemitischem Beigeschmack. Und dann folgt schon der nächste NS-Vergleich: „Die Politiker sind sich der Gefahr bewusst, blasen aber weiter CO_2 in die Atmosphäre. Erinnern Sie sich an die Nürnberger Prozesse, als Nazis nach dem Zweiten Weltkrieg vor Gericht gestellt wurden." Damals sei die „einfache deutsche Bevölkerung" nicht gehängt worden, so Hallam, weil davon ausgegangen worden sei, dass die Leute nicht genügend Einfluss gehabt hätten.

Weiße Rose, Gaskammer, Nürnberger Prozesse? Nach Veröffentlichung der Interviews in *Spiegel* und *Zeit* entschuldigt sich Hallam auf Facebook für seine Wortwahl. Es sei nicht seine Absicht gewesen, den Holocaust „herunterzuspielen", im Gegenteil. Doch im nächsten Atemzug will er schon wieder die Shoah mit der Klimakrise vergleichen. Denn für Hallam muss die Erinnerungsparole „Nie wieder" auch für die ökologische Katastrophe gelten.

Für sich genommen sind solche Aussagen nicht zwangsläufig antisemitisch. Zusammen betrachtet malen sie aber das Bild einer Person, einer Bewegung, die die Shoah für ihr eigenes politisches Anliegen instrumentalisieren will – auf Kosten der jüdischen Opfer. Eine bestenfalls geschmacklose Taktik. Doch mit Shoahvergleichen und Endzeitrhetorik konnten Hallam und seine Bewegung die Massen bislang nicht mobilisieren. Extinction Rebellion bleibt weiterhin eine eschatologische Weltuntergangssekte, die selbst in der Klimabewegung kontrovers diskutiert wird.

Fridays für Palästina

Erfolgreicher ist die globale Klimabewegung Fridays for Future (FFF). Die Geschichte beginnt 2018 an einem Sommerfreitag in Stockholm, als eine 15-Jährige mit Zöpfen die Schule schwänzt. „Skolstrejk för klimatet" steht auf dem Schild, das die junge Frau vor dem schwedischen Reichstagsgebäude trägt – Schulstreik fürs Klima. Dazu der Hashtag: #FridaysForFuture. Sie fordert die schwedische Regierung auf, das Pariser Klimaabkommen einzuhalten. Und ihr Protest wird global: In den folgenden Monaten bilden sich Streikgruppen junger Klimaaktivist*innen rund um die Welt. Greta Thunberg wird zum Star und für den Friedensnobelpreis nominiert. Am ersten globalen Klimastreik im März 2019 gehen laut Fridays for Future insgesamt rund 2,3 Millionen Demonstrierende auf die Straße.

Es dauert nicht lange, bis das Thema Nahostkonflikt in die junge Klimabewegung herüberschwappt. „Warum eine Klimagerechtigkeitsgruppe über Palästina postet", so lautet der Titel eines Social-Media-Beitrags auf Englisch, der im Mai 2021 von Climate Strike Canada verfasst und vom internationalen FFF-Account auf Instagram und Twitter verbreitet wird. Damals tobt noch der jüngste Krieg zwischen Israel und Gaza: Die Hamas feuert tausende Raketen auf Zivilist*innen in Israel ab, der jüdische Staat antwortet mit gezielten, aber dennoch tödlichen Angriffen im dicht besiedelten Küstenstreifen. Vor diesem Hintergrund will sich die Klimabewegung im Konflikt positionieren.

Schon zu Beginn des Beitrags versucht Fridays for Future International mögliche Kritik vorwegzunehmen: Die Gruppe sei gegen Antisemitismus und alle Formen von Diskriminierung. „Wir wissen, dass die BDS-Bewegung in einigen Ländern möglicherweise vereinnahmt oder von ihrem eigentlichen Zweck abgelenkt wurde", heißt es – der ganzen Geschichte und Auswirkung von BDS zum Trotz. Was folgt, ist eine einseitige Dämonisierung des jüdischen Staates und eine Relativierung terroristischer Gewalt. Israel wird „Siedlerkolonialismus" und „Imperialismus" vorgeworfen – Werkzeuge, mit denen der Staat Palästinenser*innen terrorisiere und töte. Die Palästinenser*innen wiederum hätten nicht immer das Privileg, Gewaltlosigkeit als „zumutbare Option" zu haben. Fridays for Future International sieht die israelische Regierung als „Form des Militarismus und Kolonialismus", die sie abschaffen wollen.

Besonders brisant wird es, wo von der Verbindung „zwischen Volk und Land" die Rede ist, die „über politische Motive" hinausgehe. Land fördere einen „spirituellen und kulturellen Wohlstand, mit der Verantwortung, es zu pflegen und es von Generation zu Generation weiterzureichen und sie dabei zu verbinden". Es ist schwer, sich dabei nicht an die Blut-und-Boden-Ideologie der Nationalsozialist*innen erinnert zu fühlen, die die Einheit eines Volkes mit einem Siedlungsgebiet propagierte. Gleichzeitig gilt diese Verbindung aus Sicht von Fridays for Future offenbar nicht für Jüdinnen*Juden, die ebenfalls seit Jahrtausenden in der Region gelebt haben – und die von dort auch vertrieben wurden. „Unsere Herzen sind bei allen Märtyrer*innen und verlorenen Leben", schreibt Fridays for Future International zum Schluss, „ihr Blut wird nicht vergessen werden". Es folgt ein Zitat von Ghassan Kanafani, führender Kopf der palästinensischen Terrororganisation PFLP. Außerdem ein Link zur BDS-Kampagne.

Der Post stößt auf Beifall, auf Instagram sammelt er über 23 000 Likes. Kritik kommt nur von der deutschen Sektion von Fridays for Future, die sich davon mehrfach distanziert. „FFF Germany doesn't endorse this post", steht auf zwei der Slides im

Beitrag. Aus FFF-Kreisen heißt es, die deutsche Sektion habe diese Distanzierung auf jedem einzelnen Slide anbringen wollen, was die internationale Gruppe jedoch ablehnte. Über ihren eigenen Kanal nennt Fridays for Future Deutschland die Inhalte des Posts antisemitisch und schreibt: „Antisemitismus ist in keinster Weise mit unserem Selbstverständnis vereinbar." Auch FFF-Aktivistin und Grünenmitglied Luisa Neubauer meldet sich auf Twitter zu Wort: „Wichtige Distanzierung. Wir stellen uns klar und deutlich gegen jeden Antisemitismus, überall." Fridays for Future Deutschland habe inzwischen auch die Antisemitismus-Definition der International Holocaust Remembrance Alliance (IHRA) übernommen, erklärt im Januar 2023 die jüdische Klimaaktivistin Anael Back in einem gemeinsamen Interview mit Neubauer in der *Jüdischen Allgemeinen.*

Doch mit dieser Position steht die deutsche Sektion ziemlich allein da. Etliche Ableger weltweit kommentieren, dass sie den Post von Fridays for Future International unterstützen – von den USA über Irland bis Pakistan. Auch die mittlerweile aufgelöste Bremer Lokalgruppe hatte sich der Position von Fridays for Future International angeschlossen, nachdem sie im September 2022 einen Vertreter von Palästina Spricht dazu eingeladen hatte, einen Redebeitrag auf ihrer Demo zu halten. Die Einladung war zu Recht umstritten: Auf Demos von Palästina Spricht werden immer wieder antisemitische Parolen skandiert, Journalist*innen wurden in der Vergangenheit körperlich attackiert und als „Zionistenpresse" oder „Drecksjude" beschimpft. Auf Anfrage erklärt ein Sprecher von Fridays for Future Deutschland, dass die Jugendbewegung in dezentralen, basisdemokratischen Strukturen organisiert sei. Mit komplexen Themenfeldern außerhalb ihres Kerngebiets umzugehen, sei deshalb eine Herausforderung. Mit BDS gebe es aber keine Zusammenarbeit, betont er.

Inbegriff des Globalen Südens

Der wachsende Einfluss von BDS in Teilen der Klimabewegung ist symptomatisch für eine antizionistische Tendenz in sonst progressiven Bewegungen weltweit – von Black Lives Matter bis in die queere Community. Das hat System: Denn BDS versucht, in diversen sozialen Bewegungen Fuß zu fassen, auch bei Fridays for Future. Und die Kampagne ist damit oft erfolgreich.

Auf der offiziellen Webseite von BDS gibt es zahlreiche Beiträge zur Klimagerechtigkeit: „Palestine is a climate justice issue", lautet eine Überschrift. Ein Spruch, der zunächst nicht viel mehr verrät als der sinnentleerte Slogan „Palestine is a queer issue". Die Begründung von BDS: Die Klimakrise betreffe Palästinenser*innen „unverhältnismäßig stark". Israel „vergiftet Leben" im Gazastreifen, indem es für die Verunreinigung des Trinkwassers verantwortlich sei – eine Neufassung des mittelalterlichen antisemitischen Stereotyps des jüdischen Brunnenvergifters. Israel betreibe mit seinen Klimaschutzbemühungen zudem „Greenwashing", Klimaschutz sei also nur ein hinterlistiger Plan, um von der Unterdrückung der Palästinenser*innen abzulenken. Gleichzeitig sei der jüdische Staat eigentlich gar nicht so klimafreundlich, schreibt BDS weiter: „Kriegsführung, eine Säule der israelischen Wirtschaft, ist eine der umweltschädlichsten Industrien der Welt."

In der Realität ist Israel weder Klimasünder noch Öko-Utopie: Der Staat lag 2022 auf Platz 35 des Global Green Economy Index, der die Nachhaltigkeit von insgesamt 160 Ländern misst. Bis 2025 soll ganz auf Kohle verzichtet werden, bis 2050 will der jüdische Staat CO_2-neutral werden. Die „Start-Up-Nation" Israel treibt grüne Innovation voran, recycelt fast 90 Prozent des Abwassers – mehr als jedes andere Land der Welt. Laut Kritiker*innen ist Israel aber bei seiner Stromerzeugung immer noch zu abhängig vom Gas. Und Wasser ist tatsächlich ein umstrittenes Politikum in der Region: Israel exportiert erhebliche Mengen nach Jordanien und in die palästinensischen Gebiete, aber oft zu hohen Preisen. Wasserknappheit kommt in der Westbank und im Gazastreifen häufig vor. In den besetzten Gebieten kontrollieren die IDF etwa den Bau von neuen Brunnen, die illegalen israelischen Siedlungen hingegen haben eine eigene Wasserversorgung, die nicht unterbrochen wird.

Die Dämonisierung von Israel in Teilen der Klimabewegung hat allerdings weniger mit der tatsächlich Klimabilanz des jüdischen Staates zu tun, sondern kann auch als Ausdruck einer plumpen Teilung der Welt in „Globalen Norden" und „Globalen Süden" verstanden werden. Den Preis für den Wohlstand des industriellen Nordens zahlen demzufolge Schwellen- und Entwicklungsländer im Süden, die am stärksten unter der Klimakrise leiden, ohne maßgeblich dafür verantwortlich zu sein. Oder, wie es das Klimabündnis Ende Gelände formuliert: „Im Globalen Süden erleben Menschen tagtäglich die Gewalt des fossilen Kapitalismus, von dem wir im reichen Norden profitieren." Es sei Gewalt durch die Konzerne der Industriestaaten, Gewalt durch neokoloniale Ausbeutung von Menschen und Ressourcen, durch Landnahme und Vertreibung, so Ende Gelände weiter. Klimagerechtigkeit bedeute daher auch, diese Ungerechtigkeit zu stoppen.

So weit, so richtig. Aber in Teilen der Klimabewegung gehört Palästina eindeutig zum „armen Globalen Süden", Israel hingegen zum „reichen Globalen Norden". Und das, obwohl es hier im Prinzip um die gleiche geografische Landmasse zwischen Jordantal und Mittelmeer geht. Diese Analyse führt häufig zu einer pauschalen Solidarisierung mit Palästina und einer dogmatischen Abwehr gegenüber dem jüdischen Staat. Hinzu kommt: Die Klimabewegung des Globalen Nordens – von der Anti-AKW-Bewegung über „Castor Schottern" bis Extinction Rebellion – war schon immer sehr weiß. In einem Interview mit der *taz* im September 2022 kritisierte ein*e Klimaaktivist*in der FFF-Gruppe BIPoC for Future, gegründet von Schwarzen Personen und People of Colour, dass Klimagruppen zu weiß seien und es zu wenig migrantische Perspektiven gebe. Deshalb versucht die Bewegung, sich in den vergangenen Jahren zu diversifizieren – und zu „dekolonialisieren".

Dass Länder des sogenannten Globalen Südens in den Fokus rücken müssen, dass direkte Betroffene der Klimakrise zu Wort kommen sollen, dass die Bewegung auch in Europa keine Kampagne der weißen bürgerlichen Mittelschicht sein soll, steht nicht zur Debatte. Doch diese Korrektur führt manchmal auch zu einer

Überkompensierung: Israel wird für manche Klimaaktivist*innen zur Projektionsfläche für die Kolonialgeschichte der eigenen Heimatländer. Da sie sich aufgrund ihres Status als privilegierter Nachwuchs aus reichen Industriestaaten im sogenannten Globalen Norden schuldig fühlen, solidarisieren sie sich reflexartig mit dem Underdog Palästina.

So schreibt Fridays for Future International im bereits diskutierten Social-Media-Beitrag im Mai 2021: „Unser Privileg, manifestiert durch unsere Plattform und als Gruppe im Globalen Norden, muss verwendet werden, um gegen die offenkundigen Menschenrechtsverletzungen aufzustehen, die gerade jetzt in Palästina stattfinden." Nach einer Rede der Schwarzen US-Bürgerrechtlerin Angela Davis auf dem Kreuzberger Oranienplatz im Oktober 2022 schreibt die internationale Gruppe auf Twitter, Klimagerechtigkeit bedeute Antikolonialismus, was wiederum „Free Palestine" heißen müsse.

Von der Kohlegrube zur Klimaintifada

Diese Logik mündet nicht selten in offenem Judenhass – auch in der deutschen Klimabewegung. Unter dem Motto „Von Hamburg bis nach Gaza – Klimaintifada", ruft die trotzkistische Jugendgruppe Revolution im August 2022 zum Klima-Protestcamp in der Hansestadt auf – ein Slogan, der Selbstmordattentate gegen israelische Zivilist*innen verharmlost und eine Verbindung zwischen Klimakrise und Nahostkonflikt konstruiert. Drei Tage zuvor hatten die deutschen Nachwuchs-Trotzkist*innen auf Instagram eine „dritte Intifada gegen den israelischen Staat" gefordert. Zur Erinnerung: Während der ersten und zweiten Intifada starben tausende Menschen auf beiden Seiten des Konflikts. Es war eine Zeit, die von hunderten Selbstmordattentaten und Bombenanschlägen gegen israelische Zivilist*innen geprägt war. Die Gruppe Revolution zumindest erkennt kein Problem mit dem Beitrag: „Unsere Solidarität mit Palästina war niemals antisemitisch, ist nicht antisemitisch und wird auch nie antisemitisch sein!"

Klimagruppen distanzieren sich prompt von dem Aufruf. Die Gruppe Revolution sei zum Camp nicht offiziell eingeladen worden, sagt eine Sprecherin des Bündnisses Ende Gelände der *Welt*. Da das Camp ein offener Raum sei, könne man aber nicht kontrollieren, wer sich dort aufhalte. Fridays for Future Hamburg macht gegenüber der Zeitung deutlich: „Mit ihren sehr klar antisemitischen Äußerungen möchten wir [...] in keiner Weise in Verbindung gebracht werden." Fridays for Future Deutschland hat inzwischen die Unvereinbarkeit mit Revolution beschlossen und lehnt eine Zusammenarbeit mit der Gruppe sowie ihren Mitgliedern offiziell ab.

Die Kampfparole „Klimaintifada" könnte man als reine Provokation abtun, als „Medienevent", inspiriert vom Extinction-Rebellion-Gründer Roger Hallam, damit das Thema Klimakrise in den Schlagzeilen bleibt. Aber sie zeigt auch, wohin der wachsende Einfluss von BDS in der Bewegung, die zunehmende Dämonisierung Israels und die Verklärung terroristischer Gewalt führen. Und sie zeigt, dass auch der Kampf um Klimagerechtigkeit immer wieder von Israelhassern gekapert wird. Von Oktober bis November 2022 zum Beispiel twitterte Fridays for Future International fast so viel über Palästina und „Apartheid Israel" wie über die damals stattfindende UN-Klimakonferenz COP27.

Das hinterlässt Spuren, vor allem im aggressiven Ton einzelner Klimaaktivist*innen in den sozialen Medien. „Erkennt ihr die Apartheid in Israel an oder seid ihr offen rechtsextrem", twittert im Juli 2022 ein deutscher Klimaaktivist und ehemaliges Mitglied der Presse-AG von Fridays for Future Deutschland. Die israelische Flagge sei ein „Zeichen für Rechtsextremismus", heißt es in einem weiteren seiner Tweets. Fast täglich hetzt er gegen Israel oder beleidigt jüdische Aktivist*innen etwa als „rassistisches Stück Scheiße". In Fotos posiert er in einem Pullover mit dem Konterfei der PFLP-Terroristin und Flugzeugentführerin Leila Khaled, zuletzt auf einer Klimademo in Lützerath. Was eigentlich ein Protest gegen das Abbaggern des Dorfes für die Erweiterung des Braunkohletagebaus sein sollte, wird von Aktivist*innen wie ihm durch Palästinaflaggen,

Israel-Boykott-Aufkleber und Terroristen-Hoodies instrumentalisiert.

In der deutschen Bewegung wird der Aktivist wegen solcher Ausfälle ausgegrenzt, von Fridays for Future Deutschland wurde er inzwischen ausgeschlossen. Doch bei Fridays for Future International ist er weiterhin aktiv: In der internen Kommunikation auf Telegram sorgt er dafür, dass das Thema Israel durch Social-Media-Beiträge weit oben auf der Agenda der Klimabewegung bleibt. So wirft die internationale Gruppe im Januar 2023 Israel auf Twitter Apartheid und Neokolonialismus vor. Sie spricht von „rassistischen Heuchlern" in den eigenen Reihen, offenbar in Bezug auf die deutsche Sektion von Fridays for Future wegen ihrer antisemitismuskritischen Haltung. Und sie positioniert sich auf der Seite des „palästinensischen Widerstands", zum Schluss heißt es: „Yallah Intifada!" Ein Tweet, der sich wie ein Aufruf zu terroristischer Gewalt gegen israelische Zivilist*innen liest.

Auch wegen solcher Entwicklungen trat im Juli 2022 die FLINTA*-Sprecherin (das Akronym steht für Frauen, Lesben, intergeschlechtliche, nichtbinäre, trans und agender Personen) von Fridays for Future Deutschland zurück. Sie kritisierte den aufkeimenden Antisemitismus in Teilen der Bewegung. „Eine Rassistin weniger", bejubelte ein anderer deutscher Klimaaktivist ihren Rücktritt auf Twitter. „Inschallah bald keine Zionisten mehr", geht es weiter. Auf seinem Profilfoto ist eine Landkarte zu sehen, auf der Israel nicht mehr zu existieren scheint. Dazu die Worte: „Fridays for Intifada". Wenige Monate später will der Aktivist einen palästinensischen Terroristen, der acht Israelis ermordete, als Märtyrer ehren, der nun „unsterblich" geworden sei – und wird dafür auf der Social-Media-Plattform gesperrt. Ein alarmierendes Fallbeispiel für Radikalisierung in einer Bewegung, in der viele noch minderjährig sind. Solche Aktivist*innen mögen zwar in der Unterzahl sein. Aber sie erreichen mit ihrer lautstarken Hetze ein großes Publikum und schaden dem Image der Klimabewegung.

Queere Community

Stefan Lauer

„No Pride in Apartheid", heißt es auf Transparenten und in Demochören bei der ersten Berliner Internationalist Queer Pride im Juli 2021. Das Feindbild: Israel. Mehr als 3000 Personen nehmen an der Demo teil. Zum Demobündnis gehören neben Berlin Against Pinkwashing auch Migrantifa, Palästina Spricht und der Berliner Ableger der BDS-Bewegung. Journalist*innen werden als „Zionistenpresse" beschimpft und körperlich angegriffen. Nach der Demo veröffentlichen Accounts aus dem Umfeld der Organisator*innen auf Twitter Porträtaufnahmen von Medienvertreter*innen und fordern Konsequenzen für die „mutmaßlicherweise [sic] antideutschen/rechten Personen, die Teilnehmer:innen der internationalistischen Queer Pride Demo abgefilmt haben". Nach Medienberichten wird der Tweet wieder gelöscht.

2022 ist die Atmosphäre anders. Das Spektrum ist größer geworden, Israel ist zwar immer noch Thema, aber auch antirassistische und queere Gruppierungen, die sich in der Regel nicht zum Nahostkonflikt oder BDS äußern, haben eigene Blöcke im Demozug. Die internationale queere Partyszene der Stadt unterstützt das Event, im Telegramkanal der schwulen Partyreihe Cocktail d'Amore wird zur Teilnahme aufgerufen. 10 000 Menschen gehen auf die Straße. Wieder steht Berlin Against Pinkwashing an erster Stelle der Veranstalter*innen. Auf Instagram stellen sich die einzelnen Blöcke der Demo vor und laden zur Teilnahme ein. So etwa der

„Palästinensische FLINTA*-Block", gebildet von Palästina Spricht, BDS-Berlin und einem „Kollektiv unabhängiger palästinensischer Queers und Feminist*innen". Es sind wie immer die gleichen Argumente: Pinkwashing des „siedlerkolonialistischen Projekts", „Landraub" und „kulturelle Aneignung". Das Wort Israel steht in Anführungszeichen. Die Demonstration ist ein Coup für die israel-feindliche Szene: Noch nie sind in Deutschland so viele Menschen hinter den Bannern und Botschaften der BDS-Kampagne mar-schiert.

Es ist eine bemerkenswerte Entwicklung, auch mit Blick auf die vorherigen alternativen Prides der Hauptstadt. Denn während dort Antizionismus und Israelfeindschaft immer wieder zum Vorschein kamen, gab es doch auch Gegenwehr. Einzelne Gruppen und Teilnehmende distanzierten sich glaubhaft. Am Ende waren die antisemitischen Ausfälle sogar der Grund für das Aus der früheren alternativen Prides. Das hat sich geändert. Die BDS-Bewegung und Antizionismus sind normalisiert. Sie gehören wie selbstverständ-lich dazu, offenbar hat niemand mehr etwas am queeren Judenhass auszusetzen.

Deutlich wird das auch einen Monat später. Im August 2022 fin-det das queere Whole-Festival in der Nähe von Dessau statt. Seit 2017 organisieren mehrere Berliner Partykollektive ein Wochen-ende, bei dem sexuelle Vielfalt und queere Utopie im Mittelpunkt stehen sollen. Dabei sind zum Beispiel Buttons, Room 4 Resistance, Cocktail d'Amore und Lecken, die in diesem Band auch im Kapitel zu Antisemitismus in der Clubkultur erwähnt werden. Insgesamt finden im Verlauf des Festivals vier Talks statt. Es geht um sexuelle Gesundheit, Klimagerechtigkeit und die LGBTQ*-Bewegung.

Der vierte Talk dreht sich nicht etwa um einen der 69 Staaten, in denen auch 2022 Homosexualität noch unter Strafe steht oder um die mindestens elf Länder, in denen Schwulen die Todesstrafe droht. Es geht nicht um Uganda, wo in Magazinen Homosexuelle geoutet werden und dazu aufgerufen wird, sie zu ermorden. Nicht um den Iran, wo seit der islamischen Revolution 1979 mehr als

4000 schwule Männer an Baukränen erhängt wurden. Es geht um Israel, schon wieder.

„Free Palestine as a Queer Issue", heißt der Talk. Auf der Bühne sitzen zwei queere palästinensische Aktivist*innen aus Ramallah und Haifa, dazu ein schwuler US-amerikanischer jüdischer Autor, der in Berlin lebt. Es ist bedrückend, was die beiden Aktivist*innen aus ihrem Alltag und ihrer Arbeit in den besetzen Gebieten und der arabischen Community in Israel berichten. Es geht um patriarchale Kultur, um Diskriminierungen und um den Rassismus, der ihnen aus der israelischen Mehrheitsgesellschaft entgegenschlägt. Doch dabei bleibt es nicht: Israel töte jeden Tag Kinder und Babys, heißt es etwa. Das ist nicht nur schlichtweg falsch, sondern die Behauptung ist zugleich die antijudaistische Ritualmordlegende in neuer Form, die seit Jahrhunderten Jüdinnen*Juden unterstellt, nichtjüdische Kinder zu entführen und zu töten, um ihr Blut zu trinken.

Der US-amerikanische Autor behauptet währenddessen, dass antizionistische jüdische Stimmen in Deutschland zum Schweigen gebracht würden. Ähnliche Argumente gibt es auch in anderen Szenen, sie sind auch auf der documenta zu hören oder von antirassistischen Organisationen, die keine Berührungsängste gegenüber Antisemit*innen haben. Dabei ist unklar, wie repräsentiert oder unterrepräsentiert diese Stimmen in der Realität sind. Unterstellt wird jedoch immer auch, dass Jüdinnen*Juden, die sich prozionistisch äußern oder auf dem Existenzrecht des jüdischen Staates bestehen, Teil einer ominösen rechtspopulistischen bis rechtsextremen Bewegung seien, die sich mindestens pro Netanjahu positioniert oder sogar die rechtsextremen Teile der Siedler*innen-Bewegung unterstützt. Mit der Realität hat auch das wenig zu tun.

Die Aktivistin aus Haifa berichtet schließlich über einen palästinensischen Pride-March in der Küstenstadt, den sie mitorganisiert hat. Es ist eine Geschichte mit Widersprüchen. Der Fakt, dass die Aktivist*innen und die Community die Demonstration durchführen konnten, ist für sie ein Beispiel von Pinkwashing, also der angeblichen Strategie Israels, durch Liberalität gegenüber der LGBTQ*-Community von der Unterdrückung der Palästinenser*innen abzulenken. Sie berichtet darüber, dass israelische Polizist*innen den March begleiteten, und über die Bedrohung, die von dieser Präsenz ausgegangen sei.

Worüber sie nicht spricht: dass jüdische Israelis in der queeren Community Haifas nicht willkommen sind. Die arabisch dominierten LGBTQ*-Organisationen der Stadt lehnen eine Zusammenarbeit mit dem israelischen Staat oder mit jüdischen queeren Organisationen kategorisch ab. Das bekräftigen auch die Aktivist*innen auf der Bühne beim Whole-Festival. Dass diese Ablehnung auch in Teilen der queeren arabischen Community vor Ort kritisch betrachtet wird, darüber wiederum fällt kein Wort. Mohammed Zoabi, ein Autor, der sich selbst als zionistischer arabischer Aktivist bezeichnet, sagte der Zeitung *Haaretz*: „Meiner Meinung nach ist es heuchlerisch, dass Araber*innen es ablehnen, mit israelischen Orga-nisationen zusammenzuarbeiten oder sie sogar boykottieren. Wir leben in einer komplexen Realität und ich kann die Gründe dafür verstehen, aber im Großen und Ganzen schadet es unserem Kampf."

Alternativer Israelhass

Dieses Kapitel ist vor allem ein Einblick in eine Berliner Blase. Was die Diskussion dort für die Community im Rest des Landes bedeutet, bleibt noch unklar. Denn Berlin ist auch die queere Hauptstadt Deutschlands. Nirgendwo anders im Land ist die Szene so groß wie hier, weder in München noch in Hamburg oder gar Köln. Das bedeutet auch, dass sie eine Avantgarde-Funktion in der Republik hat. Könnte also die Israelfeindschaft, die sich auf den queeren Dancefloors der Stadt, aber auch bei alternativen Prides immer wieder Bahn bricht, Vorbildfunktion entwickeln? Eigentlich sieht es nicht so aus. An keinem anderen Ort in Deutschland gibt es überhaupt einen alternativen Pride-March und noch viel weniger einen, auf dem der sogenannte Nahostkonflikt oder BDS ein Thema sind. Allein in der Hauptstadt wird die Auseinandersetzung schon seit Jahren immer wieder erbittert geführt.

Ein Grund dafür ist sicherlich die Internationalität der Berliner Szene, die nirgends im Rest des Landes so ausgeprägt ist. Denn nicht nur Queers aus ganz Deutschland, sondern aus aller Welt zieht es in die Hauptstadt – einerseits wegen des ausschweifenden Nachtlebens, aber auch, um ihre Sexualitäten und Genderidentitäten leben zu können. BDS und Israelfeindschaft sind selbstverständlicher Teil von vielen progressiven Gruppen und Szenen geworden, die sich auf die Seite der Unterdrückten stellen wollen. Ein unterkomplexes und vereinfachendes Narrativ, aber eines mit großem Einfluss in einer international dominierten Szene. Nicht zuletzt sprechen sich internationale Ikonen der LGBTQ*-Bewegung für BDS aus. Die Philosophin Judith Butler etwa, die das Denken über Sexualität und Geschlecht wie niemand anders revolutioniert hat, unterstützt die Bewegung schon seit Jahren.

Das Antisemitismusproblem der queeren Hauptstadtszene ist keineswegs neu. Zwischen 1998 und 2016 fand in Berlin ein alternativer Pride-March unter verschiedenen Namen in Abgrenzung zum „großen CSD" statt. Die legendären Ausschreitungen vor der New Yorker Szenekneipe Stonewall Inn im Jahr 1969 sind ein Gründungsmythos der globalen queeren Bewegung. An vielen Orten der Welt finden in Erinnerung an den Widerstand von schwulen Männern und trans Personen gegen Polizeigewalt und Willkür jedes Jahr Demonstrationen statt. Sie heißen Pride oder Christopher Street Day, benannt nach der Straße, in der die Kneipe lag.

Schon 1997 kommt es in Berlin zum Eklat. „Es ist nun einmal so, dass dort, wo Müll ist, Ratten sind, und dass dort, wo Verwahrlosung herrscht, Gesindel ist. Das muss in der Stadt beseitigt werden", verlautbart Klaus-Rüdiger Landowsky, der damalige CDU-Fraktionsvorsitzende im Berliner Abgeordnetenhaus, in einer Rede. Als Reaktion gründet sich der „Herz mit Hirn"-Block der „Queerulanten", der zusammen mit dem Kreuzberger Club SO36, dem Schwulenreferat der Freien Universität und einer Gruppe der PDS, Vorgängerpartei der Linken, am Ende der CSD-Parade läuft. Auf dem Wagen ist eine große Ratte zu sehen, neben einer Badewanne voller Schlamm. Der genaue Ablauf der Geschehnisse ist im Nachhinein nicht mehr rekonstruierbar. Schlamm wird womöglich auf parkende Autos geworfen, andere Quellen berichten, dass ein CSD-Teilnehmer in SS-Uniform, der einen Mann in KZ-Häftlingskleidung an einer Leine führt, aus dem Block heraus angegriffen wird. So oder so offenbar unerträgliche Übergriffe in den Augen der Organisator*innen der queeren Demonstration. Ohne den Block darüber in Kenntnis zu setzen, meldet das Orgateam den hinteren Teil des CSD kurzerhand ab, eine Polizeihundertschaft soll den Ausschluss des gesamten Blockes durchsetzen, es kommt zu Auseinandersetzungen.

Im Folgejahr findet als Reaktion zum ersten Mal der „transgeniale CSD" statt. In der 18-jährigen Geschichte der Demo kommt es immer wieder zu antisemitischen Ausfällen. 2003 will sich eine Gruppe namens „Queer for Israel" mitsamt Fahne an der Demo beteiligen und wird vom Lautsprecherwagen aus aufgefordert, die „Scheißfahne" wegzupacken. Das Verbot von Nationalsymbolen wird allerdings nicht immer so streng genommen. 2015 marschiert der alternative Pride-March, diesmal unter dem Namen „Kreuzberger CSD", unter einer am Zentrum Kreuzberg gehissten Regenbogenflagge, die mit der Palästinaflagge verknotet ist, vorbei. Diese Flagge muss nicht eingepackt werden, sondern wird stattdessen von den Teilnehmenden bejubelt. Das Motto damals, „Keine pinke Camouflage!", ist kein Zufall. Denn Berlin Against Pinkwashing ist nicht zum ersten Mal Teil des Orgateams. Vorfälle rund um diese Gruppe führen schließlich auch zum endgültigen Ende des alternativen CSD.

Desinformation nach russischem Vorbild

2016 ist dabei ein Kipppunkt: Berlin Against Pinkwashing ruft von der Bühne der Abschlusskundgebung, diesmal heißt die Veranstaltung X*CSD, zur BDS-Unterstützung auf. Die Rede, gehalten von Belal Awad, ist ein Paradebeispiel für den 3D-Test

Natan Scharanskis: Dämonisierung, Delegitimierung und Doppelstandards, gespickt mit Halbwahrheiten, Vermutungen und schlichter Desinformation. Die Opfer der israelischen Raketenangriffe auf Gaza im Sommer 2014 seien „Schwule, Lesben, Trans und andere Queers" gewesen. Was wirklich geschah: Nach der Entführung und Ermordung dreier israelischer Teenager nahmen israelische Streitkräfte damals hunderte Hamas-Unterstützer*innen in den besetzten Gebieten fest, die Terrororganisation reagierte mit Raketen aus Gaza, was wiederum Israel veranlasste, den Küstenstreifen mit Raketen zu beschießen.

Awads nächster Vorwurf: Der israelische Staat präsentiere sich „gay friendly", tue aber nichts, um Queers in den besetzten Gebieten zu schützen. Dass die Palästinensische Autonomiebehörde für die Zivilbevölkerung in der Westbank verantwortlich ist und israelische NGOs queere Palästinenser*innen dort unterstützen, übergeht er dabei. Awad suggeriert auch, Sexarbeiter*innen würden ausschließlich in Israel Opfer sexualisierter Gewalt. Die Rede ist ein Meisterstück in Sachen Desinformation und Propaganda – Hauptsache, gegen Israel. Und ein Blick auf Awads Vita zeigt, dass er Übung hat: Von 2013 bis 2016, also auch noch zu der Zeit, als Awad für Berlin Against Pinkwashing aktiv ist, arbeitet der Journalist als „Senior Intake Editor" ausgerechnet für Ruptly, die Auslandsnachrichtenagentur des Kreml-Propagandaorgans *Russia Today*.

Direkt nach seiner Rede treten Vertreter*innen des „Radical Queer Wagenplatz Kanal" auf die Bühne und unterstreichen ihre „hundertprozentige Solidarität, nicht nur mit Pinkwashing Berlin, auch mit BDS". Die weiteren Geschehnisse sind ein Sinnbild für die merkwürdige Obsession von Teilen der queeren Community mit dem jüdischen Staat. „Die Regierung spricht von einer sogenannten Geflüchteten-Krise, aber sie sind nicht das Problem. Die Probleme sind die Besatzung Palästinas, das Massaker in Kurdistan und viele unzählige Massaker", heißt es von den queeren Hausbesetzer*innen. Es gibt Buhrufe aus dem Publikum, jemand wirft einen Pappbecher auf die Bühne. Und plötzlich sind das „Massaker in Kurdistan" und der Rest gar nicht mehr so wichtig. Die

Person auf der Bühne setzt neu an: „Das Problem sind die Massaker, die Besetzung in Palästina. Ich sag's nochmal: Die Besetzung von Palästina ist das Problem!" Sprechchöre werden laut: „Free, free Palestine", schallt es über den Kreuzberger Oranienplatz. Aber die Rede ist noch nicht zu Ende, „Pinkwashing, Homonationalismus, Besetzung, Siedlerkolonialismus" werden angeprangert. Alles Buzzwords der BDS-Blase.

Latkes*Berlin, eine jüdische queerfeministische Gruppe, veröffentlicht 2018 einen Text, in dem eine Aktivistin ihre Reaktion auf die Redebeiträge zwei Jahre zuvor beschreibt: „Normalerweise versuche ich wegzuhören, mich abzulenken, außer Reichweite der Lautsprecher zu stehen. Eine seit Jahren auf dem Kreuzberger CSD notwendige Praxis, doch dieses Mal funktioniert sie nicht mehr, und ich sitze heulend in einem Hauseingang, weil ich deutlich die Botschaft höre: Als queere Jüdin bin ich hier nicht erwünscht, zumindest nicht, wenn ich mich nicht antizionistisch positioniere."

Monate später erscheint ein Statement von einem Teil des X*CSD-Orgateams, das die Redebeiträge als „eindeutig antisemitisch" benennt. „Das alles ist gut und könnte optimistisch stimmen – wenn dieses Statement und auch die gescheiterte Nachbereitung des Gesamt-Teams in der Szene-Öffentlichkeit nicht fast unbeachtet und unbesprochen geblieben wäre", bemerkt Latkes*Berlin zutreffend. In den Folgejahren findet sich das Orgateam nicht mehr in der alten Konstellation zusammen. Der „Kreuzberger CSD" in seiner ursprünglichen Form ist Geschichte.

Was hinter queerem Antisemitismus steckt

Der Antisemitismus in der queeren Community ist symptomatisch für Antisemitismus in der Linken im Allgemeinen: Die Schlagwörter des Antiimperialismus und der postkolonialen Theorie gehören auch zum Vokabular in queeren Räumen. Hinzu kommt, dass BDS gezielt versucht, in queeren Bewegungen Fuß zu fassen, um sie thematisch zu kapern. Aber auch eine vereinfachte Gleichsetzung von Queers und Palästinenser*innen wird imaginiert – beide Underdogs, die Diskriminierung erleben und gegen Unterdrückung kämpfen. Und beide von der Norm abweichende Identitäten, so die queere Vorstellung. Man stilisiert sich als Verbündete der Palästinenser*innen im Kampf für Emanzipation – trotz aller Unterschiede und Widersprüche.

Der „Homonationalismus", der von der Kreuzberger Bühne aus angeprangert wird, ist ein Konzept der US-amerikanischen Geschlechterforscherin Jasbir Puar aus dem Jahr 2007. Puar beschreibt damit eine Form von Doppelstandards: Demnach nutzten westliche Staaten Homofeindlichkeit als Rechtfertigung für Rassismus und Muslimfeindlichkeit. Indem sie Migrant*innen oder Muslim*innen Ablehnung oder Hass gegenüber LGBTQ*-Menschen attestieren, lenkten sie von ihren eigenen Verfehlungen ab. Muslimische Homofeindlichkeit werde genutzt, um Migration zu begrenzen. Gleichzeitig schreibe sich der Westen LGBTQ*-Freundlichkeit auf die Fahnen, lebe aber Toleranz und Akzeptanz in der Realität gar nicht. Gleichstellung und Gleichwertigkeit würden demnach in ein heteronormatives Korsett gepresst, also zum Beispiel in die „Ehe für alle", die heterosexuelle Konzepte nachahme und LGBTQ*-Beziehungen nicht abbilde – und dadurch zum reinen Symbol werde.

Einige der Punkte aus diesem Konzept sind nachvollziehbar. So ist es fragwürdig, wenn muslimischen Migrant*innen in Deutschland Homofeindlichkeit vorgeworfen wird, gleichzeitig aber zum Beispiel die Opfer von § 175, der Homosexualität bis 1994 unter Strafe stellte, nie wirklich entschädigt wurden, oder eine Aufarbeitung der homofeindlichen Gesetzgebung erst erfolgte, nachdem viele der Leidtragenden schon lange tot waren.

Aber dann schießt die Theorie auch weit über das Ziel hinaus und benutzt bizarre Instrumentalisierungen. Zum Beispiel die Attacke auf den LGBTQ*-Club Pulse in Orlando 2016: Der Anschlag gilt als die schlimmste Terrorattacke gegen die LGBTQ*-Community in den USA und als tödlichster Anschlag seit dem 11. September 2001. 49 Menschen wurden ermordet und 53 verwundet. Der Täter bekannte sich zum sogenannten Islamischen

Staat, einer Terrororganisation. Die Schwere der Tat zu benennen und einzuordnen, ist für „Homonationalismus"-Vertreter*innen rassistisch. Weil dadurch Gewalt, die von den USA ausgeht oder historisch ausgegangen ist, ignoriert werde.

„Das Shooting im Pulse als schlimmstes Shooting [in der amerikanischen Geschichte] zu beschreiben, verdeckt staatliche Gewalt, dient dem Image des Staates und minimiert die Unterdrückung der indigenen Bevölkerung und ethnischer Minderheiten oder macht sie unsichtbar", schreibt etwa Queertheoretiker*in Gaetano Venezia III. Noch weiter geht Jasbir Puar, die „sexual deviance", also „sexuelle Abweichung", mit Terrorismus gleichsetzt. Sowohl Terrorist*innen als auch die LGBTQ*-Community würden von der Gesellschaft als „das Andere" begriffen. Indem sich sexuelle Minderheiten aber zum Staat und zum Westen bekennen, hätten sie eine Chance auf Akzeptanz. Die Theorie über „Homonationalismus" macht es unmöglich, real existierende Homofeindlichkeit unter Muslim*innen oder in muslimischen Ländern zu kritisieren.

Aus der Theorie wird Praxis

Egal, wie abstrakt dieses Konzept auf den ersten Blick erscheinen mag, mit Blick auf Israel wird es konkret. Berlin Against Pinkwashing trägt es schon im Namen. Pinkwashing transportiert „Homonationalismus" aus dem akademischen Elfenbeinturm in die queere Community. Israel gilt als liberales Land: Tel Aviv hat eine große LGBTQ*-Szene, eine gleichgeschlechtliche – generell eine zivile – Ehe zu schließen, ist im jüdischen Staat zwar nicht möglich, Ehen, die in anderen Ländern geschlossen wurden, werden aber anerkannt, außerdem gibt es eingetragene Lebenspartnerschaften. Gleichgeschlechtliche Paare dürfen Kinder adoptieren und LGBTQ*-Personen können offen in der Armee dienen.

Dabei gibt es auch Schattenseiten. Etwa lehnen große Teile der ultraorthodoxen Community queere Menschen ab, genauso wie viele arabische Israelis. Besonders gegen die Parade in Jerusalem gibt es immer wieder massive Proteste, die von Repräsentant*innen aller in Jerusalem vertretenen Religionen unterstützt werden. Wie etwa 2006, als die sogenannte Bestienparade als Gegendemonstration zum Pride organisiert wurde: Nationalreligiöse und ultraorthodoxe Homofeinde trieben Ziegen und Esel entlang der Pride-Route. Muslimische Kleriker und Aktivist*innen der palästinensischen Fatah nannten den Pride-March ein „moralisches Massaker" und „Krebsgeschwür".

2005 griff ein ultraorthodoxer Jude die Pride-Parade in Jerusalem an und verletzte drei Menschen mit einem Messer. Der Täter saß zehn Jahre im Gefängnis, wurde drei Wochen vor der Pride 2015 entlassen und griff erneut die Demonstration an. Dabei verletzte er sechs Teilnehmende mit einem Messer und tötete eine 16-Jährige. Der Aufschrei in der israelischen Presselandschaft war groß. Selbst Mitglieder der ultraorthodoxen Haredim und nationalreligiöse Siedler verurteilten den Mord, zumindest öffentlich. Der Täter wurde zu 31 Jahren Gefängnis verurteilt.

Die neue israelische Regierung könnte die Situation drastisch verschlechtern. Nach den Wahlen im November 2022 bildete Benjamin Netanjahus Likud-Partei zusammen mit dem Rechtsaußenwahlbündnis HaTzionut HaDatit („Religiöser Zionismus") die Regierung. Vorsitzender der gleichnamigen Partei ist Bezalel Smotrich, seit Dezember 2022 Finanzminister, einer der Organisatoren der homofeindlichen „Bestienparade" von 2006 und laut Selbstauskunft „stolzer Homophober". 2015 bezeichnete er die Jerusalem Pride als „abartige Veranstaltung". Smotrich fordert unter anderem, dass Ärzt*innen künftig die Behandlung von LGBTQ*-Patient*innen aus religiösen Gründen ablehnen dürfen. Zur neuen Regierung gehört auch der rechtsradikale Scharfmacher Itamar Ben-Gvir, ebenfalls Mitorganisator der „Bestienparade". Auch Avi Maoz und seine kleine Anti-LGBTQ*-Partei Noam sind Teil der neuen Koalition.

Würde Israel tatsächlich den hinterlistigen Plan des „Pinkwashing" verfolgen, dann wäre das Land damit nicht sonderlich erfolgreich. Die aktuelle Situation ändert aber nichts an der

Tatsache, dass LGBTQ*-Rechte im Land gesetzlich verankert sind und gesellschaftlich mitgetragen werden. Israel bleibt trotz dieser Widerstände der einzige Staat in der Region, in dem die queere Community praktisch angstfrei und gleichberechtigt leben kann. Und ungeachtet der neuen Regierung gibt es auch weiterhin Fortschritt: Amir Ohana von Netanjahus Likud-Partei ist der erste offen schwule Knessetsprecher des Landes.

Israelkritiker*innen gilt jede Errungenschaft der queeren Szene vor Ort als „Pinkwashing". Der Begriff wurde von der queeren amerikanischen Autorin und Aktivistin Sarah Schulman 2011 in einem vielbeachteten Meinungsbeitrag in der *New York Times* popularisiert. Laut Schulman sei Pinkwashing „eine bewusste Strategie, die anhaltenden Menschenrechtsverletzungen an den Palästinenser*innen hinter einem Bild von Modernität zu verbergen, das von queerem [im Original benutzt Schulman ‚gay'] israelischem Leben geprägt ist".

Analog zu den Ideen des „Homonationalismus" werfen die Kritiker*innen der israelischen Regierung also vor, mit der Unterstützung der queeren Community von der verheerenden Situation der Palästinenser*innen ablenken zu wollen. Das Argument, dass Israel in der Region das einzige Land ist, in dem LGBTQ*-Rechte überhaupt existieren, wird umgedreht. Demnach akzeptiert Israel die Community nur deswegen, um mit dem Finger auf seine Nachbarn und die Palästinenser*innen zeigen und sich selbst im Gegensatz zu ihnen als moderner, westlicher Staat präsentieren zu können. Ein in sich antisemitisches Argument, denn dem jüdischen Staat wird unterstellt, aus böser Absicht heraus zum eigenen Vorteil zu handeln. Es geht um eine Verschwörung: Der Einsatz für LGBTQ*-Rechte wird zum hinterhältigen Plan, mit dem Außenstehende beeinflusst werden. Dadurch entsteht die bizarre Situation, dass Palästina-Aktivist*innen die Tatsache, dass in Gaza und der Westbank Menschenrechte für queere Personen faktisch nicht existieren, als Whataboutism oder gar Rassismus abtun können.

Wie der queere Diskurs zum Beispiel in der Jerusalemer al-Aqsa-Moschee geführt wird, illustriert eine Freitagspredigt von Anfang Juli 2022, die live über YouTube gestreamt wurde: „Unser muslimisches palästinensisches Volk wird es nicht akzeptieren, dass ein einziger Homosexueller seine Abscheulichkeiten öffentlich verkündet." Die Stimme des Predigers überschlägt sich. „Unser Volk wird keine Institutionen akzeptieren, die diese Abscheulichkeiten im gesegneten und reinen Land Palästina verteidigen." Weiter: „Wir erklären hiermit, dass wir alle Formen von Homosexualität und Perversion verachten und ablehnen." Die antizionistischen Teile der queeren Community schweigen dazu.

Auch bei tödlicher Gewalt bleibt es still. Das zeigt der Fall Ahmad Abu Marhia. Der 25-jährige schwule Palästinenser aus Hebron lebte zwei Jahre in Tel Aviv und wartete auf die Bearbeitung seines Asylantrags in Kanada. Im Oktober 2022 wurde Ahmad wahrscheinlich entführt. Seine enthauptete Leiche wurde in seiner palästinensischen Heimatstadt gefunden. Ahmads Geschichte wird von queeren Antizionist*innen nicht zum Thema gemacht, BDS würdigt seinen Tod mit keiner Silbe. Das real existierende Leid queerer Palästinenser*innen ist auf Demos und Podiumsdiskussionen der queeren Berliner Antizionist*innen auch weiterhin kein Thema.

Feministische Bündnisse

Merle Stöver

1979 erstellten exiliranische Studierende in den USA ein Poster mit dem Titel „Hail to the Working and Struggling Women of the World". Im Zentrum der Abbildung stehen drei Frauen: Eine von ihnen streckt die Arme kämpferisch in die Höhe, an ihren Gelenken Handschellen mit gesprengten Ketten. Auf dem Poster unter ihr sind zwei Frauen mit Kopftüchern zu sehen, die linke trägt ein Gewehr über der Schulter, die rechte einen Hammer. Nur bei einer der Abgebildeten – der Frau mit dem Gewehr – ist deutlich zu erkennen, wen sie darstellen soll: die palästinensische Terroristin Leila Khaled.

Khaled ist bis heute eines der international bekanntesten und einflussreichsten Mitglieder der Terrororganisation Volksfront zur Befreiung Palästinas (PFLP). Sie war an zwei Flugzeugentführungen beteiligt. 1969 entführte Khaled ein Passagierflugzeug, das auf dem Weg von Rom nach Tel Aviv war, und separierte die jüdischen von den nichtjüdischen Fluggästen. Letztere wurden freigelassen, während die jüdischen Passagier*innen in Damaskus festgehalten und erst nach mehreren Monaten in einem Gefangenentausch mit dem Staat Israel freikamen. Die zweite Flugzeugentführung, an der Khaled beteiligt war, konnte 1970 durch das couragierte Eingreifen der Fluggäste und des Piloten beendet werden.

Ausgerechnet diese Abbildung, die eine antisemitische Terroristin zeigt, übernimmt die „Alliance of Internationalist Feminists"

136

2021 in Berlin auf dem Plakat, mit dem sie zur Teilnahme an ihrer Demonstration zum Frauenkampftag am 8. März aufruft. Die 1979 gezeichneten Frauen thronen auf diesem Plakat in überdimensionaler Größe über einer Fotocollage globaler feministischer Proteste. Eine Änderung nimmt das Bündnis jedoch vor: Die rechte Frau, auf dem Originalposter mit Kopftuch und Hammer dargestellt, ersetzen die Aktivist*innen durch eine Schwarze Frau: die Wissenschaftlerin und Bürgerrechtlerin Angela Davis.

Davis wiederum unterstützt seit Jahren die BDS-Kampagne und deren Forderung nach politischer, wirtschaftlicher und kultureller Isolation Israels. Im Rahmen der jährlich in zahlreichen Städten weltweit stattfindenden „Israeli Apartheid Week" bezeichnet Angela Davis 2020 das „palästinensische Volk" als „Inspiration" für alle, die gegen Rassismus und für Freiheit kämpfen. Sie verkündet ihre vollumfängliche Unterstützung für die in diesem Zeitraum organisierten Aktionen.

Wie kommt ein feministisches Bündnis dazu, ausgerechnet Leila Khaled und Angela Davis als zentrale Figuren abzubilden? Wofür stehen sie? Welche emanzipatorischen Versprechen sieht ein feministisches Bündnis im terroristischen Antisemitismus Khaleds und dem akademischen Antizionismus von Davis? Und wie kann es sein, dass zahlreiche Feminist*innen an dieser und ähnlichen Demonstrationen teilnehmen, antisemitische Positionen entweder unterstützen oder zumindest gleichgültig hinnehmen?

Holzschnittartige Analysen

Bei dem Versuch, diese Vorgänge nachzuvollziehen, steht eine einfache wie umfassende Erkenntnis am Anfang: Antisemitismus ist keine Ideologie, die singulär der extremen Rechten zuzuordnen wäre – Samuel Salzborn analysiert ihn gar als „negative Leitidee der Moderne". Er zieht sich durch linke, emanzipatorische und feministische Bewegungen, folgt dort eigenen Argumentationen und Bildern und erfüllt genauso auch spezifische Funktionen. Dieser Text nähert sich dem Antisemitismus in feministischen

Bündnissen aus verschiedenen Richtungen: Zum einen legt er das Augenmerk auf Vorfälle aus der jüngsten Vergangenheit, zum anderen sucht er nach Erklärungen dafür, dass insbesondere israelfeindliche Positionen nicht nur hingenommen, sondern sogar zu einem Teil des feministischen Kanons erklärt werden.

In ihrem Statement zur „Israeli Apartheid Week" 2020 formuliert Angela Davis eine Annahme, die derzeitiger feministischer Praxis zugrunde liegt: „With our oppressors uniting, it is becoming increasingly clear that all our struggles for freedom are interconnected, and that no one will be free until we are all free." Alle Kämpfe Marginalisierter seien untrennbar miteinander verwoben, niemand kämpfe nur für sich allein. Zu welchen groben Vereinfachungen der Verhältnisse diese Annahme führt, zeigt sich spätestens, sobald es um Israel geht. Denn in dieser von Angela Davis formulierten Dichotomie gibt es nur diejenigen, die unterdrückt werden, und auf der anderen Seite die, die unterdrücken. Übertragen wird diese holzschnittartige Analyse nicht nur auf das Patriarchat und auf Rassismus, sondern genauso auf den Nahostkonflikt. Denn gerade in diesem sieht Angela Davis das Paradebeispiel eines Kampfes von Unterdrückten gegen einen übermächtigen Unterdrücker und damit ebenso ein feministisches wie antirassistisches Anliegen.

Vor diesem Hintergrund scheint es dann auch nur folgerichtig, dass Leila Khaled auf dem Plakat neben Angela Davis als eine der zentralen feministischen Ikonen abgebildet wird: Sie steht schließlich seit den 1960er Jahren für einen spezifischen „Freiheitskampf", laut Davis die maßgebliche Inspiration für andere Kämpfe. Dass die PFLP, ihre Forderungen und ihr Terror eine massive Bedrohung für Jüdinnen*Juden sowohl in Israel als auch weltweit bedeuten, scheint an dieser Stelle höchstens zweitrangig, wenn nicht sogar erstrebenswert zu sein.

Ausschluss von Jüdinnen

Die Vorstellung des Staates Israel, die dem zugrunde liegt, hat mit der historischen Realität ebenso wenig zu tun wie mit der

Emanzipationsidee des Zionismus: Israel wird so als weißer Kolonialstaat und vermeintlicher Fremdkörper in einer angeblich von Natur aus nichtweißen Region imaginiert, dem die unbewaffneten Palästinenser*innen schutzlos ausgeliefert seien. Dass die Existenz des einzigen jüdischen Staates jedoch die Lebensversicherung für Jüdinnen*Juden sowohl in Israel als auch in der Diaspora darstellt und diese Existenz des Rechtes auf Selbstverteidigung bedarf, kommt in den dichotomen Vereinfachungen nicht vor.

Nun wird an dieser Stelle oft argumentiert, dass es schließlich nur um Israel gehe und Antisemitismus und Antizionismus zwei Paar Schuhe seien. Dem widerspricht jedoch eindeutig, dass die Vorstellungen des jüdischen Staates oft eine ungebrochene Übertragung dessen sind, was der Antisemitismus dem Juden vorwirft: Beide werden als übermächtig und hinterhältig imaginiert und sollen im Antisemitismus nicht unterworfen, sondern vernichtet werden. Die Trennung zwischen Antisemitismus und Antizionismus erweist sich als eine künstliche, die in erster Linie die Auseinandersetzung mit Antisemitismus verhindert.

In der Praxis haben die vehementen antizionistischen Positionen ganz konkrete Auswirkungen darauf, welchen Platz Jüdinnen*-Juden in feministischen Bündnissen überhaupt einnehmen können. So werden 2017 beispielsweise drei jüdische Lesben vom Chicago Dyke March ausgeschlossen. Auf der Parade hatten sie zunächst eine Regenbogenflagge mit einem Davidstern bei sich getragen und sich damit als queer und jüdisch zu erkennen gegeben. Am Rande des Demonstrationszuges wird ihnen daraufhin erklärt, dass sich andere Teilnehmende von dem Davidstern, bei dem es sich vermeintlich um „zionistische Symbolik" handele, „getriggert" fühlen. In einer späteren Stellungnahme lassen die Organisator*innen des Dyke March verlautbaren, dass Zionismus eine Ideologie der White Supremacy sei, der „weißen Vorherrschaft".

Zwei zentrale Punkte werden an diesem Vorfall deutlich: Zum einen werden Jüdinnen*Juden hier auch ohne Anlass in einem Zusammenhang mit Israel gesehen und dazu gedrängt, sich zu dem Staat zu verhalten. Zum anderen wird das Vertreten einer dezidiert antizionistischen Position zur Bedingung für die Teilnahme an einer eigentlich feministischen Parade. Und beide Punkte haben mit der Dichotomie von Angela Davis zu tun: hier die solidaritätswürdigen Unterdrückten, da die verhassten Unterdrücker.

Das Gerücht über die Juden

Ähnlich ist auch Linda Sarsour zu verstehen. Sie ist die vermutlich prominenteste Organisatorin des Women's March on Washington 2017. Die Demo stellt nicht nur ein Schlüsselereignis der derzeitigen feministischen Mobilisierung dar, sondern muss als Auftakt einer sozialen Bewegung verstanden werden. An dieser Demonstration nehmen sogar mehr Menschen teil als an den Protesten gegen den Vietnamkrieg 1969. Mehr als 500 000 demonstrieren am Tag nach dem Amtsantritt des neuen US-Präsidenten Donald Trump gegen die von ihm verkörperte Frauenfeindlichkeit. Als Mitinitiatorin wird Linda Sarsour über Nacht zur Ikone – und das weit über die USA hinaus.

Die Frage des Magazins *The Nation*, ob in der feministischen Bewegung Raum für Personen sei, die Israel unterstützen, beantwortet Linda Sarsour eindeutig: „There can't be in feminism. You either stand up for the rights of all women, including Palestinians, or none. There's just no way around it." Entweder stehe man auf für die Rechte aller Frauen oder keiner, es führe keinen Weg daran vorbei. Mit dieser Aussage impliziert Sarsour, dass eine Unterstützung Israels auch gleichzeitig bedeute, sich nicht für die Rechte palästinensischer Frauen einsetzen zu können – die Unterstützung wird zu einem per se antifeministischen Anliegen erklärt.

Doch bei diesen Äußerungen Sarsours bleibt es nicht, auch im Organisationsteam des Women's March kommt es zu einem Vorfall: An der Vorbereitung der Demonstration ist unter anderem die jüdische Aktivistin Vanessa Wruble beteiligt. Wrubles Berichten zufolge wird sie von zwei weiteren Teammitgliedern, Carmen Perez und Tamika Mallory, mit antisemitischen Gerüchten konfrontiert, zu denen sie sich verhalten sollte: Die beiden Aktivistinnen hatten behauptet, dass Juden die Versklavung Schwarzer Menschen organisiert und von dieser profitiert hätten und heute Geld damit verdienten, dass überproportional viele Schwarze und Lateinamerikaner*innen in den US-amerikanischen Gefängnissen säßen. Bei diesen Vorwürfen handelt es sich um antisemitische Verschwörungsmythen, die den Umweg über Israel nicht benötigen: Der Jude wird dabei als diabolischer Strippenzieher im Hintergrund imaginiert, der das Unheil nicht nur hervorbringt, sondern von ihm profitiert.

Unsichtbare Perspektiven

Neben diesem ganz offensichtlichen Antisemitismus, der Jüdinnen*Juden etwa als weiß und damit als privilegiert begreift, stellt sich ebenso die Frage, warum die genannten Vorfälle derart wenig Aufmerksamkeit bekommen. Zumindest ein Aspekt dessen scheint die in feministischen Bewegungen weitestgehend ausbleibende Auseinandersetzung mit Antisemitismus zu sein. Oft wird er – wenn überhaupt – lediglich als Unterform von Rassismus begriffen und eingeordnet, was jedoch eine tatsächliche Analyse verunmöglicht. Meist bleiben die Perspektiven jüdischer Frauen unsichtbar. In den langen Aufzählungen marginalisierter Frauen, die Aufrufe zu Demonstrationen und Protesten oftmals enthalten, werden sie in der Regel noch nicht einmal genannt. Vielerorts existiert kein Bewusstsein dafür, dass Diskriminierungserfahrungen und Kämpfe jüdischer Frauen in feministischen Bündnissen wahrgenommen werden müssen.

Dabei wäre es gerade die Auseinandersetzung mit Gemeinsamkeiten und Unterschieden von Rassismus und Antisemitismus, die die Analysen von beidem aneinander schärfen und Perspektiven eröffnen könnte, wie Jüdinnen auch in intersektionalen Zusammenhängen nicht nur genannt, sondern mitgemeint werden können.

Für einen Feminismus ohne Antisemitismus

Insbesondere in den vergangenen Jahren wurde jedoch auch immer wieder scharfe Kritik an diesen Entwicklungen formuliert, die an dieser Stelle nicht ungesehen bleiben soll. Als der Women's March im Januar 2019 zum dritten Mal stattfindet, versammeln sich in New York zwei verschiedene Demonstrationen. Die weitaus größere der beiden findet unter dem Motto „March On!" statt und wird von Vanessa Wruble initiiert. Die Demonstration positioniert sich explizit gegen Antisemitismus. Einen anderen Weg wählen seit ein paar Jahren Feminist*innen in Berlin. Sie tragen ihre Kritik in die große Demonstration zum 8. März hinein und organisieren innerhalb der Demonstration einen feministischen Block gegen Antisemitismus.

Bemerkenswert ist zudem eine Entwicklung im „Frauenstreik-Kollektiv". Mit dieser Kampagne haben Aktivistinnen bundesweit Frauen dazu aufgerufen, am 8. März ihre Arbeit niederzulegen und damit gegen die bestehenden patriarchalen Ungerechtigkeiten zu protestieren. Die Ortsgruppe des Frauenstreiks aus Osnabrück veröffentlicht 2019 eine Stellungnahme, mit der sie sich deutlich gegen die Entwicklungen in der bundesweiten Organisation für den Frauenstreik in Deutschland positioniert.

Der Auslöser: Auf einem bundesweiten Vernetzungstreffen für den geplanten Streik hatte der Koordinierungskreis die BDS-Aktivistin und Mitgründerin des „International Jewish Anti-Zionist Network" Selma James eingeladen. Anhand von ausgelegten Broschüren hatte der Koordinierungskreis deutlich gemacht, dass auch der Frauenstreik sich deutlich zum Nahostkonflikt positioniere. In seinem kritischen Statement betont das Osnabrücker „Frauenstreik-Kollektiv", dass die bundesweite Frauenstreik-Struktur den Fehler begehe, „das feministische Anliegen der Befreiung der Frauen durch die Befreiung Palästinas zu ersetzen".

Die Tatsache, dass mittlerweile vielerorts kritische Stimmen zu hören sind, macht Mut. Denn es braucht einen Feminismus, der seinem Anspruch, ein gutes Leben für alle Frauen erkämpfen zu wollen, gerecht wird. Einen, der Antisemitismus mit der gleichen Entschlossenheit entgegentritt, wie er es in den vergangenen Jahren auch gegenüber Rassismus gelernt hat. Einen Feminismus, der bereit ist, zu lernen, und der bereit ist, eine Vereinnahmung feministischer Anliegen zu erkennen und sich ihr entgegenzustellen.

Clubkultur

Nicholas Potter

Als Ben UFO am 12. September 2018 eine pinke Kachel mit weißer Schrift mit seinen 22 000 Followern auf Instagram teilt, geht eine Kampagne der BDS-Bewegung in der elektronischen Musikszene viral. Ben Thomas, so heißt der britische DJ mit bürgerlichem Namen, ist als Labelchef von Hessle Audio ein respektierter Name, ein Darling der Clubkultur. Auf dem pinken Sharepic steht die zentrale Forderung von BDS: Boykott des jüdischen Staates. „Solange die israelische Regierung ihre brutale und anhaltende Unterdrückung des palästinensischen Volkes fortsetzt, respektieren wir dessen Aufruf zum Boykott Israels als Mittel des friedlichen Protests gegen die Besatzung", heißt es auf Englisch. Dazu ein Hashtag: #DJsForPalestine.

Die Kampagne trifft auf lautstarke Zustimmung in der Clubkultur: Hunderte DJs teilen den Aufruf samt Hashtag, zu den bekanntesten gehören Four Tet, The Blessed Madonna, Call Super, Rrose und Pariah. „DJs zeigen Solidarität mit Palästina auf Social Media", titelt das digitale Szeneblatt *Resident Advisor*. Es ist die Stunde des Hashtag-Aktivismus gegen den jüdischen Staat. Und die Aktion ebnet den Weg für eine polarisierende Dynamik in der Clubkultur, die bis heute andauert. Mit dramatischen Folgen.

Ein friedlicher Protest gegen eine brutale und anhaltende Unterdrückung – der Aufruf von BDS wirkt zunächst selbstverständlich in einer Szene, die von Beginn an einen emanzipatorischen Anspruch hatte. Clubkultur als Begriff umfasst unterschiedliche ineinander fließende Subgenres der elektronischen Musik: zunächst House und Techno, später etwa Acid, IDM oder Dubstep. Vor allem bezeichnet er eine Szene, in der Musik und Clubs nicht nur eine kulturelle, sondern auch eine politische Funktion haben. Die Detroiter DJ-Legende Theo Parrish beschreibt elektronische Tanzmusik als „eine Kunstform, die ihre Wurzeln in der Auseinandersetzung mit Rassismus hat, die im Kampf geboren wurde".

House und Techno entwickeln ab den 1980er Jahren vor allem Schwarze Produzent*innen in den ehemaligen Autostädten des Rust Belts in den USA. Die futuristischen Klänge sind eine Antwort auf eine weiße Kulturindustrie, die Schwarze Künstler*innen systematisch ausbeutet, auf eine politische Gegenwart mit wenig Hoffnung, auf die spätkapitalistische Deindustrialisierung, in der viele keine Zukunft sehen. Auch die queere Community spielt eine entscheidende Rolle für die Entstehung von House und Techno. Loren Granic alias Goddollars, Mitbegründer der queeren Partyreihe A Club Called Rhonda in Los Angeles, beschreibt elektronische Musik im Interview mit *Resident Advisor* als „Musik, die geboren wurde, als sich um fünf Uhr morgens in einem Lagerhaus in Chicago homosexuelle People of Colour den Arsch abgeschwitzt haben". Die Clubs sind nicht nur Partyorte, sondern Schutzräume. Gleichzeitig sind sie Räume, in denen Identität überwunden wird, in denen verschiedenste Lebensentwürfe und soziale Hintergründe zusammenkommen können.

Trotz der politisierten Entstehungsgeschichte ist die heutige Szene oft kommerzialisiert, heteronormativ – und vor allem weiß. House und Techno sind seit Jahrzehnten lukrative globale Phänomene, von den hedonistischen Konsummeilen der Loveparade zu den VIP-Bereichen in balearischen Megaclubs. In vergangenen Jahren, vor allem im Zuge der „Black Lives Matter"-Proteste 2020, haben sich Teile der Szene bemüht, diesem Trend etwas entgegenzusetzen. Zu Recht: Sie wollen Fehler korrigieren und Schwarze Künstler*innen wieder in den Fokus rücken. So schreibt

Resident Advisor nach dem Mord an George Floyd selbstkritisch: „Es sollte ein Hauptanliegen von RA [*Resident Advisor*] und anderen elektronischen Musikinstitutionen sein, Schwarze Communitys zu unterstützen und die in der Vergangenheit verzerrten Narrative der elektronischen Musikgeschichte neu zu schreiben."

Resonanz für Israelhass

Vor diesem Hintergrund stoßen die Boykottaufrufe von BDS auf immer mehr Resonanz in der Clubkultur – als Korrektur einer Entpolitisierung, als Versuch, an die emanzipatorischen Wurzeln der Szene anzuknüpfen. In einer musikalischen Richtung, die eher von Beats und Bass statt politischen Songtexten geprägt ist, bietet BDS auch eine niedrigschwellige Gelegenheit, sich politisch zu äußern: Hashtags teilen und die Welt retten. Für die meisten DJs spielt der Verzicht auf einen Auftritt im kleinen Tel Aviv nahezu keine Rolle für ihre Karriere, viele haben sowieso noch nie in Israel aufgelegt. Antisemitismusvorwürfe werden dabei reflexartig abgeschmettert, wie ein Iron Dome gegen Kritik. Denn sie kollidieren mit dem Selbstbild einer progressiven Partywelt: Wie sollte eine Szene, die maßgeblich von Schwarzen Künstler*innen aufgebaut wurde, die Schutzräume für die queere Community bietet, die schon immer ein emanzipatorisches Selbstverständnis hatte, antisemitisch sein?

Die Nähe zwischen BDS und Black Lives Matter (BLM) gibt zumindest eine Antwort: Bereits 2016 bezeichnete BLM in einem Statement Israel als „Apartheidstaat" und schloss sich der BDS-Kampagne an – wegen des vermeintlichen „Genozids gegen das palästinensische Volk". Ein Statement, das von vielen jüdischen Organisationen scharf kritisiert wurde. Aber ein Statement, das in Teilen der Clubkultur, die sich in der Tradition der Schwarzen Technopionier*innen sehen, Anklang findet. Auch die Überschneidung der Clubkultur mit der queeren Community kann den Erfolg von BDS in der Szene teilweise erklären: Vorwürfe gegen Israel wie „Pinkwashing" oder „Homonationalismus" landen in verkürzter Form auf der Tanzfläche, queere Vordenker*innen, die sich antizionistisch äußern, finden auch in der Clubkultur Gehör.

Der kulturelle Boykott von Musikstars wie Miles Davis, Bob Dylan und Bruce Springsteen ab den 1960er Jahren gegen das rassistische Apartheidregime in Südafrika dient zudem als Vorbild in der Clubkultur: BDS-Gruppen ziehen bewusst eine dämonisierende Parallele dazu, um Menschen in der Clubkultur, die auf der „richtigen Seite der Geschichte" stehen wollen, für ihren Israel-Boykott zu mobilisieren. Die „Palestinian Campaign for the Cultural and Academic Boycott of Israel", kurz PACBI, ein Gründungsmitglied der BDS-Kampagne, schreibt etwa 2018: „Der kulturelle Boykott spielte eine Schlüsselrolle in der südafrikanischen Anti-Apartheid-Bewegung, in der progressive Künstler*innen sich weigerten, die Unterdrückung der Schwarzen Mehrheit zu whitewashen." Daraus folgern sie: „Mit dem israelischen Regime der Besatzung, der Apartheid und des Siedlerkolonialismus sollte es kein business-as-usual geben, solange es uns Palästinenser*innen die Grundrechte verweigert."

Bei #DJsForPalestine spielt Ben UFO eine zentrale Rolle: Laut anderen DJs soll er die Kampagne koordiniert haben. Auf Anfrage bestätigt er, dass er den Organisator*innen bei der Verbreitung der Kampagne geholfen habe. Er wolle sich so mit der „palästinensischen Zivilgesellschaft" solidarisieren. Warum er Israel als einziges Land der Welt boykottiert, während er in den vergangenen Jahren in Ländern mit einer verheerenden Menschenrechtsbilanz wie China, Brasilien oder Russland aufgelegt hat, beantwortet er auf Instagram: Gäbe es gegen ein anderes Land eine vergleichbare Boykottbewegung aus der dortigen „betroffenen unterdrückten Klasse", würde er auch diese unterstützen. Bis dato betrifft der Boykott aber offenbar nur Israel.

Mit der „palästinensischen Zivilgesellschaft" und der „betroffenen unterdrückten Klasse" hat BDS nur bedingt zu tun. Die Kampagne knüpft an die langjährige antisemitische Boykottstrategie der Arabischen Liga seit 1945 an, die schon vor der Staatsgründung Israels Juden in der Region boykottierte. BDS wurde zudem unter maßgeblicher Beteiligung der Terrororganisationen Hamas, PFLP und Islamischer Jihad ins Leben gerufen. Nach Zivilgesellschaft klingt das nicht. Auch #DJsForPalestine stammt nicht von besorgten Techno-Stars, sondern wurde von der PACBI zusammen mit zwei Londoner BDS-Aktivist*innen initiiert.

Neu ist die Idee nicht: In auffällig ähnlichem Wortlaut startete die PACBI bereits einige Monate zuvor, im Mai 2018, die Kampagne #ArtistsForPalestine. Bands wie Portishead, Circa Waves und Algiers teilten die in diesem Fall grüne Kachel mit weißer Schrift: „Solange die israelische Regierung Kriegsverbrechen gegen das palästinensische Volk begeht, unterstützen wir dessen Aufruf zum Boykott Israels als Mittel des friedlichen Protests gegen die brutale Besatzung." Auch nach dem Israel-Gaza-Konflikt 2021 unterschrieben mehr als 600 Bands und Musiker*innen, darunter Cypress Hill, Nicolas Jaar und Rage Against the Machine, den offenen Boykottbrief #MusiciansForPalestine.

Sprachrohre der Szene

Dieses antizionistische Narrativ verfängt in der Clubkultur immer mehr. Und es wird auch von reichweitenstarken Szeneorganen verstärkt. Boiler Room zum Beispiel: Die Streamingplattform ist inzwischen eine globale Marke samt lukrativen Partnerschaften mit Firmen wie Red Bull und Ray Ban. Ihre Partys erreichen jährlich Millionen von Fans mit bis dato 8000 Auftritten von Künstler*innen in 200 Städten weltweit. Fünf dieser Partys fanden bislang in Tel Aviv statt, die letzte 2017.

Im darauffolgenden Jahr wird nicht nur die Boykottkampagne #DJsForPalestine ins Leben gerufen: 2018 veröffentlicht Boiler Room *Palestine Underground* – eine Doku, in der dem Kernland Israel durch Einblendungen als „Occupied Palestine" die Daseinsberechtigung abgesprochen wird. Gleich zu Beginn will die Regisseurin Jessica Kelly deutlich machen, dass 31 UN-Mitgliedsstaaten den „zionistischen Staat" nicht anerkennen. Auf

YouTube wurde der Film bislang über 290 000-mal geschaut. Er ist kein Ausrutscher: 2020 postet Boiler Room auf Instagram einen Beitrag über die umstrittenen und nie realisierten Pläne Netanjahus, Teile der Westbank zu annektieren. Der Beitrag endet mit dem Aufruf, die BDS-Kampagne zu unterstützen. Nach Kritik in der Szene wird der BDS-Aufruf entfernt, inzwischen wurde der ganze Beitrag offenbar gelöscht.

Boykottiert jetzt auch Boiler Room Israel? Das will ein Sprecher des Unternehmens auf Anfrage nicht direkt beantworten. Er will auch keine Erklärung dafür anbieten, warum seit 2017 keine Partys mehr im jüdischen Staat stattfinden oder ob künftige Veranstaltungen in Planung seien. Stattdessen heißt es lapidar: „Wir dulden weder Rassismus noch Vorurteile in irgendeiner Form." Antisemitismus erwähnt er dabei nicht. Die wohlwollende Interpretation wäre, dass er Antisemitismus als Unterform des Rassismus begreift. Aber auch das zeigt die theoretischen Leerstellen, die zu einer fehlenden Sensibilisierung für das Thema in der Clubkultur führen.

Wer aber glaubt, dass Boiler Room nun von den Israelkritikern der Clubkultur gefeiert wird, täuscht sich. Im November 2021 schreibt ein Ex-Redakteur von *Resident Advisor* in der Online-Zeitung *The New Arab*, die Streamingplattform habe jeden Fan „verraten", der die „israelische Besatzung" ablehne, sowie alle palästinensische Musiker*innen, die über die Jahre auf den Partys aufgetreten seien. Der Grund ist bizarr, verrät aber einiges über die antisemitische Dynamik in der Clubkultur: Ein französisch-jüdischer Investor mit marokkanischer Familiengeschichte saß als Vertreter einer Investmentfirma im Vorstand von Boiler Room. Der Skandal, der in Wirklichkeit keiner ist: Er diente als Freiwilliger in den Israel Defense Forces während der zweiten Intifada (2000–2005), einer Zeit geprägt von Terroranschlägen gegen israelische Zivilist*innen. Der Artikel suggeriert, der Investor könnte eine politische Agenda bei Boiler Room vorangetrieben oder bewirkt haben, dass Musikzeitschriften nicht über seinen Armeehintergrund berichten – aus Angst vor „möglichen Konsequenzen". Und schon ist man beim Stereotyp des „mächtigen Juden", der hinter den Kulissen die Fäden zieht, die Medien kontrolliert und Einfluss durch Geld ausübt. Der Mann ist inzwischen nicht mehr im Vorstand, weil Boiler Room verkauft wurde. Es gibt keine Hinweise darauf, dass er die politische Position der Streamingplattform beeinflusst haben könnte.

Auch *Resident Advisor* zeigt sich immer wieder offen für die Botschaften der BDS-Blase: Boykottaufrufe wie #DJsForPalestine werden unkritisch wiedergegeben, Artikel dazu lesen sich fast wie Pressemitteilungen von BDS. 2018 erscheint bei *Resident Advisor* die Reportage „Create your own reality" über die elektronische Musikszene in der Westbank, eine Überschrift nicht ohne Ironie. Darin bezeichnet Rojeh Khleif, Gründer des palästinensischen Partykollektivs Jazar Crew, das Kernland Israel als „Occupied Palestine". Der Autor erklärt ohne Einordnung: Politisch engagierte Palästinenser*innen würden selten den Begriff „Israel" verwenden und lieber vom „besetzten Palästina" oder „48" sprechen – Letzteres in Bezug auf die Staatsgründung Israels und den Unabhängigkeitskrieg gegen den jüdischen Staat, bei dem rund 700 000 Palästinenser*innen vertrieben wurden oder geflohen sind. Dass selbst der Begriff „Israel" abgelehnt wird, zeigt, wie tief der Hass sitzt: Dadurch wird die Legitimität des jüdischen Staats grundsätzlich negiert – und damit das Recht auf jüdische Selbstbestimmung. Nach der IHRA-Definition ist das antisemitisch.

2018 veröffentlicht *Resident Advisor* auch den Artikel „Should DJs stand for Palestine? Perspectives on the cultural boycott of Israel" mit unterschiedlichen Stimmen aus der Szene, darunter der BDS-Promi und Ambientmusiker Brian Eno. Der Artikel, der ausgerechnet einen Tag vor dem Jahrestag der nationalsozialistischen Novemberpogrome veröffentlicht wird, suggeriert, dass die Einstufung von BDS als antisemitisch eine Besonderheit der „linksradikalen antideutschen Bewegung" sei. Dass etliche jüdische Organisationen weltweit und sogar der Deutsche Bundestag ebenfalls zu diesem Schluss kommen, wird nicht erwähnt. In den verschiedenen Beiträgen im Artikel wird Israel unter anderem

Apartheid vorgeworfen, das Land wird als „Pariastaat" dämonisiert. Tel Avivs Status als Partymetropole sei „Propaganda", schreibt eine BDS-Aktivistin.

Ein Festival wird zum Desaster

Dass es aber nicht nur bei Statements und Sharepics bleibt, wird bereits einige Tage vor #DJsForPalestine beim israelischen Meteor Festival klar. Vom 6. bis 8. September 2018 kündigen die Organisator*innen eine „alternative Realität" im Kibbuz Lehavot HaBashan in Obergaliläa an, ein überwiegend elektronisches Musikfestival mit großen Namen, wie es im Land selten zu erleben ist. Doch am Ende wird es von Israelhass überschattet: Auf Druck von BDS sagen reihenweise DJs ihren Auftritt ab – darunter Volvox, Leon Vynehall, Mall Grab, Shanti Celeste, DJ Python und DJ Seinfeld. Auch die Headlinerin Lana Del Rey springt kurzfristig ab. Andere DJs geben bekannt, dass sie schon im Vorfeld die Booking-Anfragen des Festivals abgesagt hätten. Honey Dijon, eine Schwarze trans DJ aus Chicago, verteidigt auf Twitter zunächst ihre Entscheidung, auf dem Festival zu spielen: „Alle, die mich dafür kritisieren, dass ich in Israel spiele, wenn ihr nach Amerika kommt und euch gegen die Ermordung Schwarzer trans Frauen und den industriellen Gefängniskomplex für Schwarze Männer einsetzt, dann können wir diskutieren. Ich spiele für Menschen, nicht für Regierungen." Nach öffentlichem Druck in den sozialen Medien sagt sie ihren Auftritt beim Festival schließlich doch noch ab.

Nach Angaben von BDS boykottieren insgesamt 20 Performer*innen das Meteor Festival. Die eingeladenen Künstler*innen würden als „Botschafter*innen der israelischen Regierung" dienen, behauptet die Kampagne. Auch wird kritisiert, dass das Festival private Unterkünfte in den benachbarten Golanhöhen empfohlen habe, Gebiete, die von Israel im Sechstagekrieg 1967 besetzt und 1981 annektiert wurden. Das Festival kontert in einem Statement, es sei ein unabhängiges Projekt, das keinerlei Förderung oder Unterstützung vom israelischen Staat bekommen habe. Das Festival sei „100 Prozent Politik-frei" und wolle so inklusiv wie möglich sein. Es finde zudem auf privatem Gelände statt. Die Vorwürfe nennen die Macher*innen „absurd": „Wir arbeiten mit keinen Regierungen oder Botschaften zusammen." Vergeblich: Die Veranstalter*innen geraten infolge der Absagen in finanzielle Schwierigkeiten. Tausende Käufer*innen hätten ihre Tickets storniert, Mitarbeiter*innen und Bands habe das Festival nicht bezahlen können, berichtet die israelische Zeitung *Haaretz*.

Es war das erste und bislang letzte Meteor Festival. Sein Schicksal ist sinnbildlich für die destruktive Wirkung von BDS auf die Clubkultur und elektronische Musikszene, eine Kampagne, die allzu oft die Falschen trifft. Denn mit der rechten Netanjahu-Partei Likud oder der umstrittenen nationalreligiösen Siedlungspolitik hat die israelische Clubszene wenig zu tun. Bis zu seiner Schließung 2022 hatte der gefeierte Tel Aviver Club The Block einen arabischen Manager. Es war ein Ort, der Menschen verschiedener Hintergründe durch Musik zusammenbringen wollte. Stattdessen isoliert BDS eine diverse und queerfreundliche Clubkultur in Israel, in der viele DJs und Feierwütige sich als links und progressiv verstehen. Diese Clubkultur ist übrigens selbst bereits direktes Angriffsziel von terroristischer Gewalt gewesen: 2001 ermordet ein Selbstmordattentäter der Hamas 21 Israelis, vor allem Teenagerinnen, im Club Dolphy an der Tel Aviver Strandpromenade. Bis heute ist auch die queer geprägte Partymetropole im Visier des Hamas-Raketenkommandos. Doch die Solidarität der internationalen Clubszene bleibt aus.

Von den Timelines in die Technohauptstadt

Was auf der internationalen Bühne stattfindet, hat auch für lokale Szenen immense Auswirkungen: Zunehmend spaltet der Nahostkonflikt die elektronische Musikszene in Berlin, der Technohauptstadt Europas. Im Zuge von #DJsForPalestine 2018 teilt die queerfeministische Partyreihe Room 4 Resistance die pinke Kachel mit weißer Schrift, die zum Boykott des jüdischen Staats aufruft.

Nach gescheiterten Krisengesprächen mit dem ://about blank, wo die Reihe stattfindet, beendet der Club die Zusammenarbeit. Boykottaufrufe gegenüber Israel widersprechen dem politischen Selbstverständnis des Clubs zutiefst, heißt es in einem Facebook-Statement. Die Tanzfläche sei zudem nicht der richtige Ort, um den Nahostkonflikt zu lösen.

Die abgesagte Partyreihe ist einer der Gründe, weshalb die PACBI ein Jahr später dazu aufruft, drei vermeintlich „antipalästinensische" deutsche Technoclubs zu boykottieren, darunter das ://about blank. Auch das Conne Island in Leipzig und der Golden Pudel in Hamburg geraten ins Fadenkreuz von BDS, als Orte, die sich gegen die Boykottkampagne positioniert haben sollen oder „antipalästinensischen und antiarabischen Rassismus" betreiben würden, indem sie „Israels Regime der Apartheid, des Siedlerkolonialismus und der Besatzung fördern".

Die Clubs weisen die Vorwürfe zurück: Gegenüber der *taz* zeigt sich ein Booker des Golden Pudel über die Boykottaufrufe überrascht: „So was Abstruses hätte sich *Titanic* nicht besser ausdenken können. Wir nehmen es als Kompliment und gehen weiter unserer Wege!" In einem Interview mit der israelischen Zeitung *Haaretz* erklärt der Booker des Conne Island: „Es ist nicht so, dass wir sagen, wenn du [Boykottaufrufe gegen Israel] geteilt hast, du nicht auftreten darfst. Wir fragen, warum du sie geteilt hast. Und wenn die Antwort schlecht ausfällt oder wenn es keine Antwort gibt, dann wirst du hier vielleicht nicht auftreten." Eine Erklärung, aus der die PACBI in ihrem Statement einen „explizit McCarthyistischen politischen Loyalitätstest für Israel" macht.

Hexenjagd und Herzemojis

Seit 2021 nimmt diese polarisierende Dynamik Fahrt auf: Es kursieren Listen, in denen Clubs und Künstler*innen in „Unterstützer" und „Zionisten" aufgeteilt werden. Ein Herzemoji unter dem „falschen" Beitrag in den sozialen Medien reicht, um als Feind markiert zu werden. Ein Vorgang, der tatsächlich an den US-amerikanischen

Senator Joseph McCarthy erinnert, der während des Kalten Krieges überall „Kommunisten" witterte. In Hintergrundgesprächen erzählen DJs und Promoter*innen, dass BDS-Aktivist*innen sie en masse mit vorgefertigten E-Mails anschreiben. Sie werden unter Druck gesetzt, ihren Auftritt oder ihre Party in vermeintlich „prozionistischen" Clubs abzusagen. Konfrontiert mit den haltlosen Vorwürfen, der Club sei „antipalästinensisch", rassistisch, gar rechtsextrem, knicken manche ein. Jede Absage kann BDS als Erfolg verbuchen. Und jede Absage wird genutzt, um weitere DJs unter Druck zu setzen.

Diese Dynamik bedeutet für jüdische und/oder israelische DJs, dass sie Angst haben müssen, ins Kreuzfeuer der Debatte zu geraten. Viele sind erleichtert, wenn sie das Thema aussitzen können, sich nicht positionieren müssen. Sie wollen öffentlich nicht über Antisemitismus oder Israel sprechen, weil sie zur Zielscheibe von BDS werden könnten, wenn sie nicht das „Richtige" sagen. Und das hätte schlimmstenfalls gravierende Folgen für ihre Karriere, wie sie in Hintergrundgesprächen erzählen. Aber auch Schweigen kann vor einer Ausladung von einer Party oder einem Festival nicht schützen.

Ein Coup für die BDS-Kampagne: Im Juni 2021 macht die queere Partyreihe Buttons mit dem ://about blank Schluss – wegen Israel. „Die queere Befreiung ist grundsätzlich mit den Träumen von der palästinensischen Befreiung verbunden: Selbstbestimmung, Würde und das Ende aller Unterdrückungssysteme", heißt es in einem wirren Statement auf Instagram, das von Black Lives Matter, Chile, Bolivien und der Aids-Krise, aber auch vom Sonnensystem, dem Kosmos und schwarzen Löchern handelt. „Es ist an der Zeit, dass wir eine klare Haltung gegen die Apartheid einnehmen", schreiben die Partymacher*innen weiter in Bezug auf Israel. Dem Club werfen sie unter anderem vor, „antideutsche Ansichten" zu vertreten. Die Trennung kommt sehr plötzlich. Doch hinter den Kulissen ist sie das Ergebnis einer langatmigen BDS-Kampagne, die auf Druck und Dämonisierung setzt.

Das Statement wird in den sozialen Medien von vielen als mutiger Schritt bejubelt. Andere werfen Buttons Antisemitismus vor. Das

://about blank reagiert mit einem ausführlichen Onlinestatement, in dem sie die Vorwürfe von Buttons entkräften und zurückweisen. Die Club-Belegschaft habe unterschiedliche Standpunkte zum Nahostkonflikt, doch in einem seien sich alle einig: „Es gibt in diesem Konflikt, unter dem Palästinenser:innen ebenso wie Israelis massiv leiden, so viele verschiedene Perspektiven, Erlebniswelten und persönliche Hintergründe, dass wir es für falsch halten, darin eindeutig Partei zu ergreifen." Einige Monate später will sich ein Buttons-Veranstalter gegenüber der linken Zeitung *nd* verteidigen: „Ich bin bis in meine Knochen gegen Antisemitismus", behauptet er, bevor er im gleichen Atemzug Israel als „mächtigen faschistischen Staat" bezeichnet. Ein Spiel mit der Gleichsetzung des einzigen jüdischen Staates der Welt mit Nazideutschland, das sechs Millionen Jüdinnen*Juden in der Shoah vernichtete.

Zeitgleich zum Buttons-Statements wird die antiisraelische Kampagne „Berlin Nightlife Workers Against Apartheid" lanciert – ein offener Brief, teilweise in gleichem Wortlaut, der von einigen der bekanntesten queeren Partyreihen der Hauptstadt geteilt wird, wie Gegen, Cocktail d'Amore und Lecken. Er wird mit tausenden Likes überhäuft und knapp 500-mal unterzeichnet – von diversen DJs, Promotern, Barkeepern, Garderobenmitarbeiter*innen und Studierenden. „Deutsche Identitätspolitik" mache das kollektive Trauma der Jüdinnen*Juden „zur Waffe", Solidarität mit Israel in Deutschland sei nur auf „German guilt" zurückzuführen, heißt es darin. Zu lange sei der Einfluss einer von den Brief-Initiator*innen imaginierten zionistischen Lobby auf die alternativen Räume und Kultureinrichtungen in Berlin missbraucht worden, um abweichende Stimmen „zum Schweigen zu bringen". Vor allem wollen sich die Aktivist*innen gegen „Apartheid", „Rassenvorherrschaft", „ethnische Säuberung" und die „koloniale Kampagne" in Israel positionieren – dämonisierende Buzzwords der BDS-Blase, die mit der komplexen Realität in Nahost wenig gemeinsam haben.

Seit dem Brief der „Nightlife Workers Against Apartheid" und dem Buttons-Statement wirkt die Clubkultur in Berlin gespaltener denn je. Vor allem im ://about blank kommt es immer wieder zu Absagen. Im Juli 2021 muss Wet, eine queerfeministische Partyreihe aus Wien, nach Druck von BDS-Fans in den sozialen Medien ihre Party kurzfristig absagen. Im Oktober 2021 sagt die niederländische Rave-DJ KI/KI mit einer knappen Instagram-Story ebenfalls ihren Auftritt ab – nur Stunden vor Beginn. Alles wegen Israel. Einige bekannte DJs wie die in Berlin lebende Dänin Mama Snake machen sich stark für BDS und befürworten einen sekundären Boykott gegen „Institutionen, die sich auf die Seite des Unterdrückerstaats Israel stellen", wie sie auf Instagram schreibt. Geholfen hat all das der palästinensischen Sache bislang nicht.

Versöhnungsversuche

Doch zumindest manche Akteure der Clubkultur versuchen, die Trennungslinien zu überbrücken und auf konstruktive Lösungen zu setzen. Das ://about blank sucht den Dialog und hat zahlreiche Diskussionsveranstaltungen zum Thema Antisemitismus, Rassismus und Nahostkonflikt organisiert. In der BDS-Blase stoßen solche Angebote allerdings eher auf Desinteresse. Im internationalen Kontext versuchen manche DJs, einen politischen Mittelweg zu finden. Ben UFOs letzter und bislang einziger Auftritt in Israel war 2013: Damals spendete er seine Gage an den „Palestinian Children's Relief Fund", wie er auf Anfrage mitteilt. Im Frühling 2020 sollte er in der arabisch geprägten Stadt Jaffa auf einer Party des palästinensischen Kollektivs Jazar Crew spielen, ehe die Veranstaltung aufgrund der Covid-19-Pandemie abgesagt wurde. Auch die Berghain-Residentin Tama Sumo spielte nach einem langjährigen Israel-Boykott 2016 und 2017 in The Block und spendete ihre Gage an eine Menschenrechtsorganisation in den palästinensischen Gebieten, wie sie auf Anfrage bestätigt.

Adi Shabat, eine Veteranin der Tel Aviver Technoszene, plädiert für pragmatische Lösungen. „DJs, die sich mit der politischen Situation hier auskennen, spielen in Tel Aviv und danach im Libanon. Wenn sie es könnten, würden sie auch in Ramallah spielen, das ist allerdings oft nicht möglich", sagt die DJ im Gespräch für den Beitrag „Beats, Bass und Judenhass" im Sammelband *Klaviatur des Hasses: Antisemitismus in der Musik*. Für BDS offenbar keine Option: Eine Initiatorin von #DJsForPalestine lehnt in *Resident Advisor* solche Versuche als „Feigenblatt" entschieden ab. Sie schreibt, es sei möglich, in einem Club zu spielen, der an Menschenrechtsverletzungen nicht mitschuldig sei. Dazu zählen für sie die allermeisten Veranstaltungsorte in Israel aber nicht. Offenbar der einzige Grund: Sie werden von jüdischen Israelis betrieben.

Vor diesem Hintergrund hallen die Worte des Block-Gründers Yaron Trax besonders nach. Nachdem Boiler Room 2020 auf Instagram zur Unterstützung von BDS aufgerufen hatte, schreibt der Tel Aviver Clubbetreiber auf Facebook: „Ich glaube, ihr habt die wichtigste Lektion in der Geschichte der Tanzmusik verpasst." Es gehe nicht darum, Mauern zu errichten, es gehe darum, die Mauern niederzureißen. Dazu erinnert er an ein Zitat aus der House-Hymne „My House" von Rhythm Controll aus dem Jahr 1987: „You may be black, you may be white, you may be Jew or Gentile. It don't make a difference in OUR House."

Hiphop

Lilly Wolter

Zwölf Nummer-eins-Hits in Deutschland: 50 Jahre lang blieb dieser einzigartige Rekord der Beatles ungebrochen. Bis 2019, als der Berliner Rapper Capital Bra mit seiner Single „Wieder Lila" zum dreizehnten Mal die Spitze der Charts erklomm und so die erfolgreichste Band der Welt offiziell vom Treppchen stieß, zumindest in Deutschland. Dies sorgte nicht nur bei alteingesessenen Musikkritiker*innen für Irritationen, es verdeutlichte auch einmal mehr, dass Rap – die kommerziell erfolgreichste Disziplin innerhalb der Hiphop-Kultur – den Untergrund schon lange hinter sich gelassen hatte.

Fest steht: Rap ist in vielen Ländern die Pop- und Jugendkultur schlechthin. Entsprechend groß ist sein Wirkungskreis. Doch die Szene wird nicht nur für ihre Coolness, Innovationskraft und oft sehr erfrischende Art, der Gesellschaft den Spiegel vorzuhalten, gefeiert – mittlerweile auch vom Feuilleton. Ihre von Grenzüberschreitung geprägte Kultur ist auch Gegenstand unzähliger Debatten. Die Schattenseiten des Raps sind aber nicht nur Sexismus, Homofeindlichkeit und Gewaltverherrlichung, sondern auch oft ein grassierender Antisemitismus.

Judenhass im Rap zeigt sich aber nicht immer auf die gleiche Weise. Es sind nahezu alle Facetten zu finden: struktureller Antisemitismus, das Narrativ des Finanzjudentums, wie auch jener Judenhass, der sich hinter einer vermeintlichen „Israelkritik" versteckt. Das Problem hat viele Gesichter und ist somit nicht immer leicht zu greifen. Noch komplizierter wird es, wenn sich Rapper*innen widersprüchlich verhalten.

Ein Beispiel: Im Song „Van der Vaart" von Capital Bra geht es unter anderem um eine vermutlich jüdische Freundin des lyrischen Ichs, die von „Kanaken" freundlich begrüßt wird. Der Feuilletonist Frédéric Schwilden sieht darin ein „beiläufiges, aber dadurch noch viel stärkeres Zeichen gegen den Antisemitismus". Ob bewusst oder unbewusst, spiele keine Rolle. In Tracks wie „Feinde reden viel" rappt Capital Bra wiederum: „Member Ma Member, Gangster, fake wie der 11. September". Er bedient damit den Verschwörungsmythos rund um den Anschlag auf das World Trade Center, der oft antisemitisch gefärbt ist. Zudem arbeitet Capital Bra laut Medienberichten an einem gemeinsamen Album und einer Doku mit dem Rapper Farid Bang, dem regelmäßig Antisemitismus in seinen Songs vorgeworfen wird.

Besonders beliebt in vielen Raptexten: die antisemitische „Rothschild-Theorie", nach der die Weltwirtschaft von einer jüdischen Bankiersfamilie gesteuert wird. „Und ob dafür Blut fließt, entscheidet die Summe / Willkommen in der Heimat von Rothschild! (Scheiß drauf)", rappt Azzi Memo auf der Single „Nachtschicht" aus 2017. Auch 9/11 ist ein Evergreen in der Szene: „Ihr seid alle Blender, wie der 11. September", heißt es vom Essener Rapper und „4 Blocks"-Star Veysel im 2014-Song „Futura".

Gangsta-, Battle-, Straßenrap: Meist sind es die von besonderer Härte gekennzeichneten Rap-Subgenres, in denen Antisemitismus auf fruchtbaren Boden fällt. Bushido rappte 2005 im Song „Taliban": „C'est la vie, ich mach ein Anschlag auf dich wie in Tel Aviv [...] / Wenn ich will, dann seid ihr alle tot, ich bin ein Taliban." Zeilen, die in der Szene kaum auf Kritik stoßen, sondern auf Schweigen. Ein weiteres Beispiel ist der Haftbefehl-Track „Mama reich mir deine Hand" (2007): „Du nennst mich Terrorist, ich nenn' dich Hurensohn / Geb' George Bush ein Kopfschuss und verfluche das Judentum." Auf dem Titel „069" von 2015 rappt Haftbefehl: „Rothschild-Theorie, jetzt wird ermordet".

Dieser eindeutige Antisemitismus hat den Karrieren von Bushido und Haftbefehl kaum geschadet, ihre Namen gehören bis heute zu den größten im Geschäft. Die Liste könnte noch mit zig weiteren Namen ergänzt werden, von Massiv über Hanybal bis Milonair. Ihre Alben verkaufen sich zum Teil hunderttausendfach, sie räumen Musikpreise ab, treten bundesweit in ausverkauften Hallen und Stadien auf.

Judenhass zeigt sich nicht nur im Gangstarap, sondern teilweise auch in anderen Strömungen der Szene, die sich als emanzipatorisch verstehen. Im linksalternativen Rap zum Beispiel, auch „Zeckenrap" genannt. Der Hamburger Rapper Disarstar ist Teil dieser Strömung und rappt auf seinem Titel „Roter Stern" (2015): „Ich sag: Freiheit für Palästina, bring den Frieden mit / Wusstest du eigentlich, dass der Stabschef von Amerika Israeli ist? / Was fürn Zufall, sie belügen dich / Wusstest du, dass der größte Sponsor von Obamas Wahlkampf jüdisch ist?"

In Großbritannien fällt besonders der linke Rapper Lowkey als Sprachrohr der BDS-Kampagne und glühender Antizionist auf. Im Song „Long Live Palestine" (2010) rappt er etwa: „It's about time we globalized the intifada / [...] Long live Palestine, long live Gaza." Im Song heißt es zudem, nichts sei antisemitischer als der Zionismus und Israel sei ein Terrorstaat. Lowkey integriert auch Versatzstücke des klassischen Antisemitismus in seinen Israelhass, er kombiniert Fantasien einer jüdischen Weltverschwörung und des „jüdischen Kapitals" mit Antizionismus: „Every coin is a bullet, if you're Marks and Spencer / And when you're sipping Coca-Cola / That's another pistol in the holster of the soulless soldiers / You say you know about the Zionist lobby / But you put money in their pocket when you're buying their coffee." Jede Münze sei eine Kugel. Marks and Spencer, eine britische Supermarktkette, die vor rund 150 Jahren von einem Juden aus Polen mitgegründet wurde und aus der Sicht von BDS-Aktivist*innen zu „zionistisch" oder „proisraelisch" sei, und Coca-Cola, ein Unternehmen, das sich in den 1960ern nicht an den Israel-Boykott der Arabischen Liga hielt und deshalb selbst jahrelang boykottiert wurde, sind für Lowkey

Teil der ominösen „zionistischen Lobby" und finanzierten „seelenlose Soldaten" im Kampf gegen Palästinenser*innen.

Das Aus des Echos

Der bislang wohl größte Antisemitismus-Skandal im Deutschrap ereignet sich 2018, als die Düsseldorfer Gangstarapper Kollegah und Farid Bang trotz aller Warnungen und Kritik im Vorfeld für ihr Album „Jung, brutal, gutaussehend 3" mit dem Echo-Preis ausgezeichnet werden. Darauf sind Zeilen wie „Mein Körper definierter als von Auschwitzinsassen" oder „Mache wieder mal 'nen Holocaust, komm' an mit dem Molotow" zu hören. Der Ethikrat des Echos verteidigt den Auftritt der Rapper: Sie berufen sich auf die Meinungs- und Kunstfreiheit, Provokationen seien zudem Stilmittel der Künstler.

Die Preisverleihung legt einmal mehr die klaffende Bildungslücke der deutschen Rapszene und ihr kollektives Desinteresse an der Auseinandersetzung mit dem eigenen Antisemitismus offen. Die damalige Plattenfirma der beiden Rapper reagiert noch vor der Preisverleihung mit einem Statement, das sich wenig einsichtig liest. „Wir nehmen Künstler und künstlerische Freiheit ernst, und wir sagen unseren Künstlern nicht, was ihre Texte enthalten sollten und was nicht", schreibt Bertelsmann Music Group Entertainment (BMG). Nachdem der Druck noch mehrere Tage andauert, kündigt das Unternehmen schließlich doch an, die Zusammenarbeit mit Kollegah und Farid Bang „vorerst ruhen" zu lassen.

Auch wenn der Skandal schließlich das Ende des Echos bedeutet, die Welle der Empörung über die Shoah-Songzeile der beiden Rapper fällt insgesamt flach aus. Insbesondere innerhalb der Rapszene.

Selbst der jüdische Gangstarapper Sun Diego, der auch als SpongeBOZZ performt, nimmt Kollegah in Schutz. „Die Fans sind ja nicht verblödet. Man sieht doch in der Industrie, dass die Fans nicht so dumm sind und sich in ihrer Meinung lenken lassen. [...] Die schlucken nicht alles, was ihr Idol sagt", sagt er in einem

Interview mit der *Süddeutschen Zeitung*. Er wertet die besagten Zeilen zwar als geschmacklos, aber nicht als antisemitisch.

Doch es gibt auch kritische Stimmen aus der Rapwelt, unter anderem von der Antilopen Gang. Das Trio stört sich aber an einem ganz anderen Punkt der Echo-Debatte. In einem Facebook-Statement kritisiert die Band damals, dass die Gespräche kaum über „diese eine schreckliche Zeile" hinausgehen. „Eine Diskussion über den Antisemitismus von Kollegah, der an Chemtrails und den Pizzagate, aber nicht an die Evolution glaubt, findet in der aktuellen Debatte überhaupt nicht statt."

Im Gewand der Israelkritik

Das Problem ist größer als ein Musikpreis oder eine Songzeile. Und das weiß Jakob Baier aus erster Hand: Seit Jahren forscht der Politikwissenschaftler von der Universität Bielefeld zu Antisemitismus im Gangstarap. Auch Baier weist im Zuge der Echo-Debatte darauf hin, dass antisemitische Inhalte im Rap meist nur dann kritisiert werden, wenn sie Bezüge zur Shoah herstellen. So wie es auch in der sonstigen gesellschaftlichen und juristischen Auseinandersetzung mit Antisemitismus oft der Fall ist. „Dabei artikuliert sich der Antisemitismus gegenwärtig viel häufiger über Verschwörungsideologien und im Gewand antiisraelischer Rhetorik – nicht nur im deutschsprachigen Rap, sondern im öffentlichen Diskurs insgesamt", sagt Baier in einem Interview mit der *Welt*. Und so lautet auch die Forderung der Antilopen Gang nach dem Echo-Skandal: Wer Kollegahs Antisemitismus thematisieren wolle, müsse über ihn als gesamte Figur sprechen, über seinen Israelhass ebenso wie über seinen Wahn einer zionistischen Weltverschwörung.

Gemeint sind damit Momente wie das Interview mit dem Online-Magazin *Hiphop.de* im November 2018. Darin setzt Kollegah die Shoah kurzerhand mit dem Status Quo in den palästinensischen Autonomiegebieten gleich. Was dort passiere, sei das Gleiche, was „bei uns mal passiert ist in Deutschland", glaubt der

Rapper. Ein gängiges Argumentationsschema, das vor allem darauf abzielt, die Shoah zu relativieren, ihr die Singularität abzusprechen und Jüdinnen*Juden als Täter*innen zu inszenieren. Ein in der Antisemitismusforschung bekanntes Muster.

Von der antisemitischen „Rothschild-Theorie" bis zum Verschwörungsmythos der „New World Order": Erzählungen dieser Art finden sich in den Werken Kollegahs überall. Mal mehr, mal weniger subtil. Das zeigt zum Beispiel der Song NWO (2018): „Camouflage, Langstreckenraketen / Eine mächtige Minderheit, der Schandfleck des Planeten." Und doch beteuert Kollegah immer wieder, kein Antisemit zu sein. Für Danger Dan von der Antilopen Gang ist eine solche Kritikabwehr schon altbekannt. Im Gespräch mit *Belltower. News*, der journalistischen Plattform der Amadeu Antonio Stiftung, sagt er: „Mittlerweile behaupten alle Antisemit*innen, sie seien keine. Das ist fast schon ein Merkmal dafür. Wenn jemand darauf besteht, dass er kein Antisemit sei, dann ist er meistens ein Antisemit."

„Kanye hat recht mit den Juden"

Antisemitismus ist nicht nur im Deutschrap ein Problem. Professor Griff, Mitgründer von Public Enemy, wird Ende der 1980er Jahre nach antisemitischen und homofeindlichen Ausfällen in der Presse aus der New Yorker Rapgruppe rausgeschmissen, darf aber der Band später wieder beitreten. Anfang der 1990er disst der kalifornische Rapper Ice Cube im Song „No Vaseline" den jüdischen Manager seiner ehemaligen Gruppe N.W.A. als „weißen Juden" und „Teufel", der zu viel Einfluss habe.

Drei Jahrzehnte später sorgt besonders Kanye West für Aufruhr. Im Herbst 2022 macht der Rapper, der seinen Namen inzwischen in Ye ändern ließ, in kürzester Zeit mit einer ganzen Reihe judenfeindlicher Aktionen von sich reden. Auf seinen Social-Media-Accounts äußert er sich wiederholt antisemitisch, droht Jüdinnen*Juden mit Gewalt und teilt antisemitische Verschwörungsideologien in einem Interview mit dem rechtspopulistischen Nachrichtensender *Fox News*.

Auf Twitter verteidigt er sich: „Das Lustige ist, dass ich eigentlich gar nicht antisemitisch sein kann, weil Schwarze eigentlich auch Juden sind" – das Verschwörungsnarrativ der Sekte Black Hebrew Israelites in den USA. Bei einem Besuch in der Talkshow InfoWars, moderiert vom rechten Verschwörungsideologen Alex Jones, leugnet West zudem die Shoah. Er sagt, dass er ein Nazi sei und Hitler liebe, und fordert: „Wir müssen aufhören, die Nazis zu dissen." Teil der Sendung ist auch der rechtsextreme Medienaktivist, White-Supremacy-Anhänger und notorische Holocaustleugner Nick Fuentes.

Dass nur kurze Zeit später Personen auf einer Autobahnbrücke in Los Angeles ein Banner mit der Aufschrift „Kanye hat recht mit den Juden" platzieren, zeigt einmal mehr, über welchen Einfluss Rapstars verfügen. Auf einem weiteren Plakat werden Autofahrer*innen zum Hupen aufgefordert, wenn sie gleicher Überzeugung sind. Die für die Plakataktion verantwortliche Gruppe zeigt zudem den Hitlergruß.

Schon häufiger folgten auf Worte Taten, und auf judenfeindliche Songzeilen, Tweets oder Interviewauftritte reale Gewalt. Laut einem im Februar 2023 veröffentlichten Bericht der Anti-Defamation League – eine amerikanische Organisation, die sich gegen die Diskriminierung von Jüdinnen*Juden einsetzt – steht die Hetze von Kanye West im direkten Zusammenhang mit insgesamt 30 antisemitischen Angriffen in den USA.

Seit dem 1. Oktober 2022 habe es zudem mehr als 10 000 Twitter-Erwähnungen gegeben, die den „Ye is Right"-Slogan verwenden oder sich auf ihn beziehen. „Diese Beiträge haben mindestens sechs Millionen Nutzer auf Twitter erreicht und mehr als 22.000 Likes und mehr als 5.000 Retweets erhalten", heißt es in dem Bericht. West, der angibt, unter einer bipolaren Störung zu leiden, ist damit wohl das reichweitenstärkste und extremste Beispiel dafür, wie Rap Antisemitismus eine Bühne bieten kann.

Konsequenzen für Ye hat das alles nur bedingt. Während der gefeierten Halftimeshow zum Super Bowl im Februar 2023 performt Rihanna nicht nur einen Song von Ye, sondern nimmt auch mit ihrem Outfit Bezug auf den antisemitischen Künstler. Der britischen Boulevardzeitung *The Sun* sagt ein Vertrauter der Sängerin: „Rihanna ist immer noch gut mit Ye befreundet, genauso wie [ihr Partner A$AP] Rocky. Ihr ist es egal, dass Leute sich angegriffen fühlen, weil sie Ye zum Super Bowl Tribut gezollt hat. Sie unterstützt ihn weiter, auch wenn sie nicht immer mit seinen politischen Einstellungen übereinstimmt."

Sattelfeste Überzeugung oder Sozialisation?

Während in den USA vor allem Schwarze Jugendliche über ihren Alltag im Ghetto rappen, sind es in Deutschland oft Menschen aus einem postmigrantisch-muslimischen Umfeld, in dem zum Teil ein islamistisch geprägter Antisemitismus Verbreitung findet.

Am Beispiel Haftbefehls wurde in den vergangenen Jahren immer wieder diskutiert, ob die Verwendung antisemitischer Stereotype im Rap auf einem geschlossen antisemitischen Weltbild beruht oder es um den Gebrauch einer Sprache geht, die in bestimmten Milieus als „normal" gilt. In einem ausführlichen Facebook-Statement beteuert er 2015: „Ich bin kein Antisemit." Und er schreibt, dass die Umgangssprache seines Milieus nun mal „so ist wie sie ist" und dass diese vor keiner ethnischen Gruppe „Halt" machen würde.

Hinzu kommt das Argument, dass Rap bewusst mit Tabubruch und Provokation spiele. Für Kollegah, der mit bürgerlichem Namen Felix Blume heißt, sind die sprachlichen Exzesse ein Stilmittel, das zur Kampfkunst des Raps einfach dazugehöre. Zudem schreibt er auf Facebook, dass „Genrefremde" die Kunstform des Battle-Raps immer noch nicht verstanden hätten. Vorwürfe des Antisemitismus seien „völlig aus der Luft gegriffen und haltlos".

Immerhin räumt Haftbefehl in seinem Facebook-Statement ein, dass die Gleichsetzung vom Judentum und Geld in seinen Texten „falsch und dumm" gewesen sei. Auf späteren Platten von Haftbefehl kommen jüdische Stereotype und Verschwörungsmythen dann auch seltener vor: Auf „Das weiße Album" (2020) verliert er keine einzige Silbe mehr dazu. Die Provokationen ganz ad acta legen kann der Rapper aber offenbar nicht. Auf seinem neusten und sehr autobiografischen Album „Mainpark Baby" (2022) – betitelt nach der Hochhaussiedlung, in der er aufwuchs – rappt er wieder Zeilen wie: „Mein Anwalt redet Hebräisch, Freispruch anstatt lebenslang."

Nun kippt das Klischeebild des Juden in die andere Richtung. Das ist dennoch problematisch, wie der Rechtswissenschaftler Michael Asimov in seinem Buch *Law and Pop Culture* erklärt: „Die positive Seite ist, dass die Juden und jüdischen Anwälte gut ausgebildet, gewitzt, klug und loyal sind." Die negative Seite, Juden seien gierig, hinterlistig und ausbeuterisch, gehöre aber genauso zu diesem Klischee. Zwei Seiten derselben Medaille, die am Ende immer das „Gerücht über die Juden" bedienen und befeuern.

Ursprung in der Geschichte des Hiphops?

Warum ist Rap so anfällig für Judenhass? Um diese Frage zu beantworten, hilft ein Blick auf die Geschichte des Hiphops. Die junge Straßenkultur begann in den 1970er Jahren in den sozialen Brennpunkten US-amerikanischer Großstädte. Sie lebte von gleich mehreren Disziplinen: Graffiti, DJing, Breakdance und natürlich Rap.

In dem Sammelband *Klaviatur des Hasses* schreiben Jakob Baier und Marc Grimm, dass es insbesondere Schwarze und hispanische Jugendliche waren, die den Rap weiterentwickelten und ihn zunehmend dafür nutzten, „ihre eigene von Rassismus, Gewalt und sozioökonomischer Ausgrenzung geprägte Alltagswelt des Ghettos zu beschreiben". Ähnlich sieht es heute in Deutschland aus, wo viele Rapper*innen, vor allem im Gangstarap, einen postmigrantisch und prekär geprägten Hintergrund aufweisen. Auch sie rappen von ihrer Lebensrealität in sozialen Unterschichten, von Ausgrenzung, Rassismus und dem Auflehnen gegen Autoritäten.

Wo in Deutschland der Gangstarap aber erst Anfang der 2000er Jahre entsteht, gibt es ihn in den USA bereits in den 1980er Jahren. Und schon Gangstarap-Vorreiter wie Chuck D., Rakim oder die

Formation N.W.A. haben die „soziale und ökonomische Rück-
ständigkeit der schwarzen Ghettojugend" thematisiert, heben
Baier und Grimm hervor. „Zum anderen übten sie Kritik an staatlichen Institutionen, Medien und/oder politischen Eliten."

Es geht also um einen Befreiungskampf, Rap wird zum Sprachrohr der Unterdrückten. Das macht hellhörig: Wer ist schuld an
dieser Unterdrückung? Denn ausgehend von dieser Frage ist es
nicht mehr weit zu den Mustern, nach denen Antisemitismus funktioniert. Die französische Rabbinerin Delphine Horvilleur erinnert
in ihrem Buch *Überlegungen zur Frage des Antisemitismus* einmal
mehr daran: Jüdinnen*Juden werden meist für das gehasst, „was sie
haben, nicht für das, was sie nicht haben. [...] Wir werfen ihnen vor,
Macht, Geld, Privilegien oder Ehrungen zu beanspruchen, die uns
selbst verwehrt blieben."

Laut Jeffrey Ogbar, Professor für Geschichte an der Universität
Connecticut und Gründungsdirektor des Center for the Study
of Popular Music, ist schon in den frühen Stunden der Hiphop-
Geschichte bei US-Rappern ein Hang zu Verschwörungserzählungen erkennbar. Jakob Baier analysiert daran anschließend,
dass sich im Verlauf der 1990er Jahre im US-Rap vermehrt Verschwörungsmythen zeigen, die sowohl offene als auch subtile
Formen des Antisemitismus enthalten.

Wurden antisemitische Denkmuster damit in der „DNA" des Raps
angelegt? Oder liegt sein Ursprung – mit Blick auf Deutschland –
in der postmigrantischen, islamistischen und/oder linksalternativen Sozialisation vieler Rapper*innen? Am Ende ist die Wahrheit
vermutlich ein Cocktail dieser Ursprünge. Vergessen werden darf
ebenso wenig, dass Rapmusik hierzulande nicht in einem luftleeren Raum entsteht, sondern auch in einer Mehrheitsgesellschaft,
die ihr Antisemitismusproblem, trotz der Lehren aus der Shoah,
nicht in den Griff zu kriegen scheint.

Ob Disarstar, Haftbefehl, Kollegah und Co. antisemitische Ab-
sichten verfolgen oder nicht, ist für die Antisemitismusforscherin
Monika Schwarz-Friesel nicht zentral. Sie erinnert daran, „dass
auch nicht-intentionale Antisemitismen qua Semantik und Impli-

katurenpotenzial judeophobes Gedankengut" erzeugen können. Im Klartext: Auch versehentlicher Antisemitismus ist Antisemitismus.

Punk

Annica Peter

Eine Provokation mit Ansage: Als Sid Vicious, Bassist der Sex Pistols, 1978 bei einem Konzert die Bühne betritt, trägt er ein rotes T-Shirt mit einem weißen Kreis, in der Mitte ein Hakenkreuz. Das Design stammt von Band-Manager Malcolm McLaren – im Original von der NSDAP. Mit solchen Provokationen machen sich die britischen Punks schnell einen Namen, auch über die Insel hinaus. Das T-Shirt wird zum Markenzeichen von Vicious. Es ist inzwischen ein begehrtes Sammlerstück und wird 2019 für mehr als 40 000 Dollar versteigert. Die Provokationen des Punks sind irgendwie Mainstream geworden.

Ob Gewaltfantasien, NS-Ästhetik oder Holocaust-Humor – im Punk wird gern mit Grenzüberschreitungen gespielt. Auch deutsche Punkbands wie OHL kokettieren mit diesen Grenzen, wenn sie sich zwar von Rechtsextremismus und Nationalsozialismus distanzieren, gleichzeitig jedoch Song- oder Albumtitel wie „Blitzkrieg" (1998) und „Ein Volk ein Reich ein Führer" (2003) veröffentlichen. Die deutschen Bands A+P und Middle Class Fantasies, die sich ebenfalls gegen Rechtsextremismus ausgesprochen haben, versuchen Anfang der 1980er Jahre mit ihren Titeln „Dachau" und „Party in der Gaskammer" auf fragwürdige Weise, humoristisch mit der Massenvernichtung der Shoah umzugehen.

„Die Lager stehen leer
Es gibt keine Folterknechte mehr
Die Öfen warten still
Bis einer wieder Menschen braten will
Aus den Duschen fließt kein Gas
Und befriedigt den Rassenhass
In Dachau ist nichts mehr los
In Buchenwald ist nichts mehr los
In Belsen ist nichts mehr los
In Auschwitz ist nichts mehr los
Im KZ war's doch so nett, nett, nett"
(A+P, 1981)

„Party in der Gaskammer
Komm gib mir deine Hand
Party in der Gaskammer
Gas-Cocktail am Zyklon-Strand"
(Middle Class Fantasies, 1981)

Ist das antisemitisch? Und überhaupt, Punk und Antisemitismus – das passt doch gar nicht zusammen, oder? Trägt Punk nicht den Anspruch in sich, alle Menschen so sein und leben zu lassen, wie sie sind und wollen – außer natürlich „Bullen" und „Bonzenschweine"? „Ich bin schwul, ich bin jüdisch und ein Kommunist dazu, ich bin schwarz und behindert, doch genauso Mensch wie du", wie es 1994 in der deutschen Punkhymne „Raum der Zeit" von WIZO heißt. Die eingangs genannten Beispiele mögen als geschmacklos bezeichnet werden, sie sind aber kein Ausdruck von Antisemitismus, sondern von einer grenzenlosen Provokation, die vor allem im frühen Punk zentral war. Dennoch gibt es auch im Punk Antisemitismus. Dominant dabei ist jedoch nicht brachialer, expliziter Judenhass, sondern subtilere Formen und antisemitische Fragmente. Dazu gehören struktureller Antisemitismus, verkürzte Kapitalismuskritik, vereinfachte Oben-Unten-Erzählungen und

Verschwörungsdenken. Natürlich fehlt auch im Punk das Thema Israel nicht.

Punks Against Apartheid

In der Punkszene finden die antisemitischen Parolen der BDS-Bewegung Fans. Regelmäßig versucht die antiisraelische Kampagne Einfluss auf Musiker*innen zu nehmen und sie davon abzubringen, Konzerte in Israel zu spielen. So zum Beispiel auf Jello Biafra, den ehemaligen Leadsänger der US-amerikanischen Punkband Dead Kennedys, der daraufhin 2011 einen Auftritt in Tel Aviv absagte. Im Zuge dieses Boykottaufrufs gründete sich der subkulturelle BDS-Ableger „Punks Against Apartheid". Seit mehreren Jahren liegen die entsprechenden Social-Media-Kanäle jedoch brach, die BDS-Punks scheinen nicht mehr aktiv zu sein.

Zu den bekannteren Punkbands, die sich öffentlich pro BDS positioniert haben, gehören die Kanadier Propagandhi oder die schottische Anarcho-Punkband Oi Polloi. Letztere schreckt nicht davor zurück, mit NS-Vergleichen zu agitieren. Beispielhaft ist ihre Aussage, dass der Umgang Israels mit Palästinenser*innen nicht mit den „furchtbaren Leiden der Juden unter Hitler" zu rechtfertigen sei, oder ein Facebook-Post von 2017, in dem sie ein Foto der palästinensischen Aktivistin Ahed Tamimi mit dem Spruch „She looks like Sophie Scholl" teilten. Solche Vergleiche sprechen für antisemitische Denkstrukturen – eine Kritik an einer Demokratie sollte ohne dämonisierende Vergleiche mit dem Nationalsozialismus auskommen.

Ein besonders extremes Beispiel dieser Grenzüberschreitung liefert die italienische Ska-Punkband Banda Bassotti. In ihrem Song „Nazi Sion Polizei" – Nazi-Zionisten-Polizei – von 2003 vergleicht die Band den israelischen Geheimdienst Mossad mit der SS, Zionismus mit dem Nationalsozialismus und zeichnet ein vereinfachtes Bild von „Steinen gegen Gewehre" im Nahostkonflikt, allen Raketen der Hamas zum Trotz. Der Konflikt werde nicht enden, bis alle Zionist*innen verschwunden sind, heißt es im Lied. Es ist nur ein kleiner Gedankenschritt von hier zum Aufruf, dass

Jüdinnen*Juden grundsätzlich verschwinden müssen. Übersetzt singen sie:

„In Dachau haben sie gelernt, wie man es macht
Polizei, Polizei, Nazi-Zionisten-Polizei
die SS ist die Schule des Mossad
Steine gegen Gewehre – in Palästina
der Mut gegen die Feigheit.
Nein, es ist nicht vorbei und wird niemals aufhören,
solang bis auch der letzte Zionist verschwunden ist.
Polizei, Polizei, Nazi-Zionisten-Polizei
die Intifada wird euer Grab"
(Banda Bassotti, 2003)

Zu den wohl bekanntesten BDS-Unterstützer*innen gehört Punk-Ikone Patti Smith. Im Kontext des britischen BDS-Ablegers „Musicians for Palestine" setzte Smith zum Beispiel ihre Unterschrift unter einen Brief, der behauptet, Israel sei ein „Siedlerkolonialprojekt" und führe „ethnische Säuberungen" unter der palästinensischen Bevölkerung aus. Als der Eurovision Song Contest 2019 in Tel Aviv ausgetragen wurde, rief sie zum Boykott auf. Im deutschen Punk sind die Erfolge von BDS dagegen eher bescheiden. Das heißt jedoch nicht, dass die hiesige Szene frei von antisemitischem Denken ist: Es bricht sich auf andere Weise Bahn.

Die da oben

Antisemitismus gibt es auch ohne Juden – hervorgebracht durch Narrative, die Leerstellen beinhalten, welche häufig mit antisemitischen Gedanken gefüllt werden. Beispielhaft sind vereinfachte Erzählungen von „Gut und Böse", das Feindbild von gierigen Kapitalisten, von Globalisten, die die Welt kontrollierten, von Strippenziehern im Hinterzimmer, die Politiker*innen wie Marionetten spielten. Es sind Schlagwörter, die in der hiesigen Kultur fest in einer antisemitischen Tradition verankert sind. Der

Antisemitismus ist strukturell in solchen Denkräumen angelegt. Das bedeutet nicht, dass dieser beabsichtigt verbreitet wird oder zwangsläufig zum Tragen kommt, sondern dass ein Potenzial dafür da ist – auch im Punk.

Die Figur der fremdgesteuerten Regierenden taucht in Punksongs häufig auf. Ein Beispiel liefert der 1993 erschienene Song „Todesschlaf" von Baffdecks: „Hat man denn euch da oben allen euer Hirn kastriert?! In Lächerlichkeit seid ihr verblasst, zu Marionetten degradiert. Langsam zeigt sich wirklich, wer die Fäden dirigiert." Nicht nur in Songtexten findet sich diese belastete Metapher, sondern auch in der Bildsprache – zum Beispiel auf dem Cover des Albums „El Vals Del Obrero" von Ska-P. Zu sehen ist die Karikatur eines Kapitalisten mit der Marionette eines Arbeiters in der Hand: Geldbündel in der Hemdtasche, eine dicke Zigarre mit Rauch in Form von Dollarzeichen, Goldschmuck und -zahn. Auffällig ist seine große, hakenförmige Nase – ein tradiertes Klischee antisemitischer Karikaturen.

Durch solche Artikulationen gerät das im Punk oft besungene Misstrauen gegenüber politischen Akteur*innen in trübes Fahrwasser, das schnell in antisemitische Gefilde tragen kann. Das verkürzte Wettern gegen „die da oben" schlägt in eine ähnlich ungünstige Kerbe. Denn jedes „Die da oben" trägt auch die Idee einer verschworenen Machtgruppe in sich, wenn die Kritik unspezifisch bleibt. Zwar handelt es sich nicht zwangsläufig um Antisemitismus, wenn beispielsweise die Band Normahl 1989 verkündet: „Die da oben werden es richten, erzählen weiter Lügengeschichten." Das ständige Bedienen dieses vereinfachten Oben-Unten-Weltbildes verbunden mit Lug und Trug schafft jedoch Denkstrukturen, die anfällig für antisemitische Schlussfolgerungen sind.

Die Personifizierung des Bösen

Es ist kompliziert: Verkürzte Kapitalismuskritik meint eine Kritik am kapitalistischen System, die nicht in Marx'scher Tradition die gesellschaftlichen Verhältnisse und Zusammenhänge analysiert, sondern diese auf einzelne Akteur*innen herunterbricht, die vermeintlich Ungerechtigkeiten im Kapitalismus auslösen und steuern. Wie bereits im Beitrag „Ich bin schwul, ich bin jüdisch und ein Kommunist dazu' – Antisemitismus im Punk?" im Sammelband *Klaviatur des Hasses* ausführlich beschrieben: Das Abstrakte – das diffuse Unbehagen im kapitalistischen System – wird an konkreten Institutionen oder Menschen festgemacht und es wird suggeriert, dass durch ihren Sturz ein Ausweg aus der wahrgenommenen Ungerechtigkeit geöffnet würde. Der Kapitalismus wird also nicht als System begriffen, das durch komplexe Zusammenhänge getragen wird, in die wir alle eingebunden sind, sondern als Konstrukt, das von einer Gruppe einflussreicher Menschen gesteuert und beherrscht wird.

Hier offenbart sich erneut der Anknüpfungspunkt für Verschwörungsideologien. Anstelle einer tiefgreifenden Systemkritik rücken durch derlei Verkürzungen eindimensionale Personifizierungen in den Fokus. Das Bedürfnis, eine schuldige Instanz zu finden, ist bei vielen Menschen so groß, dass solche personifizierten Feindbilder des Kapitalismus dankend angenommen werden. Das können wahlweise Coca-Cola, die Deutsche Bank, McDonalds oder „die Bonzen" sein. Eine ebensolche Verkürzung ist die des Geldes als Sinnbild alles Schlechten, das es zu überwinden gilt.

Selbst wenn von Jüdinnen*Juden keine Rede ist, so wird dennoch eine argumentative Leerstelle geschaffen, die oft mit antisemitischen Figuren gefüllt wird, wenn auch womöglich unbewusst. Das liegt daran, dass sich Antisemitismus tief ins kulturelle Gedächtnis unserer Gesellschaft eingeschrieben hat. Die Assoziation von Geld, Macht und Judentum reicht weiter als ins Mittelalter zurück. Und sie hatte schon immer wenig mit gesellschaftlicher Wirklichkeit zu tun: die Geschichte von Judas, der den christlichen Heiland für 30 Silberstücke verrät, die Legende von vermeintlich jüdischen Wucherern, die Christen mit Zinsen ausbeuten, personifiziert in Shakespeares Shylock, bis hin zu den Mythen rund um die

Rothschilds, die angeblich bis heute die Geschicke der Welt in ihren Händen halten.

Der diffuse Hinweis auf unbekannte Mächte im Hintergrund trägt stets auch einen Verweis auf antisemitische Verschwörungsmythen und Annahmen in sich. Das antikapitalistische Moment in der antisemitischen Ideologie entstand mit der Ausprägung des modernen Antisemitismus im 19. Jahrhundert. In dieser Zeit wurden Jüdinnen*Juden nicht mehr bloß mit Geld assoziiert, sondern ihnen wurde die Verantwortung für ökonomische Krisen und Ungerechtigkeit zugesprochen. Außerdem wurde ihnen die Macht zugeschrieben, für die sozialen Umbrüche dieser Zeit verantwortlich zu sein. Der Antisemitismus des 19./20. Jahrhunderts lässt sich samt seinem barbarischen Kulminationspunkt – der Shoah – nur durchdringen, wenn man das ideologische Moment darin erkennt, mittels der Vernichtung aller Jüdinnen*Juden auch die negativen Auswirkungen des Kapitalismus zu vernichten.

Nun macht es selbstverständlich einen Unterschied, ob Menschen ein geschlossenes antisemitisches Weltbild haben oder unbewusst antisemitische Klischees bedienen. Antisemitische Figuren, Sprache und Bilder sind Teil unserer christlich-europäisch-deutschen Kulturgeschichte. Es passiert entsprechend häufig, dass sie unbedarft verwendet werden, ohne dass die antisemitische Dimension erkannt wird oder beabsichtigt ist. Der Song „Dämon" von Dritte Wahl verdeutlicht exemplarisch, dass sich derlei antisemitische Fußabdrücke auch im deutschen Punk finden lassen:

„Es geht ein Wesen um seit vielen Jahren schon
Ein kleiner hässlicher, gefährlicher Dämon
Er bringt den Menschen Angst und Verunsicherung
Für viele Kriege war nur er allein der Grund
Er kennt keine Grenzen, überall ist er zu Hause
Er hat tausende Gesichter und sieht doch immer ähnlich aus
Er hat viele Namen, doch egal wie man ihn nennt
Es bleibt stets dasselbe Wesen, das ein jeder von uns kennt

Und immer wenn wir denken, der Bösewicht ist weg
Dann zeigt er voller Freude, er hat sich nur versteckt

Und jeder kleine Frieden, den man noch so schwer erreicht
Ärgert ihn gewaltig und zur Stelle ist er gleich
Und er bringt seinen Nebel mit aus Furcht und Aberglauben
Und streut giftigen Sand in ihre Augen
Er flüstert ihnen böse Lügen in ihr Ohr
Einfache Lösungen gibt er ihnen vor
In ihre Nasen strömt ein selten süßer Duft
Und viel zu viele folgen, wenn er zu den Waffen ruft
[...]
Und immer wenn wir denken, der Bösewicht ist weg
Dann zeigt er voller Freude, er hat sich nur versteckt
Er ist noch immer hier, kein Wort von dem ist wahr
Und noch genauso stark, wie er es immer war"
(*Dritte Wahl*, 2001)

In dem Text findet sich zwar kein direkter Verweis auf „den Juden",
trotzdem wird hier mit Bildern gearbeitet, die tief in antisemitischen Traditionen verwurzelt sind. Der „Dämon" vereint diverse Zuschreibungen, die genauso in der antisemitischen Figur des
„Juden" zu finden sind: hässlich, angsteinflößend, agiert aus dem
Versteck, getarnt mittels vieler Namen und Gesichter, letztlich
aber immer der Gleiche, lebt in der ganzen Welt verstreut ohne
Grenzen, vergiftet, lügt, löst Kriege aus und besitzt viel Macht.
Vermutlich haben Dritte Wahl nicht bewusst an „den Juden" gedacht, als dieser Text geschrieben wurde. Es ist ein Versuch,
„das Böse" zu beschreiben und zu personifizieren. Genau diese Personifizierung des Bösen in der antisemitischen Figur des
„Juden" wurde im Nationalsozialismus massiv verbreitet. So entsteht gewollt oder ungewollt ein Zusammenhang. Kulturell tra-
diert, werden für die Beschreibung des Bösen genau jene antisemitischen Bilder genutzt. Die Band distanziert sich in einer

E-Mail von jedem Antisemitismus und bestreitet, dass im Song Jüdinnen*Juden gemeint seien.

Yankees raus: Antiamerikanismus im Punk

Punk ohne Antiamerikanismus ist schwer vorstellbar. Und ganz im Gegensatz zum Antisemitismus tritt er völlig unverhohlen zutage. „Fuck the USA" von The Exploited (1984) oder „Yankees raus" von Slime (1982) sind bis heute populäre Schlachtrufe, an denen im Punk kaum ein Vorbeikommen ist. Der Politikwissenschaftler und Soziologe Andrei S. Markovits formuliert treffend: „Man kann über europäischen Antisemitismus schreiben, ohne vom Antiamerikanismus zu reden. Das Umgekehrte, behaupte ich, ist unmöglich." Doch was hat Antiamerikanismus mit Antisemitismus zu tun?

Zum einen wohnen dem ideologischen Antiamerikanismus Abwehrmomente inne, die in gleicher Weise auch in antisemitischer Ideologie zum Tragen kommen: gegen die Postmoderne, kapitalistische Gesellschaften und das Finanzwesen. Der Historiker Dan Diner erkennt im Antiamerikanismus eine Welterklärung, in der „Amerika immer wieder als Ursprung und Quelle aller nur möglichen Übel identifiziert [wird]. Insofern weist der Antiamerikanismus in Form wie Inhalt manche Affinität zum Antisemitismus auf, ohne mit diesem identisch zu sein." Vergleichbar zum Antisemitismus sind auch die Ambivalenzen, mit denen die Projektionsfläche USA bedacht wird. Über- und Unterlegenheit zum Beispiel – das Bild der USA als Supermacht, die die Welt kontrolliert, aber auch als kulturloser, verkommener Ort, bar jeder Menschlichkeit. Allmachts- und Weltverschwörungsfantasien finden sich ebenso in beiden Ideologien wie die Verknüpfung mit Geld, Zinsen und der Börse.

Beiden Ideologien ist der psychologische Effekt gemein, dass sie das menschliche Bedürfnis nach Sinnzusammenhang auf simpelste Weise herstellen. Und es gibt auch eine Korrelation zwischen Antiamerikanismus und israelbezogenem Antisemitismus. Aus einer Analyse der „Europäischen Stelle zur Beobachtung von

Rassismus und Fremdenfeindlichkeit" geht hervor, dass in der europäischen Linken Antipathien gegen Israel häufig mit Aversionen gegen die USA verknüpft sind. In der deutschen Linken werden Israel und die USA immer wieder mit dem Nationalsozialismus verglichen. Ein Beispiel von Slime aus dem Jahr 1982: „Ghettos in Frisco, Slums in L.A., das ist der American Way, im Land der Freiheit sind alle gleich, so gleich wie damals im Dritten Reich." Textzeilen, die keine kritische Haltung gegenüber der amerikanischen Politik darstellen, sondern eine Ideologie zum Ausdruck bringen, die dämonisierende Vergleiche nicht scheut.

Das Feindbild USA ist im Punk bis heute präsent. Das hat mit einem Hang zum plumpen Antiimperialismus und unreflektierter Kritik der komplexen Weltlage zu tun. Gleichzeitig ist schwierig zu beurteilen, ob Punktexte von einer kritischen Auseinandersetzung mit amerikanischer Politik oder blinder Ideologie und Ressentiment motiviert sind. Eine eindeutige Antwort darauf ist aber gar nicht notwendig, um festzustellen, dass die antiamerikanische Stimmung, die im Punk transportiert wird, eine gewisse Anfälligkeit bei der Hörer*innenschaft schaffen kann, antisemitischen Ideen auf den Leim zu gehen.

Widersprüche und Ambivalenzen

Punk ist nicht mehr oder weniger antisemitisch als die Gesellschaft, aus der er kommt. Durch die (mittlerweile) enge Verbindung zur linken Szene sind es hauptsächlich typische Formen des linken Antisemitismus, die sich im Punk niederschlagen. Zumindest für die deutsche Szene spielt der israelbezogene Antisemitismus aber keine große Rolle. Für andere Formen des Antisemitismus scheint Punk hingegen anfälliger. Verkürzte Kapitalismuskritik und simple Personifizierungen „des Bösen" können nicht nur auf die Kürze der Songs geschoben werden. Auch die vereinfachten Denkfiguren von Gut–Böse und Unten–Oben bieten einen Nährboden für antisemitische Ausdeutung.

Punk birgt darum durchaus das Potenzial, Wegbereiter eines antisemitischen Weltbildes zu sein. Dabei kann Punk viel mehr. Er vermittelt Rebellion, Nonkonformität und Infragestellen von Althergebrachtem – wichtige Werkzeuge, um eben nicht auf traditionelle, problematische Gedankenpfade hereinzufallen. Punk ist durchzogen von Widersprüchen und Ambivalenzen. Nicht zuletzt macht das sicherlich auch seine Anziehungskraft aus.

Hardcore

Maximilian Kirstein und Timo Büchner

„Belsen, Auschwitz, Dachau, the similarity is frightening", schrie 1990 die kalifornische Hardcore-Band Vegan Reich im Song „The Way It Is" über Schlachthöfe. Die Ähnlichkeit sei erschreckend. Die Band bezeichnet Fleischkonsum als „Herrenrassenmentalität" und stilisiert sich als Widerstandskämpfer für Tierrechte, analog zum Widerstand gegen Nazideutschland. „We don't obey laws of barbarity", heißt es weiter im Lied. Sie halten sich nicht an die Gesetze der Barbarei.

Hardcore wird als musikalisch härtere Spielart des Punk in den 1980er Jahren vor allem von US-amerikanischen Jugendlichen in den weißen Suburbs gegründet. Modisch hebt sich die Subkultur deutlich von ihren Punk-Wurzeln ab. Kurze Haare, weitere Klamotten und martialisches Auftreten als „tough guys" sind die Abgrenzung zu Iro, Nietengürtel und Lederjacke. Zum Ethos der Szene gehört auch, „Straight Edge" zu sein – ein Leben ohne Alkohol und Drogen, für manche kommt auch eine vegane Ernährung hinzu. Besonders radikale und militante Auslegungen des veganen Straight-Edge-Gedankens werden in der Szene unter dem Begriff „Hardline" bekannt. Anhänger*innen kommen in den späten 1980er und frühen 1990er Jahren vor allem aus dem Umfeld von Bands wie Vegan Reich.

Schon im provokanten Bandnamen machen Vegan Reich keinen Hehl aus ihrem Wunsch nach einer globalen veganen Diktatur. Im besagten Song „The Way It Is" machen sie deutlich, dass sie keine andere Meinung zu Tierrechten tolerieren werden: „Your position is irrelevant to this situation / It's black and white / You're wrong we're right." Die „Schuldigen" werden sie erhängen, als Rache für ermordete Tiere.

Sänger und Gründer von Vegan Reich ist Sean Muttaqi, der Mitte der 1990er Jahre mit der Gründung des Labels Uprising Records maßgebliche Strukturen für die Etablierung der Hardline-Szene legt. Er versucht, seinen militanten Einsatz für Tierrechte mit tiefenökologischen und islamistischen Positionen in Einklang zu bringen. Passenderweise trägt die letzte Vegan Reich-EP aus dem Jahr 1999 den Titel „Jihad". Schon ein Jahr zuvor zieht die Hardcore-Kultband Cro-Mags in ihrem Song „Death Camps" ebenfalls einen Vergleich zwischen Schlachthöfen und Konzentrationslagern: „Don't it remind you of Buchenwald?"

Auch wenn Hardline heute eine Randerscheinung und weitestgehend irrelevant geworden ist: Das bereits von Vegan Reich proklamierte Schwarz-Weiß-Denken ist in der modernen Hardcore-Szene alles andere als verschwunden. Das lässt sich an zwei bekannten Bands und deren deutlichem Hang zu verschwörungsideologischem Denken belegen. Die US-amerikanische Band First Blood, bekannt in der Szene und vergleichsweise kommerziell erfolgreich, zeigt auf ihrem 2010 erschienenen Album „Silence Is Betrayal", wie oberflächliche (Pseudo-)Kritik viel mehr andeutet als zu erklären vermag. Leitmotiv des Albums ist – wie bei vielen Verschwörungserzählungen – ein Freund-Feind-Schema, bei dem jede*r, der*die nicht den Mund aufmacht und schweigt, Teil der Verschwörung ist. Wer aber eigentlich genau die Feind*innen sind, erklärt die Band nicht explizit, sondern deutet das im Song „Enemy" nur vage an: „I'm not your enemy / We're not your enemy / They're not who they appear to be / Those with the power to / Control our beliefs." Auch das gemeinschaftliche „Wir" in der „Wir gegen die"-Dichotomie bleibt unbestimmt.

Immerhin gibt es eine klare Anweisung, wie die Feinde ausfindig gemacht werden können: „Search for the truth / And you'll find the real enemy." Darüber jedoch, was diese „Wahrheit" ist, verrät die Band erneut nicht allzu viel, es scheint allerdings um Macht zu gehen: „[They] control the public mind / To be secure in their power." Im Song „Truth" rekurriert die Band auf die klassische verschwörungsideologische Floskel „Cui bono?" (Wem nützt es?) und stellt vermeintlich tabuisierte oder gar gefährliche Fragen: „Dare not to ask / Who gains? Who profits? Who wins? / Who benefits the most?" Antworten liefert die Band nicht, sondern untermauert lediglich ihre Weltsicht im Gut-Böse-Schema.

Darin drückt sich eine paranoide Reaktion auf die Komplexität der modernen kapitalistischen Welt aus: Deren Widersprüche und Ungerechtigkeiten sind oftmals schwer greif- und erklärbar und konfrontieren Individuen ständig mit der eigenen Ohnmacht. So entsteht ein psychologischer Bewältigungsprozess, der in der Psychoanalyse als Projektion bezeichnet wird. Wenn die wahrgenommenen Widersprüche und damit die inneren Spannungen größer werden, verlagert das Individuum (Subjekt) diese auf eine andere Person, Gruppe, Institution oder ähnliches (Objekt) und versucht gewissermaßen, das Problem durch diese Versinnbildlichung für sich selbst konkreter und wortwörtlich greifbarer zu machen. Spannungen und ungelöste Widersprüche erscheinen im Extremfall nur noch dann auflösbar, wenn das Objekt und damit das Problem an sich gewaltsam vernichtet werden. Anders ausgedrückt: Werden „die da oben" (Politiker*innen, Banker*innen etc.) als „Herrscher*innen" oder „Unterdrücker*innen" und somit als Stellvertretende eines verkommenen politischen Systems identifiziert, erscheint es auf den ersten Blick naheliegend, mit deren Eliminierung das (tatsächlich viel komplexere) Problem zu lösen.

In antisemitischen Verschwörungserzählungen nehmen Jüdinnen*Juden die Rolle der allmächtigen Strippenzieher*innen ein und personifizieren die Komplexität der Moderne. Zwar benennen First Blood nicht explizit Jüdinnen*Juden als Feind*innen, allerdings fungieren ihre Rhetorik und „Wir gegen die"-Dichotomie, die man sonst eher von rechtspopulistischen Akteur*innen kennt, als „Dogwhistle" – Codes, die nur „Eingeweihte" verstehen. Das

Weltbild der Band ist nämlich nur oberflächlich kritisch und vielmehr dystopisch-regressiv, weil es komplexe und widersprüchliche Zusammenhänge der modernen Welt (vor allem die Existenz und Verflechtung verschiedener gesellschaftlicher Hierarchien) nicht kohärent zu erklären vermag, sondern sich in Andeutungen und Geraune verliert. Oder anders ausgedrückt: Diejenigen, die an eine übermächtige „jüdische Lobby" glauben, erhalten mit der beschriebenen Rhetorik eine Bestätigung ihres Weltbildes.

„No tolerance for Zionism"

Abseits ihrer historischen Allgegenwärtigkeit erleben antisemitische Verschwörungsideologien in den vergangenen Jahren aufgrund der Covid-19-Pandemie Hochkonjunktur. Eine Spielart des Antisemitismus, die ebenfalls omnipräsent ist und immer wieder Hochphasen erfährt, ist der israelbezogene Antisemitismus.

Obwohl die BDS-Kampagne vor allem in linksliberalen bis linksradikalen Szenen in Deutschland präsent ist, trifft das auf die hiesige Hardcore-Szene in der Regel nicht zu. In den USA sieht das anders aus. Ein gutes Beispiel hierfür ist Jesse Barnett, Sänger der Band Stick To Your Guns. Auf seinem Instagram-Kanal „samxhandles" mit mehreren zehntausend Followern präsentiert er nicht nur seine weiteren Musikprojekte, sondern auch sich selbst und seine politischen Ansichten. Im Januar 2022 stellt er in einer Bilderstrecke sein Nebenprojekt All Power Books in Los Angeles vor. In den Räumen ist neben zahlreichen antiamerikanischen Postern auch eine palästinensische Flagge zu sehen. Das ist an sich keineswegs verwerflich, genauso wenig wie die folgenden Beispiele. Doch zeigen sie ein undifferenziertes Weltbild: Palästinenser*innen sind uneingeschränkt gut, Israel uneingeschränkt böse.

Bei All Power Books werden nicht nur gespendete Lebensmittel verteilt, sondern auch Shirts mit politischen Slogans und Bücher angeboten – darunter *On Palestine*, das von dem Linguisten Noam Chomsky zusammen mit dem israelischen Historiker und BDS-Unterstützer Ilan Pappe verfasst wurde. Letzterem werfen einige Forscher*innen, darunter Benny Morris und Ephraim Karsh, Einseitigkeit und methodische Mängel vor. *On Palestine* geht der Frage nach, welche Möglichkeiten bestehen, umfassenden Druck auf Israel auszuüben, um Menschenrechtsverletzungen gegen die Palästinenser*innen zu beenden. Im Grunde eine theoretisch-praktische Anleitung für die BDS-Kampagne. Im Text zum Post bezeichnet sich Barnett selbst als „Sozialist/Kommunist" und bringt seinen Stolz über sein politisches Projekt deutlich zum Ausdruck: „Global solidarity with all people who wish to shed their chains and who fight against this capitalist death cult and the corporate killing of the planet and its people. We will overcome."

Diese revolutionäre Rhetorik inklusive eindeutiger Bezüge zur US-Bürgerrechtsbewegung, die vor allem in der antiimperialistischen Linken zu hören ist, findet sich bereits in älteren Beiträgen des Musikers: Im Februar 2018 postet er ein Bild der Palästinenserin Ahed Tamimi, die mit entschlossenem Blick eine palästinensische Flagge schwenkt. Barnett kommentiert das Bild mit den Worten „FREE AHED". Die 16-jährige Tamimi wurde von einem israelischen Gericht zu einer Gefängnisstrafe verurteilt, weil sie einen israelischen Soldaten geohrfeigt hatte, und wird seitdem weltweit als Ikone des palästinensischen Widerstands glorifiziert. Dass eine Verwandte Ahed Tamimis, nämlich Ahlam Tamimi, an einem Terroranschlag auf eine Jerusalemer Pizzeria im August 2001 beteiligt war, bei dem palästinensische Terrorist*innen 15 Menschen töteten und 130 teils schwer verletzten, wird dagegen nur selten erwähnt. Ihr Ehemann Nizar Tamimi und ein weiterer Verwandter waren 1993 in den Mord an einem Israeli verwickelt.

Im Song „Rules of Justice" auf dem 2017 erschienenen First Blood-Album „Rules" heißt es: „Fifty years of brute occupation / [...] World stands in direct condemnation / Enough with the occupation! / Boycott divestment sanctions." In diesen Zeilen, die den Song zur BDS-Hymne schlechthin machen, beziehen sich First Blood auf den Sechstagekrieg im Jahr 1967, in dem Israel den Gazastreifen und die Westbank mit Ostjerusalem eroberte. Beide Gebiete bilden heute die palästinensischen Autonomiegebiete:

Während der Gazastreifen seit 2007 von der islamistischen Terrororganisation Hamas regiert wird, steht die Westbank unter israelischer Militärverwaltung. Seit Mitte der 1990er Jahre werden Teile davon (vor allem größere Städte wie Nablus und Ramallah) durch die Palästinensische Autonomiebehörde verwaltet.

First Blood wähnen sich auf der moralisch richtigen Seite, schließlich stehe die Welt geschlossen gegen das Unrecht, das den Palästinenser*innen widerfahre. Wie auch BDS-Aktivist*innen betont die Band, für friedlichen Protest („Diplomacy, non-violent action") zu stehen. Dass Islamismus und terroristische Akteur*innen auf palästinensischer Seite in hohem Maße immer wieder zur Eskalation des Konflikts mit Israel beigetragen haben und beitragen, bedenkt die Band nicht. Vielmehr sieht sie den Hauptgrund für den Konflikt in der israelischen Siedlungspolitik, die letztlich auch gewalttätigen palästinensischen Widerstand provoziere oder gar rechtfertige: „Ignoring the root of the conflict leads to the / Third, fourth, fifth ... infinite intifada."

Der „National Socialist Hardcore"

Schon seit den 1990er Jahren gibt es auch eine extrem rechte Spielart des Hardcore. Im „National Socialist Hardcore" (NSHC) geht es weniger um israelbezogenen Antisemitismus, sondern vielmehr um antisemitische, bereits im NS-Regime verbreitete Propaganda. Um den angeblich einflussreichen Juden, um den Mythos vom „Weltjudentum". Nicht selten mündet die Propaganda, die in der Musik der extremen Rechten verbreitet wird, in Vernichtungsfantasien. Dabei zeigt sich auch: Die unterschiedlichen Formen des Antisemitismus wollen am Ende praktisch das Gleiche. Während die eine Seite den Umweg über die Auslöschung Israels geht, geht es auf der anderen ganz direkt um die Auslöschung von Jüdinnen*Juden.

In den USA wird Hardcore bereits Ende der 1980er Jahre unter rechten Skinheads populär. Szene-Bands mischen Stil und Themen mit extrem rechter Ideologie. Die ersten US-amerikanischen Bands aus diesem Bereich sind Aggravated Assault, Blue Eyed Devils und Bound for Glory. Der US-amerikanische NSHC weckt Interesse unter rechten Skinheads in Deutschland. Die ersten Tourneen von Aggravated Assault und Blue Eyed Devils, die zwischen 1997 und 1999 stattfinden, machen den NSHC in der deutschen Rechtsrock-Szene bekannt. „Hatecore" wird zum „Synonym für rassistischen Hass und rassistische Gewalt" und zum „neuen Modewort", schreibt Ingo Taler im Buch *Out of Step. Hardcore-Punk zwischen Rollback und neonazistischer Adaption.*

In den späten 1990er Jahren experimentieren die ersten Bands mit Elementen des Hardcore, zum Beispiel die Rechtsrock-Band Hate Society aus Bayern, die aus dem militanten Rechtsrock-Netzwerk Blood & Honour stammt. Der erste Tonträger „Hell's Your Place" (1998) ist im Rock/Oi, das zweite Release „Sounds of Racial Hatred" (1999) im Hardcore angesiedelt. „Strength Thru Blood" (2001), ein gemeinsamer Tonträger von Hate Society und der britischen Rechtsrock-Band Razors Edge, vollzieht den endgültigen Schritt zum Hardcore.

Trotz dieses musikalischen Bruchs bleiben Antisemitismus und die NS-Verherrlichung gleich. Das Cover des ersten Tonträgers „Hell's Your Place" (1998) zeigt einen Juden mit zwielichtigem Blick und einer großen Krummnase. „Der Jude" zieht mit seinen beiden Händen die Fäden. Die Darstellung, die an die NS-Propagandazeitung *Stürmer* erinnert, nutzt die antisemitischen Stereotype der angeblichen jüdischen Physiognomie und des „Weltjudentums". Auf dem Cover des zweiten Albums „Sounds of Racial Hatred" (1999) ist unter anderem „Death to ZOG" zu lesen. Der Code „ZOG" (Zionist Occupied Government) stammt aus der US-amerikanischen Neonazi-Szene und beschreibt die Überzeugung, Jüdinnen*Juden steuerten die nationalen Regierungen und somit das internationale Weltgeschehen.

Aber erst Anfang der 2000er Jahre wird die extrem rechte Hardcore-Spielart zum Trend am rechten Rand. Musiker der Rechtsrock-Band Nordmacht aus Mecklenburg-Vorpommern gründen 2001 die Hardcore-Band Path of Resistance. In Thüringen werden Brainwash und Moshpit gegründet. Nach der Adaption der Musik folgt die Adaption des Lifestyles. In Teilen der Neonazi-Szene setzen sich Hoodies und Turnschuhe statt Bomberjacken und Springerstiefel durch. Mate und Tofu ersetzen Bier und Schnitzel. In den Songtexten werden nicht nur der Nationalsozialismus, sondern auch Globalisierung und Kapitalismus, Naturschutz und Tierrechte thematisiert.

Heute stehen die erfolgreichsten deutschen NSHC-Bands unter Vertrag des Neonazi-Labels One People One Struggle Records (kurz: OPOS Records) mit Sitz in Lindenau (Brandenburg). Die Bands heißen Burning Hate, Confident of Victory, Hope for the Weak, Moshpit und Terrorsphära. In der Regel verschlüsseln NSHC-Bands – trotz eindeutiger Bekenntnisse zum Nationalsozialismus – antisemitische Botschaften. Das soll vermeiden, dass ein Tonträger indiziert wird oder gar einen Straftatbestand (z. B. Volksverhetzung) erfüllt. Ein Beispiel einer verschlüsselten antisemitischen Botschaft ist der Code „die Auserwählten". Moshpit grölen im Song „Epitaph" des Tonträgers „We Carry The Heart" (2012): „The sun turns black / And blood is running cold / Take a look in their dying eyes / The horrified eyes of the chosen few." Brainwash liefert im Song „Hate Is Our Justice" des Albums „Hate Is Our Justice 2" (2015) ein weiteres Beispiel: „Hate is our way of life / It's better when you hide from us / You dirty fuckin scum / We hate everything that's different / Especially the chosen one." Mit den „chosen few" bzw. „chosen one" meinen die Musiker das „Auserwählte Volk" aus dem Alten Testament: Jüdinnen*-Juden.

Zwischen Sub- und Massenkultur

Doch weg von der extremen Rechten und zurück in den Mainstream: Punk und vor allem Hardcore sind bei weitem nicht mehr die Subkulturen, die sie zu Beginn der 1980er Jahre waren. Spätestens seit dem Aufgreifen von Elementen des Extreme Metal ab den frühen 2000er Jahren und daraus resultierenden Spielarten wie Metal-

oder Deathcore gibt es eine regelrechte Schwemme an Bands, die an den Erfolg bekannter Genrepionier*innen anknüpfen wollen. Große Merchandise-Online-Shops wie Impericon und die unter diesem Namen jährlich ausgetragene Clubtour „Never Say Die!" erschließen mit kaufkräftigen Jugendlichen und jungen Erwachsenen der mittleren Einkommensschichten einen neuen Markt.

Der daraus resultierende ökonomische Druck wirkt sich wiederum auf viele Bands und deren Musik aus: Einerseits findet mit einer zunehmenden musikalischen auch eine inhaltliche Trivialisierung statt, andererseits erleichtert es dieser Umstand politischen Bands, radikale Positionen zu Themen wie Tierrechte und Antikapitalismus besser im Mainstream zu verankern und sich gleichzeitig darüber zu profilieren. Ein Blick auf Hardcore-Bands wie Vegan Reich oder First Blood zeigt, wie anfällig Teile der Szene, die sich „kritischem Denken" verschrieben haben, für autoritäre und verschwörungsideologische Tendenzen sind. Gleichzeitig können jene vermeintlich radikalen Positionen, vor allem das Eintreten für den angeblichen Underdog, als Bezugnahme auf die eigene Verwurzelung im Punk gesehen werden, was wiederum als Distinktionsmerkmal gegenüber dem weitgehend unpolitischen Teil der kommerzialisierten Hardcore-Szene, die als „Poser" bezeichnet werden, fungiert. Ein Umstand, der sich letztendlich gut vermarkten lässt und wiederum zum Konsumangebot wird.

Gerade in Bezug auf Verschwörungsideologien, Antisemitismus und Antizionismus gibt es in öffentlichen Debatten trotz zähen Ringens zahlreiche Erkenntnisgewinne und Fortschritte, von denen der gesellschaftliche Mainstream profitiert hat – und warum sollte das nicht auch auf die Hardcore-Szene zutreffen? Mit anderen Worten: Die Szene würde sich selbst einen großen Gefallen tun und an Glaubwürdigkeit gewinnen, wenn sie sich stärker an ihren eigenen Ansprüchen orientierte und kritischer gegenüber sich selbst wäre. Denn gerade Bands, die einen explizit politischen Anspruch mit ihrer Musik verfolgen, haben – ob sie wollen oder nicht – eine Verantwortung, besonders ihren oft noch jugendlichen Fans gegenüber.

Dialog

Laura Cazés und Leon Kahane

Laura Cazés arbeitet bei der Zentralwohlfahrtstelle der Juden in Deutschland, ist Mitinitiatorin des Jewish Women Empowerment Summit und gab 2022 den Sammelband *Sicher sind wir nicht geblieben: Jüdischsein in Deutschland* heraus. **Leon Kahane** ist Künstler, arbeitet beim Forum demokratische Kultur und zeitgenössische Kunst der Amadeu Antonio Stiftung und landete 2022 auf Platz 20 der wichtigsten Kulturpersonen des Jahres in der *FAZ*.

Ein Gespräch über die Lehren der documenta fifteen, die Debatte um Roger Waters und Antisemitismus in Kunst und Kultur.

„Ich kann beim besten Willen kein Hakenkreuz entdecken", nannte Martin Kippenberger 1984 sein abstraktes Gemälde als Kommentar auf die fehlende Aufarbeitung des Nationalsozialismus im Nachkriegsdeutschland. Nach der documenta fifteen könnte man meinen: Teile der Kulturbranche wollen Antisemitismus beim besten Willen nicht erkennen ...

Laura Cazés: Der Antisemitismusvorwurf wiegt schwerer als der Antisemitismus selbst – vor allem in Kontexten, in denen Menschen sich als sensibilisiert für Diskriminierung verstehen. Dafür war die documenta ein Beispiel aus dem Lehrbuch. Die jüdische Community kennt solche reflexartigen Reaktionen sehr gut. In Deutschland geht es erstmal darum, den Antisemitismus nicht zu finden. Oder sich in irgendeiner Form des Vorwurfs zu entledigen. Denn wenn sich dieser Vorwurf nicht aus dem Raum wischen lässt, Beispiel documenta, dann muss es eine dramatische Inszenierung geben und am Ende weiß niemand mehr, wer jetzt eigentlich wofür Verantwortung tragen muss.

Leon Kahane: Der Auslöser, dass es überhaupt eine Debatte darüber gab, war das Banner von Taring Padi. Die Rezeption ist allerdings nie über den Punkt hinausgegangen, dass es im Bild die eine oder andere antisemitische Darstellung gibt, zum Beispiel die eines orthodoxen Juden, der offenbar den Teufel manipuliert. Aber das ganze Bild ist kein Wimmelbild, sondern ein Weltbild – ein manichäisches Weltbild von Gut und Böse. Das Weltbild der documenta fifteen. Und das ist problematisch.

Inwiefern?

Leon: Die documenta fifteen hat mit der Behauptung argumentiert und geworben, sich aus solidarischen Kollektiven zusammenzusetzen: Eine Selbstbeschreibung, die für eine Kritik an der inneren Struktur eine große Hürde bedeutet, weil man in Opposition zu allem vom Kollektiv festgelegten Richtigen und Guten treten müsste. Abgesehen von starken Bezügen zum sozialistischen Realismus hat das Banner von Taring Padi etwas Religiöses – eine Kombination aus Glaubensbekenntnis und politischer Botschaft. Wir sehen etwas Himmlisches, einen harmonischen und paradiesischen Ort – übersetzt in die Realität, die Selbstbeschreibung der documenta. Und wir sehen alles, was das Paradies verhindert – im Endeffekt die gespaltene moderne Gesellschaft mit all ihren komplexen Konflikten und Problemen. Und Letzteres ist etwas, was immer mit dem „Jüdischen" assoziiert wird, wenn auch nur unbewusst. Der äußere Feind, der die innere Harmonie stört, wird gleich mitgeliefert. Laura und ich und andere, die sich dazu geäußert haben, wir sind auf dem Bild dargestellt. Wir sind Teil dieses Weltbildes.

Dieses Bild des „Jüdischen" in Kunst und Kultur ist ja nichts Neues ...

Leon: Nein, und darüber wurde schon in tausenden Büchern geschrieben. Aber auf der documenta hat die Kunst- und Kulturszene das praktisch vergessen. Das war Gaslighting. Sie haben aktiv etwas nicht sehen wollen. Aber unsere Kritik lautete: Das ist auch eure Welt, ihr seid auch Teil davon, nur verleugnet ihr das. Ihr sucht einen Weg in diesen paradiesischen Zustand, auf unsere Kosten. Diese Kritik hat die Szene uns wahnsinnig übelgenommen.

Laura: The show must go on – auch das ist etwas, was jüdischen Menschen in der Nachkriegsgeschichte bestens bekannt ist. Die Show muss weiter gehen, auch nach der Shoah. Wenn man Leute aus der jüdischen Community in München fragt, was von der Olympiade 1972 geblieben ist, als elf israelische Athleten ermordet wurden, dann sagen sie nämlich genau das. The show must go on: Die Olympischen Spiele dürfen nicht überschattet werden. Die documenta darf nicht überschattet werden. Und das neue deutsche Selbstbild als Erinnerungsweltmeister darf nicht überschattet werden.

Dabei war der Antisemitismus auf der documenta kaum zu übersehen. Das Bild von Taring Padi auf dem zentralen Platz der Kunstausstellung war nur das prominenteste Beispiel. Es war ein Schaulaufen der gesamten Bandbreite des Judenhasses. Es gab Karikaturen, die auf eine jahrhundertealte antisemitische Bildsprache zurückgreifen. Oder die Entmenschlichung von Juden durch Tiermotive. Oder die Gleichsetzung von Israelis und Nazis. Oder Propagandafilme von Terrororganisationen. Oder Raum für Künstler*innen, die BDS unterstützen.

Laura: Aber die Anklage wird einfach hingenommen, als könnte man das alles nicht mehr hören. Ich stelle mir die Frage als Jüdin:

Was müssen wir eigentlich alles aushalten und akzeptieren? Über die *Tokyo Reels* sind zum Beispiel nur ein paar Artikel geschrieben worden, weil die eine oder andere Person sich die Mühe gemacht hat, sich die circa neunstündige Filminstallation genauer anzuschauen und darauf aufmerksam zu machen. Darin kommen antisemitische Aufzeichnungen terroristischer Organisationen vor, die zum Beispiel Kindersoldaten gegen Israel einsetzen und zu Märtyrern stilisieren.

Dabei wollte die Kunstausstellung diesmal besonders progressiv sein, Postkolonialismus und Antirassismus sollten im Vordergrund stehen.

Laura: Die documenta ist das perfekte Beispiel dafür, warum sich Antisemitismus nicht unter Rassismus subsumieren lässt. Und warum der rassismuskritische Blick Antisemitismus nicht verhindert, wie die Kurator*innen suggerieren. Es ist wichtig, dass künstlerische Räume diskriminierungssensibel sind. Aber eine Sensibilität für Rassismus oder eine postkoloniale Perspektive allein können Antisemitismus nicht immer erkennen. Manchmal machen sie das sogar schwieriger. Es gibt eine Hierarchisierung der Wichtigkeit, einen Raum rassismuskritisch zu gestalten, und der, ihn gleichzeitig antisemitismuskritisch zu betrachten. Das hat, wie Leon während der documenta immer wieder betont hat, eine besondere Tragkraft im Kontext der Geschichte dieser Kunstausstellung.

Nämlich?

Leon: Die documenta galt auch als Teil der sogenannten Stunde Null, ein kultureller Neuanfang für Deutschland nach dem Zweiten Weltkrieg. Aber aus dem 21-köpfigen Gründungsteam waren zehn Leute bei NSDAP, SA oder SS. Einer der künstlerischen Leiter war der Kunsthistoriker Werner Haftmann, früher NSDAP- und SA-Mitglied, beteiligt an Folterungen von Partisanen in Italien. Bei den ersten documentas gab es kaum jüdische Künstler. Haftmann erklärt das damit, dass der Nationalsozialismus fälschlich moderne Kunst als „jüdische Erfindung zur Zersetzung des ‚Nordischen Geistes‘" betrachtet habe, „obwohl nicht ein einziger der deutschen modernen Maler Jude war". Das ist schlicht falsch.

Eigentlich war der Anspruch der documenta fifteen gut gemeint: in der Kunstwelt marginalisierten Positionen aus Ländern des sogenannten Globalen Südens eine Bühne zu bieten. Das alles wird vom Antisemitismus überschattet. Ist das nicht eigentlich schade?

Leon: Sicher ist das schade, aber wenn man diesem Gedanken folgt, kommt man noch an einer anderen Stelle heraus. Dann bestätigt sich plötzlich das Weltbild auf dem Taring-Padi-Banner, auf dem die Juden im Bunde mit dem Teufel eine bessere und gerechtere Zukunft verhindern. Und so wurde es ja auch immer wieder dargestellt: Ein aufgebauschter Skandal um ein paar missglückte Bildelemente, der instrumentalisiert werde, um die westliche Kulturhegemonie gegen eine neue, solidarischere Gesellschaftskultur zu verteidigen. Man lasse sich aber weder spalten noch den Spaß verderben. Das hat tatsächlich das Bild hervorgebracht, es gebe eine harmonische documenta, die nicht von innen durch die eigene fehlende Aufklärung, sondern von einem feindlichen Außen bedroht wird. Also muss dann doch was dran gewesen sein am Taring-Padi-Banner.

Laura: Das Ganze setzte sich fort als weitere Inszenierung, als das Bild von Taring Padi verhüllt wurde. Das war Teil der Performance, ein „Denkmal der Trauer" über die „Unmöglichkeit des Dialogs".

Leon: „Verunmöglicht" durch den Zentralrat der Juden.

Laura: Auch wenn der Zentralrat manchmal eine konservativere Position vertritt und nicht alle jüdische Menschen in Deutschland repräsentiert, wird immer von Zensur gesprochen, wenn sich die offizielle Interessenvertretung des großen Teils der jüdischen Community in Deutschland in Debatten einschaltet. Das reproduziert letztlich antisemitische Narrative. Dem Zentralrat wird eine Macht zugeschrieben, die eigentlich völlig überzogen ist.

Leon: Die antisemitische Unterstellung ist nicht nur „Macht", sondern „Machtmissbrauch zur Spaltung".

Und zur Einschränkung der Kunstfreiheit ...

Leon: Das ist nämlich interessant: Die Initiative GG 5.3 Weltoffenheit, eine Kampagne aus der Kunst- und Kulturszene gegen den BDS-Beschluss des Bundestages, nennt sich nach Artikel 5, Absatz 3 des Grundgesetzes, also der Wissenschafts- und Kunstfreiheit. Das heißt: Von Anfang an wird die Debatte auf die Frage der Kunstfreiheit verschoben. Auch im Nachgang der documenta wird in der Kunstwelt nicht über Antisemitismus geredet, sondern über Kunstfreiheit.

Laura: Es geht hier aber nicht nur um eine Debatte unter Intellektuellen. Gleichzeitig prägt das, was im Kulturbetrieb erzeugt wird, jegliche Milieus innerhalb der Gesellschaft. Das setzt sich fort bis in die Popkultur, in den Mainstream. Kein gesellschaftlicher Raum ist frei von antisemitischen Narrativen.

Leon: Die documenta ist auch zum Gesprächsstoff am Stammtisch geworden. „Die Juden wollen uns die documenta kaputt machen." Leute mit fragwürdigen Ansichten über Geflüchtete sagen jetzt: „Die Antisemitismusdebatte beschämt unsere Gäste."

Wart ihr selbst auf der documenta?

Leon: Ja, ich wollte es sehen. Aber auch verstehen. Die starken Bezüge in der Sprache, in der Selbstdarstellung, in der Romantisierung bestimmter Weltbilder erinnern mich sehr an die Kunst der DDR. Vor allem, wenn es um den Antisemitismus und die Aufarbeitung des Holocausts geht. Dort sah ich auch den Container der Bildungsstätte Anne Frank, der als Reaktion auf die Vorwürfe über Antisemitismus aufklären sollte. Die Situation war absurd: Eine einzelne Mitarbeiterin stand allein da, ohne irgendeinen Schutz an der allerletzten Ecke versteckt, was der documenta zu verdanken ist. Als ich ankam, stand dort ein Querdenker mit einem riesengroßen Rucksack – die haben ja immer irgendwie tausende Sachen dabei. Er erzählte der Mitarbeiterin, wie der ganze documenta-Skandal nur ein geheimer israelischer Plan sei, um von der Ermordung einer *Al Jazeera*-Journalistin durch die IDF abzulenken. Auch er findet Anschluss an die documenta-Debatte in einem ganz rechtsradikalen, verschwörungsideologischen Narrativ. Das hat schon etwas von einer Querfront.

Laura: Ich war zum ersten Mal nicht da, ich hatte einfach keinen Bock. Wieso sollte ich Kultur unterstützen, die mich eigentlich gar nicht will? Aber die Zentralwohlfahrtstelle der Juden hat nach dem Skandal mehrfach Spenden über 27 Euro erhalten – den documenta-Eintrittspreis.

Für die Zentralwohlfahrtsstelle der Juden in Deutschland arbeitest du auch. Die Feindbilder auf der documenta sind eindeutig: spitze Zähne, Mossad-Schweine, die neuen Nazis. Sprich: Juden sind reich und kontrollieren die Welt. Wie sieht die Realität aus?

Laura: Viele Jüdinnen*Juden in Deutschland sind mehrfach strukturell marginalisiert und benachteiligt. Die Wahrnehmung einer privilegierten Minderheit steht in einem diametralen Kontrast zu den tatsächlichen jüdischen Lebensrealitäten. 90 Prozent der jüdischen Community sind in den letzten drei Jahrzehnten aus Ländern der ehemaligen Sowjetunion eingewandert. Fast alle, die vor 1954 geboren wurden, leiden unter struktureller Altersarmut, weil ihre Arbeitsleistung in der Sowjetunion nicht in die Rente miteinbezogen wird und weil ihre akademischen Abschlüsse in Deutschland nicht anerkannt wurden. Eine weitere strukturelle Vulnerabilität zeigt sich auch jetzt besonders: Die größte Minderheit der jüdischen Community in Deutschland kommt aus der Ukraine. Sie sind unmittelbar oder indirekt von Russlands Krieg betroffen.

Leon: Ich komme aus Ostdeutschland, da ist ja auch nicht so viel mit Vermögensakkumulation gewesen.

Laura: Diese Narrative haben dennoch Auswirkungen auf die jüdische Community: Sie werden wahrgenommen, und zwar nicht nur als verletzende antisemitische Trope, sondern auch als Negierung ihrer Lebensrealität als Jüdinnen und Juden in Deutschland in ihrer Gesamtheit.

Wie erklärt ihr solche dämonisierenden Bilder von Juden in Kunst und Kultur?

Leon: Es gibt in der Kunstwelt ein grundlegendes Problem, vor allem mit strukturellem Antisemitismus als Methode, aus der eigenen Privilegiertheit und dem Leiden in der modernen Gesellschaft Kunst zu machen. Genau das ist etwas, was ich in meiner künstlerischen Arbeit immer wieder thematisieren möchte, auch weil dieser vermeintlich harmlose Wunsch nach Entlastung in der Vergangenheit meiner Familie viel Leid beschert hat und in der Gegenwart die Aufarbeitung dieses Leids verhindert. Ich will das ansprechen, weil mir an der Kunst etwas liegt und weil ich weiß, dass man die Kunstfreiheit nicht damit gefährdet, Antisemitismus aufzuarbeiten, sondern ganz im Gegenteil, wenn man es nicht tut.

In emanzipatorischen Szenen wird Jüdinnen*Juden, die sich nicht explizit antizionistisch positionieren, oft vorgeworfen, mindestens rechts zu sein. Was ist davon zu halten?

Laura: Das einfache Bild des rechtskonservativen Judentums wird immer wieder bedient. Aber die jüdische Community ist sehr plural, das gehört ja auch zum Selbstverständnis. Das lässt sich an der Auseinandersetzung mit der israelischen Politik sehen: Man mag es nicht glauben, aber die Debatten innerhalb der Community darüber sind hitzig. In den Dachverbänden arbeiten sowohl Konservative als auch Progressive. Gleichzeitig operieren auch jüdische Organisationen nicht im luftleeren Raum. Sie sind nicht weniger patriarchal strukturiert als andere gesellschaftliche Räume.

Antisemitische Bildsprache sieht man nicht nur in Kassel auf der documenta, sondern zum Beispiel auch in ausverkauften Arenen auf Konzerten des Ex-Pink-Floyd-Musikers und BDS-Promis Roger Waters.

Laura: Roger Waters ist nicht nur ein Sprachrohr für BDS. Er benutzt auch eine lupenrein antisemitische Bildsprache bei seinen Performances, zum Beispiel das fliegende Schwein mit Davidstern als Symbol des Bösen. So hat die jüdische Gemeinde in Frankfurt nämlich argumentiert, um die Absage seines Konzertes zu bewirken, statt auf seinen Israel-Boykott zu fokussieren. Und das ist etwas, was offenbar bei dem einen oder anderen Kommunalpolitiker plötzlich einen Schalter umgelegt hat. Das Konzert dort wurde zunächst abgesagt, bevor ein Gericht das Verbot kippte.

Leon: Stichwort Ideologiekritik: Roger Waters vertritt ein paar ganz klassische Ideologie-Elemente. Dazu gehört wieder das Antiwestliche, für das die Ukraine jetzt auch ein Symbol wird. Das sieht man auch beim russischen neurechten Ideologen Alexander Dugin. Vor allem auf die Westukraine bezogen spricht er von „den Galiziern". Das versteht jeder: Er insinuiert, dass die Region jüdische Wesenszüge in sich trage und daher besonders verachtenswert sei. Meine Familie kommt ganz ursprünglich auch aus Galizien in der Ukraine.

Laura, in deinem Buch *Sicher sind wir nicht geblieben* geht es um sichere Orte für Jüdinnen*Juden, um Sicherheit im weitesten Sinne – vom geschützten Kindergarten über das Festival of Resilience nach dem Halle-Anschlag bis hin zum jüdischen Staat. Viele emanzipatorische Subkulturen und Bewegungen wollen auch Safer Spaces für marginalisierte Identitäten sein, sie wollen sich für ihre emanzipatorischen Kämpfe einsetzen. Fühlst du dich aber als Jüdin dort sicher?

Laura: Geschützte innerjüdische Räume waren nach 1945 sehr wichtig, um eine Sprache für die vielschichtigen Erfahrungen der Community zu finden. Aber genau diese progressiven Räume sind auch wichtig, um überhaupt erst mal eine Art von Sprachfähigkeit dafür zu entwickeln, was wir eigentlich alles noch brauchen. Wenn ich auf feministische oder rassismuskritische Debatten gucke, dann merke ich, wie wichtig sie für mich und mein eigenes Reflexionsvermögen sind. Für mein eigenes Verständnis darüber, wie ich durch diese Gesellschaft schreite und auch streite. Vor allem als Person, die nicht als biodeutsch wahrgenommen wird. Es ist total wichtig, dass jüdische Menschen an solchen Debatten teilhaben können, weil viele von ihnen die Erfahrung von Diskriminierung, Alltagsrassismus, Sexismus oder Queerfeindlichkeit eben auch machen. Auch jüdische Communitys sind nicht für alle ihre Mitglieder gleichermaßen ein Schutzraum und sie sind auch nicht immer diskriminierungsfrei.

Da kommt noch ein Aber ...

Laura: Aber oft muss ich feststellen, dass in Kontexten, die sich „emanzipatorisch" nennen und von sich oder qua Selbstverständnis behaupten, inklusiv und diskriminierungsfrei zu sein, trotzdem tradierte antisemitische Weltbilder und Narrative präsent sind.

Leon: Da stellt sich die Frage: Was bedeutet eigentlich Emanzipation? Von wem? Dass wir uns aus unseren Konflikten emanzipieren? Aus Eigenverantwortung? Aus einem Verständnis von Schuld? Das wäre nämlich ein Problem. Oder emanzipieren wir uns aus autoritären Strukturen?

Was tun?

Leon: Wir müssen uns die Frage stellen, warum gerade Orte wie die Kunst- und Kulturszene bewusst oder unbewusst starke Kontinuitäten des Antisemitismus zeigen – durch eine antimoderne Bildsprache und Weltanschauungen, die sich als besonders widerständig geben und sich sehr vereinfachend gegen „die da oben" richten. Welchen kulturellen Wert hat der Antisemitismus? Das anzusprechen, löst einen riesengroßen Widerstand aus. Das ist im Prinzip die Dialektik der Aufklärung: Die Kunst wird zunehmend selbst zum Gegenstand gesellschaftlicher Konflikte, wie zum Beispiel der Frage nach der Aufarbeitung der eigenen Schuldzusammenhänge. Mit dem Aufklärungsdruck nimmt auch der Widerstand gegen die eigene innere Aufklärung zu. Die documenta ist von ihrer Gründung bis zu den aktuellen Debatten ein typisches Beispiel dafür.

Hengameh Yaghoobifarah und Rosa Jellinek

Hengameh Yaghoobifarah ist Redakteur*in bei *Missy Magazine*, schrieb von 2016 bis 2022 die *taz*-Kolumne „Habibitus", 2021 erschien der Debütroman *Ministerium der Träume*. **Rosa Jellinek** ist Vorsitzende des queer-jüdischen Vereins Keshet Deutschland und war zuvor im LGBTQ*-Referat der Jüdischen Studierendenunion Deutschland aktiv.

Ein Gespräch über queeren Antisemitismus und linke Bündnisse.

„Palestine is a queer issue", so gefühlt die Parole der Stunde in Teilen der queeren Community. Der Kampf für queere Emanzipation wird auf den Nahostkonflikt projiziert. Und nicht selten mündet das in offenen Antisemitismus. Warum eigentlich?

Hengameh Yaghoobifarah: Fast alle internationalen queerfeministischen Figuren, ob Theoretiker*innen, Aktivist*innen oder Popmusiker*innen, supporten mehr oder weniger offiziell BDS. Aber ich würde den Blick erweitern und nicht nur auf die queere, sondern die internationale linke Szene schauen. Gerade die queere Community ist vor allem in Berlin eine sehr internationale. Das sind viele Leute, die nicht in Deutschland oder Österreich sozialisicrt sind. Es gibt überhaupt nur in den beiden Ländern eine bedeutende nichtjüdische prozionistische Linke. Dazu der Austausch mit verschiedenen anderen Ländern oder Leuten, die jetzt nicht oder überhaupt nicht hier wohnen.

Rosa Jellinek: Social Media ist auch bei der Verbreitung dieser Narrative immens wichtig, und das gilt nicht nur für die queere Szene. Instagram und Co. werden immer mehr zur primären Informationsquelle. Viele Dinge werden zu sehr runtergebrochen, sie werden nicht eingeordnet. Der Nahostkonflikt ist komplex. Aber Leute schauen sich lieber Infografiken mit eindeutigen Antworten an, statt sich mit dem Thema auseinanderzusetzen. Hinzu kommt: In vielen antirassistischen Bewegungen ist Antisemitismus unsichtbar oder es gibt einen starken Mangel an Sensibilität für das Thema. Das hat damit zu tun, dass Antisemitismus oft als Teil von Rassismus verstanden wird, was so nicht zutrifft. Antisemitismus wird als durchgekautes, irgendwie abgehaktes Thema betrachtet, mit dem man sich nicht mehr auseinandersetzen muss.

Hengameh: Viel Wissen aus Social Media zu beziehen, führt in der jüngeren, aber nicht ausschließlich jüngeren Generation von Linken dazu, dass sie kein großes Theoriewissen haben und deswegen eine bestimmte Art, Antisemitismus zu analysieren, einfach nicht drin ist. Der Wissensbezug aus Social Media statt aus linker Theorie hat fundamentalen Einfluss darauf, dass gewisse Basics nicht mehr vorhanden sind.

Woran liegt der internationale Erfolg von BDS in linken Bewegungen?

Hengameh: BDS macht einfach sehr gute Kampagnen. Es ist ja meistens nicht so, dass eine queere Party von sich aus einen offenen Brief startet, sondern sie werden von BDS-Unterstützer*innen angeschrieben. Ich wurde 2018 für #DJsForPalestine angefragt, mit einem vorformulierten Statement in einem langen Brief –

„Apartheid", „weißer Kolonialstaat" und so weiter. Das klingt vor allem dann plausibel, wenn du dich damit nicht auseinandergesetzt hast. Das politische Wissen von Leuten ist ein Paket aus unterschiedlichen Fragmenten. Innerhalb der queerfeministischen Bewegung existieren unbestrittene Wahrheiten: Zum Beispiel, dass es mehr als zwei Geschlechter gibt oder dass es Rassismus gibt, aber nicht gegen Weiße. Die palästinensische Sache ist ganz oft automatisch Teil dieses Pakets, ohne dass das hinterfragt wird. Kritisches Denken fehlt. Und dann gibt es namhafte Theoretiker*innen wie Angela Davis, die ein bestimmtes Narrativ vertreten. Davis verknüpft in *Freedom is a Constant Struggle* die amerikanische Antirassismus-Bewegung mit dem Kampf der Palästinenser*innen. Untertitel: „Ferguson, Palestine, and the Foundations of a Movement". Black Lives Matter hat sich mit BDS oder anderen propalästinensischen antizionistischen Bewegungen solidarisiert.

Und in Berlin punktet dieses Narrativ besonders?

Hengameh: Meine Theorie: Sowohl für junge rassifizierte Menschen als auch für weiße Linke mit dem Wunsch nach Entlastung durch das Pushen einer antirassistischen Gruppe spielt Migrantifa eine wichtige Rolle, auch wenn es bei manchen Demos wie dem 1. Mai eine längere Tradition von Antizionismus und BDS gibt. Die Gruppe ist dezentral organisiert und hat sich nach dem rechtsterroristischen Anschlag in Hanau gegründet. Und die Berliner Ortsgruppe ist sehr klar antizionistisch. Sie mobilisiert extrem gut in sozialen Medien: Die Demovideos und Mobiclips sind richtig nice – und effektiv. Sie bringen viele Menschen auf die Straße, ob Frauenkampftag, Revolutionärer 1. Mai, Pride oder der Hanau-Gedenktag. Und überall steht Antizionismus im Vordergrund.

Israelbashing als antirassistischer Klassenkampf. Wo kommt das her?

Hengameh: Sowohl weiße als auch nichtweiße Deutsche haben, wenn sie sich aus einer linken Position heraus antizionistisch positionieren, ein Gefühl von Widerstand gegen die deutsche Dominanzgesellschaft. Das liegt an der Staatsräson, Zionismus wird mit der Springerpresse assoziiert oder mit CDU-Politiker*innen, mit rassistischen Schwulen, die sonst auch nicht unbedingt coole Positionen vertreten. Manche fühlen sich edgy, wenn sie sagen: „Wir machen bei der konservativen bis liberalen Israelsolidarität nicht mit." Das betrifft wahrscheinlich am ehesten Leute, die in Deutschland sozialisiert worden sind. Die fühlen sich mit antizionistischen Positionen als Avantgarde im Widerstand gegen den angeblichen deutschen Mainstream und Rassismus.

Rosa: Da schwingt auch immer das Narrativ mit: „Wir sind auf der Seite der Unterdrückten." Israelis werden als weiße, „supermächtige Juden" gesehen, die die Palästinenser*innen unterdrücken würden. Und dieses Narrativ macht dann einen angeblich antirassistischen Klassenkampf daraus. Eigentlich verbirgt sich dahinter aber das klassische antisemitische Muster des mächtigen, reichen, bösen Juden.

Hengameh: Und dass rechte Argumentationsmuster oder Rhetorik benutzt werden, ist ja kein Zufall, sondern Teil der Strategie. Es gibt Feindeslisten: Wer ist mit BDS solidarisch und wer nicht? Also, die einzigen Listen, auf denen ich bisher geführt wurde, sind die von Querdenkern und Nazis. Ich kenne keine Feminist*innen, die so eine Liste mit Feinden und Freunden führen. Dazu muss man sagen, und zwar ohne irgendwas davon zu verharmlosen: Auch Antideutsche benutzen rechte Methoden, wenn sie andere Leute mobben, Adressen leaken oder doxxen.

Rosa, du bist jüdisch. Wie findest du es, dass diese Identität auf vielen intersektionalen Demos immer wieder ausgeblendet wird?

Rosa: Mein Gefühl ist, dass Antisemitismus regelmäßig nicht gesehen wird. Vor antirassistischen Demos stellt sich für mich ganz oft die Frage: Was ist jetzt für mich wichtiger? Gehe ich dorthin, weil mir das Thema wichtig ist und ich dafür auf die Straße will? Andererseits weiß ich aber auch, was ich dort hören werde. Ich muss mich entscheiden. Wie wichtig ist mir gerade mein Jüdischsein? Deswegen vorher der Check: Wer organisiert das? Wer spricht dort? Das bestimmt viel von meinem politischen Alltag.

Wie gehst du mit antizionistischen und israelfeindlichen Parolen um?

Rosa: Die Frage ist immer: bleiben oder gehen? Und ich bemerke regelmäßig, dass diese Form von Antisemitismus anscheinend keinen stört. Würde jemand auf so einer Demo irgendwas Rassistisches auf dem Lauti sagen, würde das eine ganze Menge Leute stören, und es gäbe zu Recht Krawall. Bei antisemitischen Aussagen passiert das nicht, sondern es gibt vielmehr noch Zustimmung.

Hengameh: Das Problem auf diesen Demos ist nicht nur, dass antisemitische Parolen gerufen werden und unkritisiert bleiben, sondern – und das soll nicht verharmlosen – dass zumindest ein Teil der Leute, die da sind, nicht verstehen, was daran antisemitisch ist. Wenn die „from the river to the sea" rufen, verstehen sie nicht, dass das bedeutet, Israel soll ausgelöscht werden – komplett. Sondern sie denken, es ginge nur um die Freiheit der Palästinenser*innen. Und wer ist schon gegen Freiheit? Da findet keine Auseinandersetzung statt, da gibt es kein Wissen – und das soll keine Entschuldigung sein, aber es ist der Ist-Zustand.

Es gibt aber auch einige queere jüdische Menschen in Berlin – viele von ihnen aus den USA, Großbritannien oder Israel –, die antizionistische Positionen vertreten und BDS und Co. lautstark unterstützen ...

Rosa: Ich glaube, dass es mit dem Sicherheitsgefühl im eigenen Land und der jüdischen Identität vor Ort zu tun hat. Nicht, dass etwa die USA keine Probleme mit Nazis, Rassist*innen und Antisemit*innen hätten. Aber dort gibt es für Jüdinnen*Juden ein leichteres Selbstverständnis. Sie können sagen: „Ich bin jüdisch", und es interessiert keinen – auf eine positive Art und Weise. In Deutschland ist das nicht so. Schon die Geschichte verhindert, dass man sich hier als jüdische Person sicher fühlt. Dadurch ist bei vielen jüdischen Menschen in Deutschland im Hinterkopf: Wenn es ganz schlimm wird, dann gibt es immer noch Israel. Und das ist bei jüdischen Amerikaner*innen oft nicht so, was dazu führt, dass manche BDS unterstützen. Und diese werden dann in queeren und antirassistischen Bündnissen rumgereicht und tokenized, als Kronzeug*innen und Feigenblätter, damit man Antisemitismusvorwürfe von sich weisen kann.

Du bist Co-Vorsitzende von Keshet Deutschland, einem Verein, der sich für die jüdische LGBTQ*-Community in Deutschland einsetzt. Wie verhaltet ihr euch in diesen Situationen? Müsst ihr euch positionieren?

Rosa: Wir erleben häufig, dass von uns eine Positionierung erwartet wird. Dabei ist das ja eigentlich gar nicht unser Thema. Wir sind ein Verein, der eine Community und Safer Spaces, also sicherere Räume, für queere jüdische Menschen schaffen will. Nur weil wir jüdisch sind, müssen wir uns nicht in irgendeiner Art zu israelischer Politik äußern. Als Verein haben wir aufgrund der Erwartungshaltung, und um die Pluralität unserer Mitglieder repräsentieren zu können, eine interne Positionierung erarbeitet, die in etwa bestimmt, dass wir uns zu Landespolitischem nicht äußern, außer, wenn das Thema queere (jüdische) Menschen betrifft. Aber wir stehen zu hundert Prozent hinter dem Existenzrecht des jüdischen Staates Israel.

Fühlt ihr euch von manchen Bündnissen dennoch ausgeschlossen?

Rosa: Das hat unterschiedliche Dimensionen. Einerseits werden wir manchmal einfach gar nicht mitgedacht oder nicht gefragt, ob wir teilnehmen wollen. Aber es gibt auch genügend Situationen, in denen wir wissen, wer dabei ist, welche Diskussionen höchstwahrscheinlich kommen werden, und dann aus diesen Gründen von uns aus nicht teilnehmen. Erst kürzlich wieder: Ich wusste, wer da ist, was für Aussagen kommen werden und dass ich das nicht auf mir sitzen lassen kann. Ich habe das Bündnistreffen abgesagt, weil ich nicht die Kapazitäten und die Kraft hatte, mich damit auseinanderzusetzen. Denn ich sitze dann allein damit da und bin eine von wenigen Personen, die bestimmte Aussagen kritisieren. Das ist manchmal nicht so leicht.

Pinkwashing oder Homonationalismus sind inzwischen Buzzwords in Teilen der queeren Community. Eine problematische Entwicklung?

Hengameh: Ich bin ambivalent. Dass Israel nach außen die queere Community fördert und hintenrum böse Sachen macht, ist ein antisemitisches Narrativ. Und so verwende ich den Begriff auch nicht. Aber Phänomene wie Homonationalismus haben wir auch in Europa. Rechte und Rechtspopulisten behaupten, es müsse was gegen den Islam getan werden, um Homosexuelle zu beschützen. Oder wenn ich auf dem CSD Regenbogenflaggen sehe, die in die Deutschlandfarben übergehen, würde ich durchaus von Homonationalismus sprechen. In Sachen Pinkwashing würde ich das, was Antiimps Israel vorwerfen, genauso zurückgeben: Antizionistische Gruppierungen wie BDS oder Palästina Spricht, die Slogans in die Welt setzen wie „Palestine is a queer issue", betreiben doch genau damit Pinkwashing.

Inwiefern?

Hengameh: Diese Gruppierungen tun so, als böten sie einen Safer Space für queere Leute, als ob es gerade queere Leute wären, die sich von Israel nicht „instrumentalisieren" lassen und die Bewegung tragen. Aber Fakt ist: Das sind nicht nur Queers, die da auf die Straße gehen. Wie zuletzt bei der internationalistischen Queer Pride in Berlin zu sehen war: Das sind auch todesviele Heten, die ein Ventil für ihren Antisemitismus suchen. Außerdem wird so getan, als seien nicht nur Palästina an sich, sondern auch die Veranstaltungen, Gruppen, Demos, alles, was hier stattfindet, per se ein sicherer Ort für queere Leute. Das stimmt ja auch nicht. Da kann man auch sagen, es ist Pinkwashing.

In der queeren Community wird viel und lautstark über Israel und den Nahostkonflikt gesprochen. Aber selten über die sehr realen Gefahren für queere Menschen im Gazastreifen oder in der Westbank, ganz zu schweigen von anderen Ländern in der Region.

Rosa: Kritik daran wird oft als Whataboutism dargestellt und die Leute nehmen schnell eine ganz empfindlich defensive Position ein. Und das ist interessant, weil es ein ganz ähnlicher Reflex ist wie Rechtsaußen: „Das wird man ja wohl noch mal sagen dürfen" wird zu „Man wird ja wohl noch Israel kritisieren dürfen".

Hengameh: Das wird zum westlichen Narrativ erklärt. Denn in Europa oder Deutschland gebe es ja auch Gewalt gegen Queers, so die Argumentation. Und das ist verharmlosend. Wenn du zu genau hinschaust, wird dir *racial obsession* vorgeworfen. Man würde damit suggerieren, alle in Südwestasien seien homo- und transfeindlich. Dabei geht es überhaupt nicht darum, irgendwas über „alle" zu behaupten. Es gibt einfach Zahlen, eine noch größere Dunkelziffer und Fakten. Ja, Deutschland ist extrem misogyn. Trotzdem kann man das aus einer feministischen Perspektive nicht mit dem Iran vergleichen, wo misogyne Incelkultur und Homofeindlichkeit fester Bestandteil eines Terrorregimes sind.

Die fehlende Kritik ist aber doch bemerkenswert, weil ja mit Tel Aviv immer wieder auch eine queer geprägte Metropole von Terrorangriffen getroffen wird.

Hengameh: Diese Widersprüche könnten die Leute dann nicht mehr koordinieren. Kürzlich kursierte das Video einer Predigt von einem Vorbeter in der al-Aqsa-Moschee: Es dürfe in Palästina keinen einzigen Homosexuellen geben, sagte er. Das wurde unter den Queers for Palestine nicht kritisch rezipiert. Es wird ausgeblendet, weil sonst das Narrativ shaky wird und man Nuancen zulassen müsste.

Rosa: Es geht gar nicht um die Menschen vor Ort. Der Schluss aus Queers for Palestine müsste doch eigentlich sein, etwas dafür zu tun, dass es den Menschen in palästinensischen Gebieten unmittelbar besser geht. Sei es, dass sie dort rauskommen, sei es, dass sich ihre Situation verändert. Aber das passiert ja nicht.

Hengameh: Genau, es geht nie darum, wie es den Leuten vor Ort geht. Alle Israelis sind entweder gesilencete Linke oder krasse Colonizer. Es gibt nichts dazwischen. Es wird quer durch die gesamte Gegend pauschalisiert.

Beim israelbezogenen Antisemitismus geht es ja auch nicht um die Situation vor Ort. Es geht um Antisemitismus in der Debatte drumherum, und wie er sich auf der Straße und woanders zeigt. Es geht um den Konflikt um den Konflikt.

Rosa: Es ist auch einfach sehr bemerkenswert, wie dieses Thema instrumentalisiert wird, von allen Seiten. Weiß-christlich sozialisierte Deutsche, aber auch alle anderen, sollten hinterfragen, warum es ihnen so wichtig ist, sich zu diesem Thema zu äußern – und ob tatsächlich genügend Expertise dafür da ist. Das heißt nicht, dass man erst Expert*in sein muss, bevor man mitreden darf. Aber wenn man vom Thema Nahost und Antisemitismus keine Ahnung hat und sich nicht mit einem sehr komplexen Problem auseinandersetzen will, besteht auch die Möglichkeit, dazu nichts oder wenig zu sagen. Niemand muss sich auf verkürzte, runtergebrochene Parolen einlassen, die irgendwo auf Instagram gepostet werden.

Hengameh: Außer bei Israel–Palästina gibt es bei wenigen Themen so einen Positionierungsdruck, selbst wenn man keine Ahnung hat. Bei vielen anderen politischen Themen habe ich nicht das Gefühl, dass es diesen Druck gibt. Ich finde nämlich auch: Man muss dazu nicht unbedingt eine Meinung haben. Ich persönlich äußere mich nicht groß zum Thema Israel–Palästina. Ich sage was zu Ressentiments, die innerhalb der Debatte entstehen, ob das jetzt antisemitische oder rassistische sind. Ich bin kein*e Nahostexpert*in. Und das ist der Grund, warum ich keine 50 Infoslides am Tag poste, sobald Raketen fliegen.

Hengameh, du hast deine eigene Perspektive und Position geändert, in Bezug auf israelbezogenen Antisemitismus und den Nahostkonflikt. Wie ist es dazu gekommen?

Hengameh: In den Anfängen meiner linken Politisierung war Antisemitismus oder Nahost gar nicht Thema. Aber ich hatte tendenziell eher eine antideutsche Sozialisierung – dadurch, dass ich so viel Audiolith gehört habe und in der Nähe von Hamburg aufgewachsen bin. Erst nachdem ich 2015 nach Berlin gezogen war, hatte ich mehr mit nichtweißen Queers, linken Queers aus Israel sowie Künstler*innen aus anderen Ländern zu tun. Und die waren antizionistisch. Deswegen war für mich zu dieser Zeit Queerness antizionistisch. Ich habe zwar nie BDS supportet, aber meine Haltung war schon: BDS ist nicht dasselbe wie „Kauft nicht bei Juden". Ich dachte: Kann man jetzt gar nicht mehr Israel kritisieren? Dafür wurde ich auf Twitter von supervielen weißen cis-heterosexuellen Typen mit gehässigen, ekelhaften Kommentaren attackiert: Ich wurde pauschal als islamistisch und antisemitisch bezeichnet. Aber so pauschal, dass ich nicht wusste, was genau antisemitisch ist. Damals dachte ich, Antisemitismus sei das Subgenre von Rassismus. Dass die Dimension weit darüber hinausgeht, „was gegen Juden zu haben", musste ich erst mal begreifen.

Gab es einen bestimmten Wendepunkt?

Hengameh: Prozionistische jüdische und nichtjüdische Friends sind ins Detail gegangen und haben mir mehr erklärt. So habe ich mir das Wissen peu à peu erarbeitet, um diese antisemitischen Mythen zu debunken und aus dem nicht nuancierten Denken rauszukommen. Mit der Zeit wuchs mein kritisches Bewusstsein gegenüber antisemitischen Standpunkten, die unter Queers oder Linken normalisiert wurden. Es war wie nach einer Clubnacht, wenn man in den Morgenstunden runterkommt und auf einmal weniger verzaubert auf die direkte Umgebung schaut und sich fragt, wo zur Hölle man gerade ist. Ich konnte immer mehr für mich feststellen, dass gewisse Aussagen nicht tragbar sind.

Und dann kam 2018 die Kampagne #DJsForPalestine ...

Hengameh: Genau, ich wurde angefragt, habe den Brief gelesen, für mich entschieden, dass ich ihn nicht supporte und mich nicht geäußert. Aber ich war schon verblüfft, dass fast jede Person, die auflegt, mit der ich auf Facebook befreundet war, die Kampagne unterstützt hat und keine kritische Auseinandersetzung damit stattfand. Als Reaktion habe ich einen – nicht sonderlich radikalen – Post auf meiner privaten Facebookseite veröffentlicht. Ich schrieb, dass ich noch nie eine nichtjüdische oder nichtpalästinensische Person – „Nichtbeteiligte" sozusagen – getroffen habe, die BDS unterstützt und auch wirklich mal was gegen Antisemitismus gemacht hätte. Wenn weiße Leute sagen, sie sind antirassistisch, will man ja auch Receipts sehen: Auf welcher Demo warst du? Was hast du gelesen? Wo spendest du was hin? Was macht dich zu einer Antirassist*in?

Was waren die Reaktionen auf den Post?

Hengameh: Daraus ist eine riesige Diskussion entstanden. Viele Leute haben die Freundschaft auf Facebook beendet. Andere haben mir privat geschrieben und sich bedankt, dass ich das gesagt habe, weil sie sich selbst nicht trauen. Ein paar von diesen Leuten waren jüdisch und äußern sich einfach gar nicht zu dem Thema.

Spielen diese Konfliktlinien auch eine Rolle für die *Missy*, wo du Redakteur*in bist?

Hengameh: Wir hatten 2018 ein Dossier zu Antisemitismus im Heft. Da gab es auch Kritik an israelbezogenem Antisemitismus und *Missy* wurde in bestimmten Lagern – auch weil ich dabei bin – als antideutsch bezeichnet. Was ja totaler Bullshit ist, weil viele Leute, die wir featuren, BDS supporten. Wir boykottieren niemanden. Das ist aber bei uns auf jeden Fall ein nicht durchdiskutiertes Thema: Würden wir Judith Butler oder Angela Davis gar nicht mehr featuren? Oder würden wir sie vielleicht nur zu diesem Thema nicht featuren? Mir wäre wichtig, das dann eben auch kritisch einzuordnen. Aber da ist ja auch schon Doppelmoral im Spiel. Es gäbe niemals eine nicht Schwarze Person auf dem *Missy*-Cover, die verteidigt, das N-Wort zu sagen. Es wären auch keine TERFs auf dem Cover oder Comedians, die Fatsuits anziehen und sich über Dicke lustig machen.

Wird Antisemitismus zu leicht verziehen?

Rosa: In einem meiner Uni-Seminare sollte ein Buch mit den Wörtern „Decolonizing Feminism" im Titel gelesen werden. Ich, als vermeintlich übersensible, jüdische, linke Person, habe mir angeschaut, wen wir da lesen, und fand sofort drei oder vier Autor*innen, die BDS supporten und zum akademischen Boykott von jüdischen und israelischen Wissenschaftler*innen und Unis aufrufen – unter anderem in diesen Texten. Ich habe das bei der Dozentin und im

Seminar angesprochen und mir ist wieder mal aufgefallen, wie wenig es Leute gestört hat – und zwar gerade auch im universitären Kontext. Aber auch, dass es kein großes Problem zu sein scheint. Ich frage mich dann immer: Würden wir über eine*n rassistische*n Autor*in – jemanden, der sich jetzt, aktuell, rassistisch äußert – genauso sprechen? Dessen Rassismus sogar Teil der Texte ist, die wir im Seminar lesen? Der Großteil der Teilnehmenden würde gehen und es gäbe zu Recht einen Skandal. Und bei Antisemitismus? Das scheint nicht so ein krasses Problem zu sein, gerade wenn es um israelbezogenen Antisemitismus geht.

Hengameh: Wenn es heißt, die Person ist antisemitisch oder äußert sich antisemitisch, dann will man erst mal wissen: Welche Art von Antisemitismus? Sprechen wir von israelbezogenem Antisemitismus, NS-Verherrlichung oder Echsenmenschen? Da wird dann noch mal abgewogen.

Hengameh, du plädierst dafür, Antisemitismus und Rassismus nicht gegeneinander auszuspielen, sondern gemeinsam zu bekämpfen. Aber dieser Ansatz scheitert immer wieder. Warum? Und was tun?

Hengameh: Dieses Gegeneinander-Ausspielen passiert ja nicht nur in kleinen Communitys, sondern auf staatlicher Ebene. Wenn weiß-christliche Antisemitismusbeauftragte nach Asylrechtsverschärfungen rufen. Oder wenn vom importierten Antisemitismus gesprochen wird, als wären Deutsche nicht für den Holocaust verantwortlich. Da sind Leute aus einer antirassistischen Community erstmal in Abwehrhaltung und sollen sich verteidigen. Das ist ein dead end. Wir brauchen beides: Leute, die sich gegen Antisemitismus und Rassismus engagieren. Es muss selbstverständlich sein, sich mit beiden Phänomenen auseinanderzusetzen – zunächst separat und dann zusammengedacht. Dabei müssen beide Seiten Eingeständnisse machen und Selbstkritik üben. Das bedeutet, nicht mehr Leute aus den eigenen Lagern zu verteidigen, die sich antisemitisch oder rassistisch äußern. Weil genau das aktuell passiert. Und es ist nicht wie bei der Fahrerlaubnis: Wenn du Autofahren kannst, kannst du auch Roller fahren. Auch Nuancen müssen wieder erlaubt werden. Aktuell ist es allzu oft das eine oder das andere – und nichts dazwischen. Jene, die sich differenziert zum Thema äußern, werden in eines der beiden Lager sortiert.

Rosa: In der Öffentlichkeit und in den Medien gibt es relativ wenig Platz für Antidiskriminierungsthemen, gerade was Rassismus oder Antisemitismus angeht. Dadurch entsteht eine Konkurrenz, wo eigentlich gar keine sein sollte. Es gibt wenig Möglichkeiten sich zu äußern, Sachen ernsthaft zu verändern, und dann entscheidet man sich eben für das eigene kleine Team. Mir fällt da als Gegenbeispiel Marco Linguri vom Liberal-Islamischen Bund ein, dem als einem von wenigen nichtweißen und nichtchristlichen Organisationen Redezeit auf dem Frankfurter CSD 2022 gewährt wurde. Und dennoch hat er Keshet Deutschland und noch einer weiteren Gruppe Redezeit angeboten, sodass wir alle auf die Bühne kommen und ein Statement setzen konnten.

Hengameh: Antisemitismus und Rassismus sind beides dringliche Probleme. Und es gibt sie im linken Spektrum. Aber es gibt sie beide auch extrem gewalttätig von rechts: Neonazis, die Terroranschläge verüben, White Supremacy in den USA und Europa, die Attentäter von Hanau bis Christchurch oder der NSU. Die sind ja nicht nur rassistisch, die sind auch antisemitisch. Es ist total verblendet, das gegeneinander auszuspielen. Die Künstlerin Hito Steyerl hat kürzlich gesagt: „Ich lebe im Land von Halle und Hanau, nicht Halle oder Hanau und erst recht nicht Halle gegen Hanau."

Luisa Neubauer und Shahrzad Eden Osterer

Luisa Neubauer ist Klimaaktivistin bei Fridays for Future, Autorin und Host des Podcasts „1,5 Grad". **Shahrzad Eden Osterer** ist eine deutsch-iranisch-jüdische Journalistin beim *Bayerischen Rundfunk*, wuchs in Teheran auf und setzt sich gegen Antisemitismus und Rassismus und für Frauenrechte ein.

Ein Gespräch über moralischen Druck, antisemitismuskritischen Aktivismus und die Ideologie des Mullah-Regimes.

In Teilen der Klimabewegung wird Israel immer wieder dämonisiert. Manche rufen zur „Klimaintifada" auf, andere unterstützen BDS oder feiern die Terrorgruppe PFLP. Wie ist es dazu gekommen?

Luisa Neubauer: Die Klimabewegung in Deutschland ist groß und es ist unüberschaubar, wer sich überhaupt dazu zählt. Antisemitische Einstellungen werden in einigen Fällen sichtbar, wir sind Teil einer strukturell antisemitischen Gesellschaft. Aber es handelt sich dabei nicht um einen organisierten Teil der Bewegung. Damit will ich nicht relativieren, was da gesagt wird, sondern dafür sensibilisieren, dass wir sehr heterogen sind.

Das Anliegen von Fridays for Futur ist vorrangig Klimaschutz. Was ist passiert, als die Debatte sich plötzlich um Antisemitismus gedreht hat?

Luisa: Aus dem internationalen Raum ist eine Debatte auf die Aktivist*innen in Deutschland getroffen, die oftmals noch nie in ihrem Leben was mit dem Thema zu tun hatten. Und auf einmal kam die Frage: Wo steht ihr? Das sind größtenteils 13- bis 16-Jährige, die diesen Konflikt so zum ersten Mal kennengelernt haben. Das zu bearbeiten, war ein schwieriger Prozess.

Kannst du diese Dynamik beschreiben?

Luisa: Wir sind in unserem Aktivismus moralisch getrieben. Wenn Menschen sagen, wir kämpfen beim Thema X zusammen, aber wenn du dich mit Thema Y nicht auch solidarisierst, ist das unmoralisch oder unsolidarisch – dann ist das ein mächtiges Argument. Und auf der anderen Seite gibt es in Deutschland, unabhängig von der Klimabewegung, Stimmen und Strömungen, die sich aus unterschiedlichen Perspektiven mit Fragen von Recht und Gerechtigkeit in und um Israel beschäftigen und das auch an uns herantragen. Beides sorgt schließlich sowohl für einen Drang, sich mit diesen Fragen zu beschäftigen, als auch für moralischen Druck.

Was habt ihr praktisch gegen Antisemitismus in den eigenen Reihen getan?

Luisa: Wir sensibilisieren und veranstalten Workshop-Reihen: Deutschlandweit finden jetzt antisemitismuskritische Workshops in allen Fridays for Future-Ortsgruppen statt. Dazu gibt es Safe Spaces für Menschen, die von Antisemitismus betroffen sind. Und wir haben in einzelnen Fällen Menschen von Fridays for Future ausgeschlossen. Das war ein sehr langer und schwieriger Prozess.

Fridays for Future Deutschland hat inzwischen auch die IHRA-Definition angenommen. War das kompliziert?

Luisa: Für die Aktivist*innen war es zunächst nicht ganz nachvollziehbar, warum die Frage nach der Antisemitismusdefinition so bedeutsam ist, weil ja schon vorher klar war: Wir stehen ein gegen Antisemitismus, wir bilden uns weiter etc. Aber wir haben es diskutiert und dann demokratisch verabschiedet. Der Weg kann allerdings auch überfordernd für Organisationen sein. Wir haben zu keinem anderen Diskriminierungsmuster eine internationale Definition angenommen. Das kann und muss man auch nicht vergleichen, aber Antisemitismus ist ein Thema, das uns anders bewegt.

Shahrzad Osterer: Ihr seid international, dezentral, Tausende engagieren sich. Es muss viel Kraft, Energie und Nerven kosten, weil man andauernd vom eigentlichen Anliegen wegkommt. Ich finde es sehr gut, dass sich Fridays for Future Deutschland immer wieder klar und deutlich positioniert. Aber gleichzeitig könnt ihr nicht jedes Mal eine Stellungnahme verschicken, sobald eine eigentlich unbekannte Einzelperson etwas Antisemitisches sagt. Ich bin es für uns alle leid, dass wir so viel Energie da reinstecken müssen. Es wäre so viel einfacher, sich zurückzuziehen und zu sagen: Ach, ich habe Besseres zu tun, als euch Sachen zu erklären, die eigentlich selbstverständlich sein müssten.

Was Luisa für Fridays for Future beschrieben hat, sehen wir auch in anderen Bewegungen: junge Leute, die sich womöglich noch nie mit dem Thema auseinandergesetzt haben, Einfluss einer internationalen Szene, moralischer Druck und Bekenntniszwang. Shahrzad, du hast dich mit Black Lives Matter und anderen antirassistischen und emanzipatorischen Gruppen beschäftigt. Was hast du wahrgenommen?

Shahrzad: In diesen Bewegungen und Organisationen werden jüdische Perspektiven und Erfahrungen oft ausgeblendet oder es wird sogar versucht, sie unsichtbar zu machen. In internationalen antirassistischen Kreisen werden antisemitische Vorurteile nicht nur geduldet, sie werden auch noch reproduziert. Antisemitismus wird einfach nicht verstanden. Er wird mit Rassismus auf eine Ebene gesetzt, obwohl Antisemitismus anders funktioniert. Deswegen ist es großartig, dass Fridays for Future diese Workshops anbietet. Gerade junge Leute müssen Antisemitismus erst mal verstehen, um ihn vermeiden zu können und sich mit den eigenen antisemitischen Vorurteilen auseinanderzusetzen.

Was bedeutet diese Dynamik in der aktivistischen Praxis für Jüdinnen*Juden?

Shahrzad: Sehr oft wird von Jüdinnen*Juden erwartet, dass sie zum Nahostkonflikt Stellung beziehen. Nicht nur von Jüdinnen*Juden, aber auch von ihnen. Sie müssen sich als einwandfrei antizionistisch präsentieren, dann dürfen sie vielleicht dabei sein. Auch in der hiesigen Kunst- und Kulturszene passiert das häufig, nicht nur in internationalen antirassistischen Bewegungen. Es ist frustrierend und traumatisierend. Und es macht müde. Deswegen ziehen sich sehr viele Jüdinnen*Juden zurück. Diejenigen, die sich nicht zurückziehen, müssen anders aktiv werden. Wieder einen Schritt – oder zehn – zurückgehen, woanders ansetzen und die Dinge nochmal von vorne erklären.

Du engagierst dich auch als Exiliranerin: Seit September 2022 gehen mutige Menschen auf die Straße, sie fordern Frauenrechte und ein Ende des Mullah-Regimes. Aber was ist mit dem iranischen Antisemitismus?

Shahrzad: Die Islamische Republik steht auf zwei wichtigen Säulen: Die eine ist die systematische Unterdrückung von Frauen, die andere die Feindschaft zu Israel, hinter der Antisemitismus steckt. Das gehörte von Beginn an zur Rhetorik der Machthaber. Als Khomeini 1979 an die Macht gekommen ist, war er sehr allein in der Region – der einzige Schiit, umgeben von sunnitischen Ländern. Um Verbündete zu finden, hat er die Feindschaft gegen Israel benutzt. Und zur Wahrheit gehört auch: 44 Jahre lang wurde die erste Säule von der männlich dominierten Mehrheitsgesellschaft nicht ernst genommen. Die iranischen Frauen haben immer, immer dagegen angekämpft. Wir hatten eine sehr lebendige Frauenbewegung, die zerschlagen wurde, aber der Kampf ging trotzdem weiter: auf individueller Basis in der Gesellschaft. Jetzt, nach 44 Jahren, wurde gesamtgesellschaftlich verstanden, dass die Islamische Republik existiert, solange die systematische Unterdrückung der Frauen existiert, und umgekehrt. Deswegen unser Slogan, ausgeliehen von der kurdischen Freiheitsbewegung: Jin, Jiyan, Azadî – Frau, Leben, Freiheit. Solange Frauen und Minderheiten in der Gesellschaft nicht frei sind, ist niemand frei.

In Europa gibt es solidarische Proteste. Geht es dabei auch um die zweite Säule des Regimes, den Antisemitismus?

Shahrzad: Antisemitismus ist leider kein großes Thema. Ich hoffe, dass es nicht weitere 44 Jahre dauern wird, bis wir verstehen, dass die andere wichtige Säule der Antisemitismus ist, der zur Israelfeindschaft gehört, denn bei der ist es nicht geblieben. Spätestens mit der Präsidentschaft von Ahmadinejad 2005 bis 2013 hat das Regime mit Holocaustleugnung und -relativierungen angefangen, die mittlerweile im Iran salonfähig sind. Und auch das müssen wir verstehen. Zumal auch Teile der Linken, die diese Revolution im Iran gerade unterstützen, in ihrer Israelfeindschaft eine Gemeinsamkeit mit der Islamischen Republik haben.

Luisa, was bedeutet es für eine Bewegung, sich in einer Antisemitismusdebatte wiederzufinden?

Luisa: Der öffentliche Druck auf Jugendbewegungen, sich in unterschiedlichen Fragen grundsätzlich zu positionieren, ist groß. Antisemitismus abzulehnen, gehört selbstverständlich zu unserer Haltung, weil wir gegen Diskriminierung einstehen. Aber der Diskurs um Antisemitismus herum ist in Teilen hochpolitisch und für jugendliche Aktivist*innen schwer zu durchblicken. Das heißt, es gibt viel Überforderung.

Welche Auswirkungen hat das auf euren Aktivismus?

Luisa: Wir machen das alles auf eigene Faust, Fridays for Future ist eine ehrenamtliche Organisation. Ich rede hier von 16-Jährigen, die nach der Schule in ihrer Freizeit für zahllose Ortsgruppen Antisemitismus-Workshops organisieren. Und trotzdem wird von uns erwartet, dass wir uns bei allen Themen akkurat und korrekt positionieren. Das ist in meinen Augen unverhältnismäßig. Der öffentliche Druck, der auf Aktivist*innen lastet, wird nicht mit einer Hilfestellung verknüpft. Das ist ein Problem. Nicht von jüdischen Gemeinden, sondern von der Medienöffentlichkeit, von rechten Blättern. Umso schöner ist es dann, wenn wir mit den Gemeinden ins Gespräch kommen und uns verknüpfen, wenn wir bei jüdischen Organisationen sprechen und Banden bilden.

Vor allem der internationale Account von Fridays for Future fällt in den sozialen Medien mit teils antisemitischen Beiträgen auf, die auch von anderen Ländergruppen der Bewegung unterstützt werden. Teilweise wird die deutsche Haltung zu Antisemitismus sogar kritisiert. Was bedeutet das für die internationale Zusammenarbeit?

Luisa: Es ist aufwendig für uns, global immer wieder zu vermitteln und gemeinsame Nenner zu suchen – ohne Konflikten kategorisch aus dem Weg zu gehen. Für uns ist klar, dass gerade die globale Ausrichtung uns stark macht, dafür gehen wir dann auch immer wieder aufeinander zu. Dabei versuchen wir, Räume zu finden, in denen Debatten und Perspektiven in den Kontext gestellt werden können, und in denen etwa wir aus Deutschland für unsere Haltung sensibilisieren.

Ob Teile der Klimabewegung oder antirassistische Bündnisse: Ein Problem ist die Wahrnehmung von Jüdinnen*Juden in emanzipatorischen Bewegungen. Shahrzad, wie würdest du sie beschreiben?

Shahrzad: Jüdische Perspektiven und Erfahrungen, die sehr divers sind, haben leider oft keinen Platz. Zionismus wird mit White Supremacy gleichgesetzt. Und die Verfolgungsgeschichte von Jüdinnen*Juden, die mehr als 2000 Jahre andauert und in der Shoah gipfelte, wird ignoriert, stattdessen werden sie zu Unterdrückern gemacht. Man sagt, Palästinenser*innen seien per se People of Colour und jüdische Israelis per se weiß.

Wie sieht die Realität aus?

Shahrzad: Die Hälfte der Bevölkerung Israels kommt aus arabischen Ländern, zum Beispiel aus Marokko, Irak oder Ägypten, oder aus dem Iran. Aus Ländern wie Äthiopien kommen Schwarze Jüdinnen*Juden. Niemand kennt die Geschichte der Entstehung dieses Landes nach dem Zusammenbruch des kolonialistischen Osmanischen Reichs. Das ist ein Problem, weil Antisemitismus zusammen mit verkürzten Erklärungen perfekt funktioniert. Es wird ausgeblendet, dass die Entstehung des Staates Israel eine Legitimierung durch den Völkerbund, den Vorgänger der UN, hatte. Auch der UN-Teilungsplan 1947 sah einen jüdischen Staat vor. Aber die Geschichte, die in vielen Gerechtigkeitsbewegungen zum Glaubenssatz gehört, lautet: Die Israelis sind gekommen, um den Palästinenser*innen das Land wegzunehmen. Das ist falsch und es ist gefährlich. Wenn wir Jüdinnen*Juden zu weißen, gar „superweißen", superreichen Unterdrückern machen, dann gibt es keinen Grund, gegen Antisemitismus zu kämpfen.

Israel wird durch diese Brille nur als koloniales Projekt gesehen.

Shahrzad: Dabei wird ausgeblendet, dass es Zufluchtsort für die Überlebenden der Shoah war, dass überhaupt die Notwendigkeit für die Entstehung eines jüdischen Staates so groß war, weil das europäische Judentum fast ausgelöscht wurde. Dass Menschen vor Ermordung und Vertreibung und Unterdrückung nach Israel geflüchtet sind, viele auch aus arabischen Ländern.

Dieses Framing, das nicht nur Teile der Klimabewegung beeinflusst, sondern auch die Clubkultur oder die queere Community, mündet in dämonisierenden Vorwürfen gegen den jüdischen Staat. Beispiel: Analog zum queeren „Pinkwashing" wird Israel „Greenwashing" vorgeworfen, wenn das Land Umweltschutz betreibt.

Shahrzad: So funktioniert Antisemitismus. Die Juden haben hinter den Kulissen was Böses vor, egal, was sie dir ins Gesicht sagen. Solange man das nicht versteht, kann man dagegen nicht viel unternehmen. In den israelfeindlichen Teilen der LGBTQ*-Szene wird die Queerfeindlichkeit von Fatah und Hamas komplett ignoriert. Das heißt, der Widerstand gegen Hamas ist kleiner als der gegen Israel oder gar nicht existent, was wiederum bedeutet: Es geht nicht um die Palästinenser*innen. Wäre das der Fall, würde man anders vorgehen und sie anders unterstützen.

Luisa: Ähnliche Dynamiken erlebe ich in den ökologischen Fragen auch. Gleichermaßen ist es aber wichtig, genau hinzugucken und Nuancen zuzulassen – die Erdgasexpansion von Israel ist in Zeiten, in denen wir dringend aus neuen fossilen Vorhaben aussteigen müssen, de facto kontraproduktiv.

Holocaustrelativierung ist auch eine Form von Antisemitismus. Extinction-Rebellion-Mitgründer Roger Hallam sagte, der

Holocaust sei „just another fuckery in human history". Was sagt das eigentlich über die Erinnerungskultur?

Luisa: Die Aussage von Roger Hallam war natürlich 100 Prozent unangebracht und wurde von allen Seiten, auch seitens der Klimabewegung, kritisiert. Darüber hinaus sind mir solche Relativierungen in der Klimabewegung wenig präsent – mein Eindruck ist, dass hier schon eine recht hohe Sensibilisierung greift.

Shahrzad: Die NS-Aufarbeitung war lange sehr auf die Täter*innen bezogen, jüdische Perspektiven kamen nicht vor. Das mussten Jüdinnen*Juden erstmal erkämpfen. Dazu wurden die anderen Verbrechen, die Deutschland in Afrika begangen hat, ausgeblendet. Für mache Stichwortgeber*innen postkolonialer und progressiver Bewegungen liegt die Schuld dafür bei den Juden: Sie hätten sich die Erinnerungskultur unter den Nagel gerissen. Die Aufarbeitung der Shoah gilt für sie als Hindernis für die Aufarbeitung der kolonialen Verbrechen. Aber man muss doch die Täter fragen, warum sie sich nicht damit auseinandergesetzt haben. Nicht die Opfergruppen. Weder Israel noch Jüdinnen*Juden haben etwas damit zu tun, dass die Deutschen sich nicht mit ihren kolonialen Verbrechen auseinandergesetzt haben. Man kann verschiedene Verbrechen parallel aufarbeiten und parallel gedenken, oder man kann sie gegeneinander ausspielen.

Gleichzeitig wollen manche Aktivist*innen die Klimakrise immer wieder als „neuen Holocaust" bezeichnen. Die Shoah wird zum Stilmittel, während die Realität der Massenvernichtung und Diskriminierung wegfällt.

Shahrzad: Es ist Holocaustrelativierung, wenn ich etwas Schlimmes mit der Shoah gleichsetze. Und auch das hat damit zu tun, dass Leute nicht wissen, wie der Antisemitismus des Nationalsozialismus funktionierte. Auch Iraner*innen nutzen den Vergleich, um zu illustrieren, wie die Islamische Republik gegen die

Menschen vorgeht. Es ist etwas vollkommen anderes, genauso wie menschengemachte Klimaerwärmung etwas anderes ist. Egal, wo wir ansetzen, kommen wir bei einer Sache raus: Es gibt nicht genug Wissen über Antisemitismus.

Antisemitismus wird mindestens toleriert. Das ist der Ist-Zustand in vielen emanzipatorischen Bewegungen. Wann ist Schluss für dich? Ab wann hat sich eine Bewegung disqualifiziert?

Shahrzad: Ich weiß wirklich nicht, wie man in einer dezentralen Bewegung damit umgehen muss. Wie oft oder wie stark man sich distanzieren muss. Ich rede mit Freund*innen sehr viel darüber, ob wir diese Räume einfach verlassen sollen oder ob wir doch selber aktiv bleiben und diese Menschen konfrontieren müssen. Das funktioniert vielleicht in der Ortsgruppe. Aber es ist eine Debatte, die die Grenzen Deutschlands selten verlässt. Wir setzen uns anders damit auseinander als beispielsweise die Aktivist*innen in Großbritannien oder den USA. In beiden Ländern gibt es große Probleme mit Antisemitismus. Und da frage ich mich: Kann ich etwas tun, was weiter geht, als Debatten anzustoßen? Ich werde weiter als Journalistin auf die Missstände innerhalb von Gerechtigkeitsbewegungen, auch der Klimabewegung, aufmerksam machen. Denn das ist mein Job. Aber ich will fair bleiben gegenüber Menschen wie Luisa, die ich sehr schätze. Weil ich mich frage: Was mehr können sie machen als das, was sie jetzt schon tun? Und wie sollen sie das allein leisten?

Yaron Trax und Lutz Leichsenring

Lutz Leichsenring ist Sprecher der Clubcommission Berlin, internationaler Nachtleben-Berater bei VibeLab und Mitinitiator der Kampagne United We Stream, einer Crowdfunding-Aktion für die Clubszene während der Covid-19-Pandemie. **Yaron Trax** gründete 2008 den legendären Tel Aviver Club The Block, dessen selbstgebautes Soundsystem weit über Israel hinaus bekannt ist.

Ein Gespräch über die Auswirkungen von BDS auf die Clubkultur.

Lutz, du jettest zwischen den Szenen auf der ganzen Welt hin und her, von Berlin über Riad bis Seoul. Gibt es trotz aller Unterschiede eine gemeinsame Idee, die die Dancefloors rund um den Globus verbindet?

Lutz Leichsenring: Oh ja, auf jeden Fall. In jeder Stadt, die ich besuche, finde ich einen bestimmten Typus von Menschen in der Clubszene. Man könnte sie als die Außenseiter der jeweiligen Gesellschaft bezeichnen. Sie sind warmherzig, einladend und musikbegeistert. Und sie haben ein gemeinsames Interesse daran, einen Raum für die Community zu schaffen. Sie haben eine sehr offene Einstellung zur Gesellschaft, zu Geschlechterrollen und sexueller Orientierung. Und sie haben auch ähnliche Themen und Probleme.

Yaron Trax: Dem stimme ich voll und ganz zu. Das Nachtleben ist ein Schmelztiegel. Als ich 1992 zum ersten Mal Acid-Partys in Israel entdeckte, war eines der inspirierendsten Dinge an diesem Eskapismus, verschiedene Menschen zu treffen, mit denen ich normalerweise im wirklichen Leben nichts zu tun haben würde, und festzustellen, dass wir die gleiche Musik lieben und viel mehr gemeinsam haben, als wir dachten. In den frühen 2000er Jahren war ich Resident-DJ in einem Club namens Fetish in Tel Aviv und lernte dort zum ersten Mal queere Menschen kennen. Aber ich kam auch mit der russischen Community in Kontakt – viele Jüdinnen*Juden waren nach dem Zusammenbruch der Sowjetunion nach Israel eingewandert. Wir waren queer und hetero, reich und arm, Anwälte und Sexworker. Wir waren wie eine Familie. Es war magisch.

2008 hast du The Block in Tel Aviv eröffnet. Was war die Philosophie des Clubs? Was war deine Vision?

Yaron: Die Clubkultur basiert auf Community. Und das Soundsystem ist das Herz dieser Community. Ich schrieb damals auf Facebook: „If we build it, they will come." Das Soundsystem wird die Atmosphäre schaffen, aus der eine Gemeinschaft erwachsen kann. Je diverser, desto besser: queer, hetero, weiß, Schwarz – und natürlich, hier in Israel, arabisch und jüdisch. Also haben wir ein tolles Soundsystem gebaut.

Lutz: Ich war mal im Block. Es war wie ein Dorf von Gleichgesinnten. Der Club hatte eine besondere Energie. Ich habe es wirklich genossen.

Bis zu seiner Schließung im Jahr 2022 hatte The Block einen arabischen Manager. Welche Rolle hat das für den Club gespielt?

Yaron: Der Mann, der den Club gebaut hat, ist Araber, und wir wurden richtig gute Freunde. Dann wurde er Manager. Das war ein Signal, denn dass ein Araber in der Clubszene so aktiv ist, ist in Israel überhaupt nicht üblich. Und weil er Araber ist, fühlten sich andere arabische Israelis im Block sicherer und willkommener. Wir hatten also mehr arabische Gäste als andere Clubs, auch wenn es bis zum Schluss nur eine Minderheit geblieben ist. Das war auch ein Teil meines Traums: Wenn Juden und Araber zusammen tanzen könnten, würden wir feststellen, dass wir viel mehr gemeinsam haben, als wir dachten. Wir versuchten, gemeinsame Partys mit Plakaten auf Arabisch und Hebräisch zu organisieren, wir standen in Kontakt mit allen möglichen arabischen Clubs in anderen Ländern, besonders im Libanon. Aber diese Versuche sind letztlich gescheitert. Uns Israelis würde vielleicht das halbe Land hassen, weil wir mit Arabern zusammenarbeiten, und damit können wir leben. Aber für Palästinenser*innen oder andere Araber*innen kann die Zusammenarbeit mit einem israelischen Club gefährlich, sogar lebensgefährlich sein. Einige weigerten sich sogar, sich überhaupt nur mit mir zu treffen.

Die Clubkultur in Tel Aviv ist sicherlich das Gegenteil von Netanjahus rechtsradikaler Regierung: säkular, queer, vielfältig, linksorientiert ...

Yaron: Auf jeden Fall. Und The Block hat Kritik immer sehr lautstark geäußert. Vor etwa zwei Jahren haben wir auf Facebook ganz offen geschrieben, dass Netanjahu weg muss. Das war der meistgelikte Beitrag in der Geschichte des Clubs. Das sorgte für viel Lärm, aber auch für Unterstützung. Wir kritisierten auch die Behandlung von Geflüchteten aus dem Sudan und Eritrea in Israel. Als Juden sollten wir die Ersten sein, die Einwanderer willkommen heißen, denn wir waren auch Einwanderer. Und nach dem Holocaust sollten wir die Ersten sein, die verstehen und Mitgefühl zeigen. Aber viele Clubs haben Angst, sich zu politisch zu äußern, weil ein Teil ihres Publikums eben auch rechts ist. Wir wurden kritisiert:

Warum mischt sich ein Club bei diesen Themen ein? Aber wir sind das Zentrum einer Community. Und wir müssen für das eintreten, woran wir glauben.

Vor allem ein politisches Thema scheint in den letzten Jahren die Agenda der internationalen Clubszene zu dominieren: BDS, der Boykott Israels. DJs, die sich sonst nicht politisch äußern, springen auf den Zug auf. Woran liegt das eurer Meinung nach?

Lutz: Ich denke, es ist ein Gefühl, die Unterdrückten zu unterstützen, die Underdogs oder Menschen, die keine Macht oder keinen Einfluss haben. Ohne notwendigerweise besonders gut über den historischen Kontext der Region oder BDS informiert zu sein. Viele DJs oder Clubgänger, die BDS unterstützen, haben den Nahen Osten noch nie bereist. Aber ich denke, es ist wichtig, zu differenzieren. Mein persönlicher Hintergrund ist sehr stark mit Israel verbunden: Als ich ein Kind war, nahm mich mein Vater viele Jahre lang immer wieder mit in einen Kibbuz. Unsere Freunde dort waren Juden und Jüdinnen, die während des Nationalsozialismus aus Berlin geflohen waren. Sie nahmen mich als eine Art Enkelkind auf. Ich habe auch einen Freund in Ramallah in den palästinensischen Gebieten besucht, der dort Programmleiter beim Goethe-Institut war. Viele der Bars dort werden von christlichen Arabern mit einer sehr liberalen Einstellung betrieben, obwohl sie sich in einem Umfeld von Menschen mit teils extremistischen Ideologien befinden. Es ist wichtig, diese unterschiedlichen Perspektiven zu verstehen.

Yaron: Ich stimme Lutz zu. Es hat viel mit der „Unterstützung der Unterdrückten" zu tun. Und natürlich sollten wir die Unterdrückten unterstützen. Aber auch hier gibt es eine Menge Heuchelei. Es gibt viele Länder mit Konflikten, die nicht unbedingt boykottiert werden. Auf der einen Seite verstehe ich das. Ich bin ziemlich links. Es gibt eine Menge Dinge in Israel, die wir ändern müssen. Aber ich wünschte, die Leute würden erkennen, dass Orte wie The Block genau die Art von Orten sind, die unterstützt werden sollten. Denn wir versuchen, einen kleinen Unterschied zu machen, von unten.

Lutz: Ich sehe Ähnlichkeiten zu Boykotten im Zusammenhang mit Russlands Krieg in der Ukraine. Gute Freunde von mir waren namhafte Veranstalter*innen in Moskau. Sie waren lautstarke Gegner des Kremls und mussten das Land in Richtung Belgrad verlassen, wo sie jetzt verhasst sind und von Ukrainer*innen für den Krieg verantwortlich gemacht werden. In der Clubszene gibt es die Befürchtung, dass russische Künstler*innen, die sich nicht offen genug gegen Putin aussprechen, zu viel Aufmerksamkeit bekommen oder zu oft gebucht werden. Gleichzeitig ist es aber auch kompliziert, vor allem wenn man Familie in Russland hat. Wenn man sich zu öffentlich äußert, kann das gefährlich sein.

Yaron, gab es Situationen, in denen du Angst hattest, dass BDS das Ende von The Block bedeuten könnte?

Yaron: Ich hatte immer das Gefühl, dass The Block stark genug ist, deshalb war ich nie besorgt. Seit wir den Club eröffnet haben, hat BDS versucht, die DJs, die bei uns auflegen, unter Druck zu setzen oder sogar zu bedrohen – je größer der Name, desto ernster die Situation. Normalerweise hatten sie keinen Erfolg. Die DJs erzählten mir von den Nachrichten, die sie erhielten, sagten „scheiß drauf" und lachten darüber. Es war nur ein winziger Prozentsatz von DJs, die wir buchen wollten, die nicht nach Israel kommen wollten. Das änderte sich um 2018/19. Es gab mehrere Zusammenstöße und Militäroperationen, die nicht wirklich zum Ruf Israels beigetragen haben. Und natürlich die Boykottkampagne #DJsForPalestine. Es war ein Abwärtstrend: BDS wurde stärker und es schien mehr Hass gegen Israel zu geben. Plötzlich wollten die DJs, die früher bei uns gespielt hatten, nicht mehr auflegen. Einige, weil sie wirklich glauben, dass dies das Richtige ist. Andere, weil sie Angst haben, zum

Exempel gemacht zu werden, oder weil sie um ihr Image besorgt
sind. Einer der größten Künstler der Branche, dessen Namen ich
nicht nennen werde, sagte mir, dass er Israel und The Block liebe, aber dass er bis zu seinem nächsten Auftritt hier mindestens
ein Jahr lang pausieren müsse, weil er für sein Kommen angegriffen werde. Manche haben vielleicht einfach Angst, dass es nicht
cool ist, in Israel zu spielen. Früher hatten wir auch eine Menge
Aufmerksamkeit und Berichterstattung von *Resident Advisor* oder
Mixmag. Seit dem Aufkommen von BDS in der Szene hat das komplett aufgehört. Niemand schreibt mehr über uns.

**Ist die Unterstützung für BDS bei DJs aus einer bestimmten
Region oder einem bestimmten Land stärker?**

Yaron: Vor allem DJs aus UK kommen nicht mehr. Ich habe früher in London gelebt und hatte immer das Gefühl, dass es dort viel
Hass auf Israel gibt. Ich denke, das hat vielleicht mit einer besonde-
ren Identifikation mit den Palästinenser*innen zu tun.

**In Israel zu spielen, wird von BDS als „Normalisierung" der
Taten der israelischen Armee oder Regierung kritisiert. Auftritte in Ländern mit erschreckender Menschenrechtslage, sei
es Russland, Saudi-Arabien oder China, gelten dagegen als wich-
tiges Signal, um die lokalen Szenen vor Ort zu unterstützen.**

Yaron: Das ist eine Doppelmoral. Und ich bin sicher, dass
Antisemitismus damit zu tun hat. Wir sind nicht verantwortlich
für das, was Netanjahu tut, genauso wenig wie russische Künstler
Putin aufhalten können, wie Lutz schon sagte. Aber wir kritisieren
die israelische Regierung, und wir versuchen, unser Bestes in unserem Land zu tun. Hier leben wir. Und es ist wichtig, auch hier in
Israel zu kämpfen. Wenn wir alle weggehen würden, gäbe es niemanden mehr, der über diese Themen spricht.

Lutz: Ich glaube auch, dass Antisemitismus eine Rolle spielt. Es gibt diese Vorstellung von einer Machtstruktur, die unsichtbar im Hintergrund agiert und in Unternehmen, Wirtschaft und Politik verwickelt ist.

Bei BDS geht es nicht nur um den Boykott von Israel. Auch israelische Künstler im Ausland werden zur Zielscheibe. Oder Personen und Institutionen, die Israel vermeintlich zu sehr unterstützen. BDS-Organisationen haben zum Boykott von deutschen Clubs wie ://about blank, Golden Pudel und Conne Island aufgerufen. In Berlin wurden Partys abgesagt, DJs haben in letzter Minute gecancelt – die Szene ist polarisiert. Was bedeutet das für deine Arbeit, Lutz?

Lutz: Die Clubcommission versteht sich als eine Berliner Organisation. Und ich denke, wir sollten Konflikte, die tausende Kilometer entfernt sind, aus der hiesigen Szene raushalten. Aber es ist auf jeden Fall ein heißes Thema. Und man muss sich sehr bewusst sein, worauf man sich mit dieser Debatte einlässt. Sie kann Beziehungen kaputt machen. Gefährlich ist, dass es wenig Wissen über die Komplexität des Konflikts gibt und darüber, was tatsächlich passiert. Die Menschen wollen sich für etwas einsetzen. Das ist in gewisser Weise opportunistisch. Aber gehen wir davon aus, dass kein Antisemitismus im Spiel wäre, gehen wir davon aus, dass die Menschen sich nur auf die Unterdrückung der Palästinenser*innen in den besetzten Gebieten fokussieren würden: Als Club bist du in einer schwierigen Situation. Positionierst du dich klar in die eine oder andere Richtung? Versuchst du, das Thema ganz zu vermeiden? Ich denke, dass wir Boykotte, vor allem von Einzelpersonen aufgrund ihrer ethnischen Zugehörigkeit, auf jeden Fall sehr kritisch sehen müssen.

Yaron: Wenn ich The Block Berlin eröffne, würde BDS dann den Club boykottieren?

Lutz: Es gibt eine Menge erfolgreicher Israelis in der Berliner Clubszene. Ich würde sagen, dass die Bedrohung durch Nazis oder Islamisten größer wäre als durch BDS. Aber die Clubszene ist riesig. Ein großer Teil ist unpolitisch, aber es gibt auch sehr kritische Stimmen gegen die israelische Regierung.

Yaron, was ist deine Botschaft an Fans und Künstler, die Israel und seine Clubs boykottieren wollen?

Yaron: Wenn DJs unsicher waren, ob sie im The Block spielen sollten, habe ich ihnen von unserer Arbeit erzählt – den Demonstrationen, den Posts in den sozialen Medien, den Plänen für gemeinsame arabisch-israelische Partys. Wir haben in der Vergangenheit oft bewiesen, dass wir uns für Frieden und Zusammenarbeit einsetzen. Wir sind nicht die, die man boykottieren sollte. Und ich möchte immer noch, dass wir etwas zusammen mit den Palästinenser*innen machen: eine Veranstaltung, ein Festival, nicht in Israel, sondern irgendwo, wo Israelis und Palästinenser*innen zusammen tanzen und der Welt und unseren Regierungen zeigen können, dass die Dinge anders sein können. Aber meine wichtigste Botschaft an BDS ist folgende: Ohne Kommunikation kann es keinen Frieden geben. Die eigentliche Frage ist also, was sie wollen. Wollen sie Frieden? Oder wollen sie uns loswerden?

Ben Salomo und Massimo Perinelli

Ben Salomo, in Israel geboren und in Berlin-Schöneberg aufgewachsen, rappt über jüdische Identität und prangert antisemitische Tendenzen in der Hiphop-Szene an. **Massimo Perinelli** ist seit 1998 Mitglied des postmigrantischen Kollektivs Kanak Attak, gab 2020 den Sammelband *Erinnern stören: Der Mauerfall aus migrantischer und jüdischer Perspektive* heraus und arbeitet als Referent für Migration bei der Rosa-Luxemburg-Stiftung.

Ein Gespräch über Antisemitismus im Rap und solidarische Allianzen.

Ben, nach dem Eklat um den Echo-Preis 2018 wolltest du mit der deutschen Hiphop-Szene nichts mehr zu tun haben. Du hast „Rap am Mittwoch", deine Rapbattle-Reihe, eingestellt. War erst mit diesem Antisemitismus-Skandal eine rote Linie überschritten?

Ben Salomo: Es war ein Prozess. Eigentlich hatte ich schon ein halbes Jahr vor dem Echo entschieden, „Rap am Mittwoch" zu beenden. In den vergangenen zehn bis 15 Jahren hatten in der Rapszene schleichend gewisse Tendenzen Einzug gehalten. Vor allem nach dem 11. September 2001, den Anschlägen auf das World Trade Center, habe ich in Backstagebereichen ein Raunen

233

wahrgenommen: ob es denn wirklich al-Qaida war? Dann die Truther-Bewegung: 9/11 sei ein Inside-Job. Plötzlich gab es auf YouTube Verschwörungs-„Dokus". Und am Ende wurde sehr häufig ein Drahtzieher hinter diesen ganzen Anschlägen angeführt: die Rothschilds, die Zionisten, die Juden.

Was bedeutet das für dich als jüdischer Rapper?

Ben: Weil ich mit meinem Künstlernamen schon sehr früh meine jüdische Identität preisgegeben habe, wurde ich in verschiedenen Situationen in der Szene gefragt: Stimmt das denn, das mit Israel, Mossad, den Juden? Ob wir hinter 9/11 stecken? Ob wir vorgewarnt waren? Ich war erst mal total baff, und danach gingen die Alarmsirenen an. Mit meiner Popularität in der Rapszene wurde ich zur Projektionsfläche für diejenigen, die Juden und Israel als Feindbild aufgebaut haben. Aus dem Geraune wurde teilweise Gewalt: Ich wurde angepöbelt oder bedroht, von Rappern und Managern, die übrigens heute sehr populär sind.

Massimo Perinelli: Da kippt es: 9/11. Ich war damals organisiert bei Kanak Attak und in der migrantischen Selbstorganisierung aktiv, weil uns nach der rassistischen Gewaltwelle nach dem Mauerfall klar war, dass wir uns gegen die Nazis wehren müssen. Aber dann sind wir in diese ganzen identitären Verstrickungen reingeraten: Wenn wir als Ausländer angegriffen werden, werden wir erst Ausländer, indem wir uns als Ausländer wehren müssen. Aber eigentlich waren wir ja in Deutschland geboren und hatten weder die Heimatidentität unserer Eltern noch eine deutsche Integrationsidentität, sondern etwas dazwischen. Wir waren Kanaken. Wir wollten uns nicht einordnen lassen, sondern unterschiedliche und auch widersprüchliche Personengruppen und Strömungen zusammenbringen. Damit waren wir bis Anfang der Nullerjahre erfolgreich. Dann kam 9/11 und hat diesen ganzen Diskurs zerstört.

Inwiefern?

Massimo: Plötzlich gab es einen Riss in den migrantischen Communitys, zwischen Muslimen und Nichtmuslimen. Auf der einen Seite Gastarbeiter aus europäischen Ländern, auf der anderen Seite Türken und Araber. Auf den neuen antimuslimischen Rassismus hatten wir keine gute Antwort, denn er stellte genau die Subjekte her, die er angreift: Er attackiert Migranten als Muslime, und sie antworten dann auch als Muslime. Kids der dritten oder vierten Generation in Deutschland, mit säkularen Eltern, bauen plötzlich wieder eine religiöse Identität auf. Islamismus oder zum Teil falsch verstandener Antikolonialismus, der sich gezielt gegen Israel wendet, werden als Herrschaftskritik verstanden. Antisemitismus ist da im Gepäck.

Warum hat sich Kanak Attak den Begriff „Kanake" angeeignet?

Massimo: Mit Kanaken kannst du keinen Staat aufbauen, du kannst kein Volk damit machen, weil es sich nicht essenzialisieren lässt. Es bezeichnet nicht, was man ist, sondern was man erfährt. Kanakisierung bedeutet Erfahrungen von Entrechtung, Diskriminierung, körperlicher Gefahr, aber auch von Solidarität und Zusammenhalt. Das verbindet uns. Wir wollten sagen: Wir kommen von hier und wir setzen uns mit den Realitäten in den Stadtteilen und Kiezen auseinander, ob Hamburg-Altona, Dortmund-Nordstadt, Berlin-Wedding oder München-Westend. Kanake sein ist eine Haltung, keine Identität.

Ben, du hast dich als „israelischer Kanake" bezeichnet.

Ben: Das stammt aus meinem Song „Yahudi": „Deutsche nennen mich Kanake, Kanaken nennen mich Yahudi, als Israeli habe ich nur Beef." Aber als ich in den 1990er Jahren in Berlin-Schöneberg aufgewachsen bin, zählte ich mich definitiv eher zu den Kanaken, auch wenn ich in der Community viel Antisemitismus erlebt habe.

Eigentlich hat Rap einen emanzipatorischen Anspruch: Er prangert gesellschaftliche Missstände an, thematisiert Diskriminierung und Rassismus, zum Beispiel Polizeigewalt gegen Schwarze und lateinamerikanische Communitys in den USA.

Massimo: Ich erinnere mich in den 1980er Jahren daran, aus einer kanakischen Perspektive: Auch in Deutschland wurde viel auf die US-Szene Bezug genommen, als Sprache der Deklassierten in den Schwarzen und hispanischen Ghettos. Die migrantischen Kids, die in Deutschland angefangen haben zu rappen, haben sich in diese Tradition gestellt. Es war die Sprache einer migrantischen Jugend, die sonst kein Sprachrohr hatte.

Ben, einer deiner Texte lautet: „Insidern ist es bekannt und nicht erst seit dem Echo / Deutscher Rap will keine Juden in seinem Ghetto."

Ben: In der Szene geht es um den Juden von der Wall Street, nicht den Juden von der Straße. Aber ich bin ein Jude von der Straße. Mein Opa musste tatsächlich in einem Ghetto in der Ukraine aufwachsen, zusammengepfercht auf engstem Raum, eingesperrt ohne Medikamente oder ausreichend Nahrung. Aber im „Ghetto" der Rapszene gibt es keinen Platz für mich. Mir wird angedichtet, mit dem goldenen Löffel im Mund geboren zu sein oder Goldbarren im Keller zu lagern. Auf mich wird der Mythos des „jüdischen Ausbeuters" projiziert, als würde ich die Szene für mich ausnutzen. Jüdische Identität und ihre Vielfalt werden unsichtbar gemacht. Aber gleichzeitig wird ein Wahnzerrbild von „Juden als Drahtzieher" im ganz großen Rahmen rausposaunt. Juden sind „die da oben", die mächtigen Weißen. Und nicht das, was die meisten Juden in der Realität sind: nichtweiß und nicht mit Privilegien ausgestattet.

Massimo: Das ist ein blinder Fleck. Und genau das historische Drama und Dilemma, das dieses Land verflucht, weil die Deutschen sich selber ihre eigene jüdische Identität rausgerissen und sie vernichtet haben. Mit der jüdischen Migration aus postsowjetischen Ländern ab den 1990er Jahren – die sogenannten Kontingentflüchtlinge – hat sich aber wieder viel verändert: Mehr als 200 000 Jüdinnen und Juden sind nach Deutschland gekommen. Mit der Post-Wende-Generation, den Kindern von damals, gibt es heute eine andere Art des Sprechens darüber: Sie kommen in den Neunzigern als Jüdinnen*Juden in dieses Land und werden angegriffen, weil sie Ausländer, Kanaken sind. Das heißt: Sie sind einerseits von Antisemitismus betroffen, aber sie haben auch eine migrantische Erfahrung und damit eine Erfahrung des Rassismus. Wir können die sich neu bildende jüdische Identität in Deutschland in eine migrantische Identität miteinschreiben – aus migrantischer Perspektive das Jüdische mitdenken, das fehlt noch im postmigrantischen Denken.

In deinem Sammelband *Erinnern stören* bringst du migrantische und jüdische Perspektiven zum Mauerfall zusammen. Was können wir davon lernen?

Massimo: Viele Jüdinnen*Juden, mit denen wir für das Buch gesprochen haben, sagen, dass sie sich nach dem Mauerfall bedroht fühlten, als die schwarz-rot-goldenen Fahnen wehten und „Deutschland, Deutschland" gerufen wurde. Und genau dieses Gefühl hatten auch die Kanaks, die sehr schnell verstanden haben, dass die Party der Wiedervereinigung nicht ihre ist. Dann brannten die Häuser, es gab Tote. Es sind ähnliche Erfahrungen, die aber fast nie zusammengekommen sind. Das ändert sich langsam.

Gibt es Beispiele, wo das gelungen ist?

Massimo: Bei der Möllner Rede im Exil, einer kritischen Auseinandersetzung mit dem offiziellen Gedenken der Stadt Mölln an den rechtsextremen Brandanschlag 1992, haben İbrahim Arslan und Esther Bejarano 2017 ihre Geschichten zusammengestellt. Er spricht vom Neonazi-Terror in Mölln, sie spricht von Auschwitz. Unvergleichbar und doch nebeneinander gestellt, ohne dass die eine Erinnerung die andere relativiert. Sie sagen: Wenn wir gemeinsam erinnern – an Rassismus und an Antisemitismus –, dann sind wir gemeinsam stärker. Mit der gleichen Selbstverständlichkeit sind nach Halle und Hanau Newroz Duman, Sprecherin der „Initiative 19. Februar", und Naomi Henkel-Gümbel, die den Anschlag auf die Synagoge überlebt hat, bei der Möllner Rede 2021 aufgetreten. An diesen Beispielen können wir sehen: Es schafft Mehrwert, wenn unterschiedliche Geschichten gemeinsam erzählt und miteinander verwoben werden, ohne dass die eine schlimmer als die andere sein muss.

Verglichen mit vielen Szenen, die wir in diesem Buch betrachten, scheint Hiphop besonders anfällig für fast alle Spielarten von Antisemitismus zu sein, nicht nur im Gewand der „Israelkritik", sondern auch in Form von Verschwörungsmythen. Warum eigentlich?

Ben: Besonders im deutschen Gangstarap wurde mit den Jahren eine gewisse Faszination für Islamismus erkennbar. Dem Islamismus inhärent ist Antisemitismus, die Feindschaft gegenüber Israel und die Ablehnung jüdischer Selbstbestimmung. Es gibt antijudaistische Feindbilder kombiniert mit modernen antisemitischen Narrativen: Juden sind alle Kapitalisten, Juden beherrschen die Welt. Bis heute sind *Mein Kampf* und die *Protokolle der Weisen von Zion* in der arabischen Welt Bestseller. Natürlich würden viele Rapper sagen, der IS ist scheiße, die haben den Islam kaputt gemacht oder falsch verstanden. Aber es wird auch ein Auge zugedrückt. Diese Zerrbilder von Juden und auch von Israel sind besonders im Gangstarap ein Nährboden für jede Menge Antisemitismus.

Zum Beispiel?

Ben: Ein Beispiel von vielen ist Bushido, er hat jahrelang den Staat Israel in seinem Twitter-Profilbild von der Karte getilgt. Oder Kollegah, der in Liedern und Interviews über die Rothschilds schwadroniert oder Israel mit Nazideutschland verglichen hat. Ein weiteres Beispiel: Am 1. Mai 2006 in Kreuzberg auf der Hiphop-Bühne ist nach mir Deso Dogg aufgetreten. Das Erste, was er macht: Er packt eine Fahne der Hisbollah aus seinem Rucksack und lässt sie vom Publikum feiern. Ich war schockiert. Das Publikum verurteilte das nicht, sondern jubelte frenetisch der Fahne dieser Terrororganisation zu. Später schloss sich Deso Dogg dem Islamischen Staat an. Daraus ersichtlich werden auch patriarchale und autoritäre Strukturen sowie toxische Männlichkeitsvorstellungen, die in der Szene an der Tagesordnung sind.

Passend dazu gibt es schon seit Jahren auch rechtsextremen Rap.

Ben: Zum Beispiel MaKss Damage oder Chris Ares. Und es gibt Kooperationen, die in tiefe Teile der Rapszene bis zum Mainstream reichen. Ukvali zum Beispiel ist ein Rapper, der antisemitische Verschwörungserzählungen verbreitet, er hat mit Absztrakkt zusammengearbeitet, gemeinsam veröffentlichten sie einen Song mit Chris Ares. Ukvali und Absztrakkt sowie weitere Rapper haben im Zuge der Pandemie unter dem Namen Rapbellions einen Song mit Xavier Naidoo veröffentlicht, der diverse antisemitische Verschwörungsmythen bedient hat. Es sind gemeinsame antisemitische Weltbilder, mit unterschiedlichen historischen Backgrounds, die aber zusammen gegen den gemeinsamen Erzfeind vorgehen: nämlich den Juden.

Eine Querfront sieht man auch auf der Straße. Vermeintlich progressive Kräfte marschieren mit Hamas-Fans zusammen, andere mit Samidoun, der Vorfeldorganisation der Terror-

organisation PFLP. Ist das die Renaissance des Antiimperialismus?

Massimo: Ja, und das hätte ich auch nicht für möglich gehalten. In den 1970er Jahren gab es links starke Sympathien für Volksbefreiungsbewegungen, es gab Einigkeit in antikolonialen Kämpfen: Die Leute haben das Recht auf einen eigenen Staat. Aber damit einhergehend entwickelte sich ein problematischer, sehr positiver Volksbegriff, der zu Recht nach dem Ende des Kalten Krieges kritisiert wurde. Die Linke erkannte, dass es sich um völkisches Denken handelte. Es steckt nichts Progressives in den Vorstellungen von nationalen Identitäten, von Verwurzelung, von authentischer Kultur. Ende der 1990er Jahre wurde weltweit Macht und Herrschaft anders gedacht. Es gab nicht mehr den bösen Westen oder Norden und den guten Trikont, also imperialistische Staaten und den geknechteten Globalen Süden. Es ist viel komplizierter. Macht ist verstreuter. Sie findet sich auch in den Ländern des Südens, genauso wie es auch Armut und Ausgegrenzte in den Zentren des Nordens gibt. Die Vorstellung von Herrschaft veränderte sich stark, dualistische Weltbilder und dichotomes Denken wurden hinterfragt. Aber mittlerweile fallen wir zurück in alte Vorstellungen von Volksbezügen, die auch in der Palästina-Solidarität sehr sichtbar werden.

Wie könnte das anders funktionieren?

Massimo: Wenn ich an Palästina denke, dann denke ich zum Beispiel an die Tamarod-Bewegung und den Brief von Jugendlichen aus Gaza: Die haben die Schnauze voll von der Herrschaft der bärtigen Männer, von der Hamas, die nur Krieg bringt. Oder an die Palästinenser*innen im Libanon oder Jordanien, die seit Jahrzehnten als Geflüchtete leben, keine Bürgerrechte erhalten und rassistisch behandelt werden, als Faustpfand für die große Politik. Statt diesen Rassismus anzuprangern, ist die einfache Antwort: Die müssen wieder zurück.

Ein differenziertes Bild, das wir auf vielen antirassistischen Demos vermissen, auch wegen dieser Renaissance des Antiimperialismus. Aber auch wegen Antisemitismus.

Massimo: Wenn Angela Davis auf dem Oranienplatz sagt, die Deutschen müssten ihren historischen Schuldkomplex ablegen, und viele junge Migranten brechen in Jubel aus, da schlage ich die Hände über dem Kopf zusammen. Weil die sich wundern werden, was passiert, wenn die Deutschen ihren Schuldkomplex wirklich ablegen und schuldfrei leben. Da kann man nur noch um sein Leben rennen! Und ich weiß, Schuld reicht nicht und führt zu einem Abwehrreflex, der in Deutschland immer sichtbar war. Aber solange es keine echte Aufarbeitung gibt, ist ein bisschen Schuld vielleicht gar nicht so schlecht.

Stichwort linker Antisemitismus?

Massimo: Ich behaupte: Es gibt keinen linken Antisemitismus, genauso wenig, wie es linken Sexismus gibt. Aber es gibt Antisemitismus in der Linken, ebenso wie es Sexismus in der Linken gibt oder auch rassistische Bilder im Feminismus. Antisemitismus, Rassismus, Sexismus können nicht Teil von progressiven Bewegungen sein und werden auch dort kritisiert. Wer aber von linkem Antisemitismus redet, zielt nicht auf den Antisemitismus, sondern auf die Linke. Deswegen kommt das so stark aus der bürgerlichen Ecke und auch aus den Sicherheitsbehörden, die ansonsten rechtes Gedankengut verharmlosen. Am Ende zählt, wer sich schützend vor angegriffene Gruppen stellt und wer auf der anderen Seite diese Gruppen angreift. Aber klar ist auch: Wenn Leute völkisch argumentieren, dann ist das niemals progressiv, sondern reaktionär und bezogen auf Israel auch antisemitisch.

Ben: Dem würde ich widersprechen. Siehe Karl Marx' umstrittene Schrift „Zur Judenfrage", die Hannah Arendt ein klassisches Werk des Antisemitismus der Linken nannte. Es gibt linken

Antisemitismus, genauso wie es muslimischen Antisemitismus gibt, weil Antisemitismus über Kulturen hinweg tief verwurzelt ist und die eigene Sicht auf die Welt davon beeinflusst wird. Leute nehmen diese Weltsicht inklusive Antisemitismus mit in ihre Politik.

Linker Antisemitismus zeigt sich zum Beispiel in verkürzter Kapitalismuskritik, die mit Versatzstücken wie den bösen Kapitalist*innen hantiert, oder israelbezogenem Antisemitismus, der den jüdischen Staat als Brückenkopf des westlichen Imperialismus versteht.

Massimo: Diese Form des Antisemitismus hantiert mit linken Begriffen gegen Imperialismus und Klassenherrschaft, mit einem positiv völkischen Begriff. Das stimmt, aber ich würde trotzdem als Linker sagen: Wenn Leute den marxistisch-leninistischen Antiimperialismus der 1970er Jahre fortsetzen wollen, fallen sie hinter antinationale linke Debatten der letzten 30 Jahre zurück. Diese Debatten müssen verteidigt werden, statt diesen politischen Rückfall als links zu bezeichnen.

Aber warum dann die antiimperialistische Renaissance?

Massimo: Es fehlt vor allen Dingen an einer guten Auseinandersetzung damit, das hat auch mit der Dominanz von Identitätspolitiken zu tun. Jeder hat immer aufgrund der eigenen Positionierung einfach recht. Kritisches Denken gibt es kaum. Debatte wäre aber zentral. Es fehlen Räume, Konzepte und auch die Lust dafür. Leider machen alle nur noch Welterklärungen und niemand hat mehr Fragen: Ist es denn wirklich fortschrittlich zu sagen: „Free Palestine from the river to the sea"? Bedeutet das eine bessere Welt? Wer wird da befreit und wer bekommt am Ende was? Statt sich zu fragen, wie eine gerechte Gesellschaft aussehen kann, wird wie vor über 100 Jahren wieder von dem Selbstbestimmungsrecht der Völker gesprochen. Verkürzung, Vereindeutigung, Vereinseitigung und Verdummung: Auch das ist Zeitenwende.

NSU, Halle und Hanau zeigen exemplarisch: Rechtsextreme Gewalt ist sowohl rassistisch als auch antisemitisch. Wie können solidarische Allianzen aussehen?

Massimo: Antisemitismus und Rassismus stehen nicht als Entweder–Oder nebeneinander, wir brauchen einen gemeinsamen Kampf dagegen. Aber dafür braucht es auch die Vorstellung einer anderen Gesellschaft. Die Betroffenen von rassistischer und antisemitischer Gewalt haben die. Sie haben eine Vorstellung von Gerechtigkeit, Erinnerung und Aufklärung. Die Frage lautet: Wie kommen wir dafür zusammen? Dazu gehört es auch, die eigenen Weltbilder und Gewissheiten zu hinterfragen.

Ben: Jüdinnen und Juden und viele jüdische Organisationen haben eine sehr lange antirassistische Tradition. Zum Beispiel in der amerikanischen Bürgerrechtsbewegung. In Deutschland war Ignatz Bubis, damals Vorsitzender des Zentralrates der Juden, in den 1990er Jahren einer der Ersten, der die rassistische Gewalt verurteilt hat. Was mir auf linker Seite fehlt, ist ein klares Bekenntnis zum jüdischen Selbstbestimmungsrecht. Der Staat Israel wird von vielen als koloniales Projekt diffamiert, dabei ist er das Gegenteil. Es gibt antirassistische Bewegungen, die sich als links bezeichnen und das jüdische Selbstbestimmungsrecht nicht akzeptieren – oder Israel zu einem postzionistischen Staat für alle machen wollen, während sie gleichzeitig die aggressiven Rufe nach einem „judenreinen" Palästina unwidersprochen lassen.

Massimo: Aber das Problem kriegen wir nicht gelöst, wenn wir beim Selbstbestimmungsrecht ansetzen. Weil das ja alle für sich einfordern, auch die Deutschen. In dem Fall würde ich sagen: besser nicht. Und natürlich fordern auch die Palästinenser Selbstbestimmung. Aber was und wer ist damit gemeint? Geht es hier um Selbstbestimmung als Repräsentation? Als Staatsbildung? Als Gesetzgebung? Und wer bestimmt das jüdische Selbst?

Meine jüdischen Freunde in den USA, die alle für die Sache der Palästinenser sind? Oder die rechte Regierung in Israel?

Ben: Es gibt Perspektiven, wo man Selbstbestimmung verteidigen kann und wo man sie kritisieren kann. Wenn man einen Track-Record von Genozid, Expansion und Kolonialismus hat, dann muss man das kritisch sehen. Juden hingegen sind eine kleine Minderheit, eine der am meisten verfolgten dieser Welt, und Israel ist ihr einziger Schutzraum. Bevor man in eine idealistische, gar utopische Richtung denkt, muss doch klar sein: Wir hatten 2000 Jahre kein Selbstbestimmungsrecht und keinen Schutz. Es hat sich historisch nicht bewährt, wenn sich Juden auf die Vernunft und die Moral der Mehrheitsgesellschaft verlassen mussten.

Über die Autor*innen

Timo Büchner studierte Politische Wissenschaften und Jüdische Studien in Heidelberg. Er volontierte in Yad Vashem in Israel und im Hong Kong Holocaust and Tolerance Centre. Für *Belltower.News* (Amadeu Antonio Stiftung), den *Störungsmelder* (*Zeit Online*) und das *Hohenloher Tagblatt* (*Südwest Presse*) schreibt er über die extreme Rechte und deren Musik. 2021 erschien sein Buch *Rechtsrock. Business, Ideologie & militante Netzwerke* im Unrast Verlag.

Riv Elinson (keine Pronomen) ist jüdische Aktivist*in und Bildungsreferent*in. Als Teil vom Bildungskollektiv radikal_jüdisch beschäftigt Riv sich mit jüdischer Selbstermächtigung und der Marginalisierung von jüdischen Menschen aus den Diskursen und der Arbeit zu Antisemitismus. Im Bildungskollektiv RAGE arbeitet Riv zu den Verbindungen zwischen Rassismus und Antisemitismus und vertritt dabei einen intersektionalen Ansatz. In Rivs aktivistischer Arbeit versucht Riv Räume zu schaffen für jüdische Menschen, die sich außerhalb jüdischer Gemeindestrukturen verorten, und Allianzen aufzubauen zwischen Menschen, die von Rassismus und/oder Antisemitismus betroffen sind.

Ruben Gerczikow ist Autor und Publizist. Er recherchiert zu antisemitischen Strukturen im analogen und digitalen Raum und schreibt auch über Rechtsextremismus, Islamismus und jüdische Gegenwart. Seine Texte sind u. a. bei *VICE*, *Belltower.News*, in der *taz*, dem *Tagesspiegel* und der *Jüdischen Allgemeinen* erschienen. 2023 erschien der Reportageband *Wir lassen uns nicht unterkriegen: Junge jüdische Politik in Deutschland* im Verlag Hentrich & Hentrich, den er mit Monty Ott schrieb. Von 2019 bis 2021 war er Vizepräsident der European Union of Jewish Students sowie der Jüdischen Studierendenunion Deutschland.

Max Kirstein arbeitet bei Evil Greed, einem Vertrieb für Musik und Merchandise. Von 2016 bis 2021 arbeitete er bei der Amadeu Antonio Stiftung und beschäftigte sich dort mit (israelbezogenen) Formen des Antisemitismus, Verschwörungsideologien,

Antifeminismus und Musikkultur. Dieses Wissen bündelte er in Beiträgen für Szene-Fanzines wie dem *Ox* oder *Ostsaarzorn*. 2022 erschien mit „Antisemitismus im Punk & Hardcore. Problematiken und Interventionsmöglichkeiten zwischen Sub- und Massenkultur" ein gemeinsamer Beitrag mit Florian Eisheuer im Sammelband *Antisemitismus in Jugendkulturen* im Wochenschau Verlag.

Stefan Lauer ist Redakteur bei *Belltower.News*, der journalistischen Plattform der Amadeu Antonio Stiftung, und beschäftigt sich – auch als Referent der Stiftung – mit Antisemitismus, Rassismus und dem rechten Rand. Zwischen 2009 und 2017 arbeitete er als Senior Editor für *VICE Deutschland* und berichtete über Rechtsextremismus, Verschwörungserzählungen und LGBTQ*-Themen.

Nikolas Lelle schreibt gegen Antisemitismus und deutschen Arbeitswahn an. 2022 erschien seine Dissertation *Arbeit, Dienst und Führung. Der Nationalsozialismus und sein Erbe* im Verbrecher Verlag. 2024 erscheint sein Buch zur NS-Devise „Arbeit macht frei". Er veröffentlicht regelmäßig in der *Jungle World* und bei *Belltower. News* und arbeitet bei der Amadeu Antonio Stiftung. Studiert hat er Philosophie und Soziologie in Frankfurt am Main, promoviert an der Humboldt-Universität zu Berlin.

Konstantin Nowotny ist Journalist und arbeitet für die Tageszeitung *taz*. Zuvor war er Redakteur bei der Wochenzeitung *Freitag* und freier Autor unter anderem für die *Jungle World* und die *Jüdische Allgemeine*. Nowotny hat Soziologie in Leipzig, Dresden und New York City studiert und war 2021 im Rahmen eines Journalistenstipendiums für die israelische Zeitung *Haaretz* in Tel Aviv tätig.

Monty Ott ist Politik- und Religionswissenschaftler. Er schreibt vor allem über Antisemitismus, Erinnerungskultur, Intersektionalität und Queerness, seine Essays sind u. a. in der *taz*, *Zeit* und *Jüdischen*

247

Allgemeinen erschienen. 2023 erschien der Reportageband *Wir lassen uns nicht unterkriegen: Junge jüdische Politik in Deutschland* im Verlag Hentrich & Hentrich, den er mit Ruben Gerczikow schrieb. Von 2018 bis 2021 war er Gründungsvorsitzender des queeren jüdischen Vereins Keshet Deutschland.

Annica Peter ist Antisemitismusforscherin mit den Schwerpunkten Rechtsextremismus, Antifeminismus und pädagogische Präventivarbeit. Ihre Jugend verbrachte sie in den Nullerjahren in der Punkszene einer sächsischen Kleinstadt, heute lebt sie in Berlin. 2022 veröffentlichte sie gemeinsam mit Jan Schäfer den Beitrag „Ich bin schwul, ich bin jüdisch und ein Kommunist dazu – Antisemitismus im Punk?" im Sammelband *Klaviatur des Hasses: Antisemitismus in der Musik* (Nomos-Verlag). Im Internet trifft man sie unter dem Pseudonym Madita Pims auf Twitter.

Nicholas Potter ist britisch-deutscher Journalist und arbeitet bei der Amadeu Antonio Stiftung in Berlin. Er schreibt für diverse Medien wie die *taz*, *Jungle World*, *Belltower.News* und *Jüdische Allgemeine* über die extreme Rechte, Antisemitismus, Rassismus, Subkulturen, Bewegungen und mehr. Zuvor war er Theaterredakteur beim *Exberliner Magazine*. Er studierte am King's College London und der Humboldt-Universität zu Berlin.

Jan Riebe arbeitet als Projektkoordinator bei der Amadeu Antonio Stiftung schwerpunktmäßig zu den Themen Rechtsextremismus und Antisemitismus. Er war an verschiedenen Veröffentlichungen zu (israelbezogenem) Antisemitismus beteiligt. Im Jahr 2006 erschien das von ihm verfasste Buch *Im Spannungsfeld von Rassismus und Antisemitismus: Das Verhältnis der deutschen extremen Rechten zu islamistischen Gruppen* im Tectum-Verlag. Er war leider nie Punk, geht aber gerne auf Punk- und Hardcore-Konzerte.

Merle Stöver forscht, schreibt und referiert zu Antisemitismus, Antiziganismus, rechter Gewalt und Geschlechterverhältnissen.

Ihre Beiträge zu diesen Themen erschienen in Sammelbänden wie *Beißreflexe* und *Feministisch streiten* oder in diversen Zeitungen wie der *taz* und *Jungle World*. Derzeit arbeitet sie bei der Stiftung Denkmal für die ermordeten Juden Europas und ist Lehrbeauftragte an einer Berliner Hochschule. Studiert hat sie in Berlin und Jerusalem.

Anastasia Tikhomirova ist deutsch-russische Journalistin, Moderatorin und Kulturwissenschaftlerin. Sie schreibt unter anderem für *Zeit Online*, *taz* und die *Jungle World* und hält Vorträge über Russlands Krieg gegen die Ukraine. Sie absolvierte 2021 das Osteuropa Stipendium der Internationalen Journalistenprogramme bei der *Nowaja Gaseta* in Moskau. Das *Medium Magazin* wählte sie 2023 zu den Top 30 bis 30 Journalist*innen. Außerdem studiert sie im Master Osteuropastudien und interdisziplinäre Antisemitismusforschung in Berlin.

Tom Uhlig ist politischer Referent in Frankfurt am Main. Zuvor arbeitete er an der Bildungsstätte Anne Frank im Kompetenznetzwerk gegen Antisemitismus. Er ist Mitherausgeber der Zeitschriften *Freie Assoziation* für psychoanalytische Sozialpsychologie und *Psychologie & Gesellschaftskritik* sowie des 2019 erschienenen Sammelbands *Extrem unbrauchbar: Über Gleichsetzungen von links und rechts* im Verbrecher Verlag. Gelegentlich schreibt er für die *Jungle World* und andere Zeitungen.

Lilly Wolter ist Redakteurin bei der *Jüdischen Allgemeinen*. Nach ihrem Studium der Gesellschafts- und Wirtschaftskommunikation an der Universität der Künste Berlin besuchte sie die Journalistenschule des Axel Springer Verlages und volontierte dort beim *Rolling Stone* und *Musikexpress*.